U0569044

新时代首都发展战略研究丛书

总主编 张东刚

首都高端智库
首都发展与战略研究院
RUC Capital Development and Governance Institute

北京奥运档案管理与开发研究

徐拥军 等 ◉ 著

中国人民大学出版社
·北京·

图书在版编目（CIP）数据

北京奥运档案管理与开发研究/徐拥军等著. -- 北京：中国人民大学出版社，2024.6
（新时代首都发展战略研究丛书/张东刚总主编）
ISBN 978-7-300-32721-1

Ⅰ.①北… Ⅱ.①徐… Ⅲ.①奥运会-档案管理-研究-北京②奥运会-档案利用-研究-北京 Ⅳ.①G275.9

中国国家版本馆 CIP 数据核字（2024）第 072407 号

新时代首都发展战略研究丛书
总主编　张东刚
北京奥运档案管理与开发研究
徐拥军 等 著
Beijing Aoyun Dang'an Guanli yu Kaifa Yanjiu

出版发行	中国人民大学出版社			
社　　址	北京中关村大街 31 号		邮政编码	100080
电　　话	010-62511242（总编室）		010-62511770（质管部）	
	010-82501766（邮购部）		010-62514148（门市部）	
	010-62515195（发行公司）		010-62515275（盗版举报）	
网　　址	http://www.crup.com.cn			
经　　销	新华书店			
印　　刷	唐山玺诚印务有限公司			
开　　本	720 mm×1000 mm　1/16		版　次	2024 年 6 月第 1 版
印　　张	14.5 插页 2		印　次	2024 年 6 月第 1 次印刷
字　　数	251 000		定　价	49.00 元

版权所有　侵权必究　印装差错　负责调换

总　序

党的十八大以来，习近平总书记先后11次视察北京、21次对北京发表重要讲话（截至2024年1月），提纲挈领式地回答了"建设一个什么样的首都、怎样建设首都"这一重大时代课题，为更好地推进首都北京各项工作，有效聚焦首都北京的深入研究，梳理总结以"中国之治"构筑"世界之鉴"之路指明了方向，提供了根本遵循。习近平总书记指出："建设和管理好首都，是国家治理体系和治理能力现代化的重要内容。北京要立足优势、深化改革、勇于开拓，以创新的思维、扎实的举措、深入的作风，进一步做好城市发展和管理工作，在建设首善之区上不断取得新的成绩。"北京作为大国之都、首善之区，在全国乃至全球范围内发挥着引领示范效应，她因"都"而立、因"都"而兴、因"都"而盛，向全世界展示着超大城市治理和人民城市建设的"首都样板"。

沿循习近平总书记系列指示精神，首都北京的治理体系和治理能力现代化步伐迈得愈加坚定与沉稳。新发展理念得到完整、准确、全面贯彻，"四个中心"功能建设大力加强，"四个服务"水平稳步提高，"三件大事"和三大攻坚战落地有痕，"五子"联动服务和融入新发展格局成效显著，党建引领"接诉即办"改革有力推进，率先全面建成小康社会，城市综合实力和国际影响力跃上新台阶，向着国际一流的和谐宜居之都迈出坚实步伐，新时代首都发展呈现蓬勃生机，首都北京发生新的历史性变化。我们认为，从"北京发展"至"首都发展"，体现出北京在历史性跨越与变革中生动践行着服务党和国家发展战略大局的"首都使命"，北京发展的深刻转型体现出超大城市治理体系和治理能力现代化的高质量提升，凸显了首都全面建设社会主义现代化的新航程已正式开启。我们也相信，在"踔厉奋发、勇毅前行"的精神鼓舞和信仰感召下，首善标准、首都样板势必会被赋予更加科学的切实含义，其可参考性、可借鉴性与可推广性将愈加凸显。

行之力则知愈进，知之深则行愈达。从理论的维度、实践的维度、功能的维度、世界的维度出发，通过抓住关键小事、捕捉重要元素、厘定核心概念、抽取典型案例，以历史的眼光回眸过去，梳理总结首都发展的漫长来路，以现实的眼光审视当下，提取凝练首都发展的典型经验，以前瞻的眼光畅望未来，谱写勾画首都发展的光明前景，充分理解新时代新征程首都发展的目标定位与多维内涵。针对首都北京的历史传统、发展特色、愿景目标进行深入研究，并以研究与实践为切入口，不断挖掘"北京资源"，更好满足人民群众日益增长的美好生活需要，推广"北京做法"，引领城市建设的时代风尚，深入讲好"北京故事"，展现大国之都的特色风采。

中国人民大学首都发展与战略研究院（以下简称"首发院"）是首都高端智库首批试点建设单位之一，一直把"服务首都、引领发展"作为研究院的重大使命，立足"两个大局"、胸怀"国之大者"、心系"民之所向"，紧紧围绕"建设一个什么样的首都、怎样建设首都"这一重大时代课题，聚焦"强化首都功能研究"与"首都城市治理研究"两大特色研究，始终坚持奋进理念，致力于打造北京市委市政府信得过、用得上的高端智库，在推动学校智库研究与北京社会经济发展需求相结合方面，取得了可喜成绩。策划与出版"新时代首都发展战略研究丛书"（以下简称"丛书"），是首发院主动为党和人民述学立论、主动融入首都北京经济社会发展、主动服务首都新发展格局勇当研究排头兵的重要举措。

组织撰写这套丛书，旨在围绕习近平新时代中国特色社会主义思想在京华大地落地生根、开花结果和形成的生动实践进行研究，强化与人民的对话、与世界的对话，深化"首都样板"的可见性与可感性，增强"中国故事"的广域性与纵深性，在推动首都发展"理论突破"与"实践创新"中实现双重使命共前进，为打造集国家要事与群众关切、融中国特色与国际视野于一体的"北京名片"贡献新的力量，在首都北京全面建设社会主义现代化的新航程中留下浓墨重彩的一笔。丛书已被列入首发院五年发展规划，首发院将汇聚中国人民大学"独树一帜"的人文社会科学学科优势，全力打造好这套丛书，切实以研究服务好首都北京经济社会发展。

首先，作为思想引领的"践行者"，首发院始终坚持旗帜鲜明讲政治，坚定不移地贯彻落实习近平总书记关于北京工作的重要论述及北京市委市政府重大战略决策。策划这套丛书，旨在提交一份全面反映首都北京经济社会发展客观实际、全面跟踪首都北京率先基本实现现代化历程、全面推进"党建引领接诉即办改革"赋能超大城市治理经验的"行动答卷"。其次，作为咨政服务的"供给者"，首发院的研究以兼具现实性与前瞻性、针对性与普适性、宏观性与微观性的眼光，科学探究首都发展战略走向，在新时代、新征程、新伟业中，对于首都发展新变化、新态势进行全面描摹与深度刻写。丛书是首发院系列成果之一，是绘就首都高质量发展的可资参考、可供借鉴的"研究答卷"。再次，作为推动"智库建设&学科发展"协同并进的"探索者"，首发院以首都北京为场景，通过学科交叉、创新融合、孵化培育等方式，倡导"共商共建、共治共享"的新型研究范式，充分激发学术理论认知与社会实践经验的双向互动效应，助力"打造我国人文社会科学研究和教学领域的重要人才中心和创新高地"。丛书是在学校"独树一帜、勇走新路"的理念指引下，紧跟"加快构建中国特色哲学社会科学""建构中国自主的知识体系"

的使命召唤，致力于打造集结理论前沿与实践范例、唱响首都经验与中国故事的高端"学术答卷"。

积跬步，以至千里；积小流，以成江海。面向新时代、新征程、新伟业，丛书既是对首都发展特定领域的局部深描，亦是对首都发展战略全景的整体刻写，既着眼于国家"五位一体"总体布局、北京"四个中心"功能定位"大范畴"，又聚焦于"财税北京""慈善北京""乡愁北京""风俗北京""康养北京""科创北京"等"小议题"，全方位、多角度、深层次展现了首都治理体系和治理能力现代化图卷。"北京精神""北京经验""北京样本""北京方案"等一系列原本模糊、抽象的概念在其中被赋予了具象而微、切实可感的含义，"建设一个什么样的首都、怎样建设首都"的答案亦由此变得更加明晰化、透彻化。我们希望这套丛书能够成为厚积薄发的沉淀之作。多年来，首发院细化领域、细分问题，先后打造首都发展高端论坛、北京经济论坛、首都治理论坛、首都文化论坛等品牌活动，产出成果丰硕，赋能首都北京高质量发展，这为丛书的主题新颖性、内容充实性奠定了坚实基础。我们希望这套丛书能够成为跨学科研究的引领之作。首发院现有10个核心研究团队、75名兼职研究人员，涉及理论经济、应用经济、公共管理、法学、政治学、社会学、新闻传播学、农林经济管理、统计学等9个一级学科，有着天然的多学科对话、多领域交流、多学者共事的氛围，为丛书脱离单一局限视角、研究触角广涉多面奠定了坚实基础。我们希望这套丛书能够成为鉴往知来的创新之作。首发院始终与首都发展同频共振，主动承担为时代画像、为时代立传、为时代明德的时代使命，主动承担把握思想脉搏、满足发展需求、增进社会共识的时代任务，在这个平台上围绕首都发展现代化涌现出一系列新声音、新思想，为丛书践行习近平总书记特别强调的"知识创新、理论创新、方法创新"奠定了坚实基础。

服务于首都全面建设社会主义现代化的新航程，希望丛书能够成为谱写首都发展的时代宣言书、首都发展的咨政参考集、首都发展的研究典范集。以中国为观照、以时代为观照，立足中国实际，解决中国问题，彰显好北京形象、讲好北京故事、说好北京话语，无负时代、无负历史、无负人民。

是为序。

中国人民大学党委书记
首都发展与战略研究院院长　张东刚

2024年1月

前　言

随着2022年冬奥会的成功举办，北京成为国际上首个既举办过夏季奥运会又举办过冬季奥运会的"双奥之城"。2022年4月8日，习近平总书记在北京冬奥会、冬残奥会总结表彰大会上指出，"历经7年艰辛努力，北京冬奥会、冬残奥会胜利举办，举国关注，举世瞩目。中国人民同各国人民一道，克服各种困难挑战，再一次共创了一场载入史册的奥运盛会，再一次共享奥林匹克的荣光"。两届奥运会不仅是世界规模的体育盛会，更是国家物质文明、政治文明、精神文明、社会文明、生态文明协调发展的全面展现。作为"双奥"记忆重要载体的北京奥运档案，是申办、筹办和举办两届奥运会过程中及后奥运时期各项活动的原始记录，是珍贵的档案资源和奥运遗产，是奥林匹克精神的固态延续和显性呈现。做好北京奥运档案管理与开发，对于促进奥林匹克运动可持续发展、北京乃至京津冀地区协同发展、档案事业创新发展，对于传播奥林匹克精神、讲好中国奥运故事、构建人类命运共同体，具有极其重要而深远的意义。

本书研究即在此背景下提出，其总体问题是：如何从理论、制度、技术、实践层面实现北京奥运档案的有效管理和高效开发，在充分明确北京奥运档案的遗产价值和管理挑战的基础上，为北京奥运档案管理与开发构建一个完备的理论体系和制度体系、创新的管理模式和开发模式，充分发挥北京奥运档案的遗产价值，为北京乃至中国和世界留存珍贵的"双奥"遗产。

北京奥运档案管理与开发是一项跨学科的综合研究。本书综合运用体育学与档案学的双向视角,并辅以社会学、管理学、数字人文等多个学科理论,以及文献研究法、案例研究法、比较研究法、社会调查法、系统分析法、政策文本分析法、PEST分析法、关键因素分析法、模型建构法、政策建构法、扎根理论研究法等多种研究方法,梳理北京奥运档案的内涵与遗产价值,充分归纳、提炼北京奥运档案管理与开发的成熟经验与中国特色,分析其在理论、制度、管理、开发等四个方面面临的挑战与困境。进而构建理论体系、制度体系,并延展到管理与开发的具体实现路径与方法,实现向下层层指导。各章节内容之间相互衔接、逐步推进,最终导出北京奥运档案管理与开发的"提出问题/实践—分析问题/理论—解决问题/实践"循环方案。

第一部分是提出问题/实践(第1、2、3章),本部分首先介绍北京奥运档案管理与开发的研究背景,并通过文献综述发现现有研究存在全面性有余而聚焦性不足、高度与可持续性不足、理论性与体系化不足以及开放性与综合性不足等问题,仍有待突破与完善。其次,本部分分析归纳北京奥运档案的内涵(包括形成背景、特点、内容和分布情况),在此基础上全面阐释北京奥运档案的遗产价值,即包括"内容—载体"二维表征、"中国—世界"层级渗透、"体育—超体育"衍生发展、"夏奥—冬奥"联动整合的北京奥运档案价值观,剖析做好北京奥运档案管理与开发的历史意义与时代价值。进而归纳与总结北京奥运档案管理与开发的"中国模式",提炼现有的经验成果,分析目前管理与开发存在的挑战,提出管理与开发的目标与要求,为后续研究提供问题意识来源。

第二部分是分析问题/理论(第4、5章),根据上述管理与开发挑战,从理论和制度两个层面,为北京奥运档案管理与开发提供理论指导与制度规引:研究北京奥运档案管理与开发的理论基础,从奥运遗产理论、传统档案学理论和后现代档案学理论、治理理论，即跨学科方法出发，构建出一套从核心辐射外围、覆盖奥运遗产可持续和档案管理全周期的圈层式的北京奥运档案管理与开发的理论体系，为后续研究提供理论支撑；研究北京奥运档案管理与开发的制度体系，从现有制度供给和需求出发，构建包括宏观的机构协调机制、共同协作机制、资源共享机制、社会参与机制、监督指导机制等工作机制，具体的文件归档、档案整理、档案开发鉴定、档案开发利用等业务制度在内的北京奥运档案管理与开发制度体系，为后续研究提供制度支撑。

第三部分是解决问题/实践（第6、7章），基于第一部分提出的研究问题、第二部分的理论指导与制度规引。管理层面上，运用数字管护的新视角、新技术，系统探索北京奥运档案数字化管理方案，不仅关注北京奥运档案数字资源的长期保存和有效管理问题，而且强调主动介入管理并在利用时实现北京奥运档案信息的增值，促进北京奥运档案管理的数字转型，从而推动北京奥运档案多元遗产价值的实现。开发层面上，从以人文本的理念出发，以纵向领域和横向路径为主线，设计北京奥运档案场景式开发模式。纵向上，为北京奥运档案开发提供可行的创新垂直场景；横向上，为北京奥运档案开发提供场景的基本实现路径，促进北京奥运档案开发的理念创新，从而实现北京奥运档案的高效开发。

鉴此，本书在上述内容基础上，提炼出三点视角创新与四点观点创新。

视角创新上：其一，本书以档案学为视角提供奥运遗产传承思路，突破了此前相关研究档案学理论缺失的情况，传统档案学基础理论与后现代档案学理论为各类奥运遗产保存与传承提供新的视角和思路；其二，本书以北京奥运档案为载体提供讲好中国故事的新媒介，北京奥运档案对奥林匹克运动的全周期真实记录可为构建全方位、多层次、多元化的集体记忆提供新视角；其三，本书以北京

"双奥"为契机开拓档案学理论与技术变革的新领域，以北京奥运档案管理与开发工作特性反向创新与重塑档案学理论。

观点创新上：其一，本书首次全面解析北京奥运档案的遗产价值及其"双维双域双层双线"衍生形态，不仅为北京奥运档案管理与开发提供了价值引领，同时彰显了北京奥运档案之于社会各方面、人类命运共同体的重要价值；其二，本书首次针对性构建北京奥运档案管理与开发的理论体系，形成奥运遗产理论、档案学理论、治理理论等多个理论共同指导的圈层式理论体系，具有普遍的指导意义；其三，本书首次将数字管护模型运用于北京奥运档案管理实践，顺应信息技术和融媒体不断快速发展的社会现状，促进北京奥运档案的数字化管理；其四，本书首次将场景式开发模式运用于北京奥运档案开发实践，具有一定的过程总结性和规范适用性，对奥林匹克运动乃至重大活动档案开发具有普遍的借鉴意义和参考价值。

本书在理论研究和实践论证方面尚存在诸多不足之处，如北京奥运档案形成主体众多、职责与法律关系交织复杂导致研究难度加深，再如无法获得关键性内部资料导致对策建议难免缺乏依据等，种种不足将会在随后的学术科研与社会调查过程中不断地充实、改进、完善。

目 录

第1章 导 论 / 1
    1.1 研究背景 / 2
    1.2 研究意义 / 3
    1.3 研究基础 / 7
    1.4 研究框架 / 25
    1.5 研究创新与不足 / 31

第2章 北京奥运档案的内涵和遗产价值 / 35
    2.1 北京奥运档案的形成背景 / 35
    2.2 北京奥运档案的特点、内容与分布 / 37
    2.3 北京奥运档案的遗产价值 / 43

第3章 北京奥运档案管理与开发的现状与挑战 / 57
    3.1 北京奥运档案管理与开发"中国模式"的初步形成 / 57
    3.2 北京奥运档案管理与开发"中国模式"的基本内涵 / 61
    3.3 北京奥运档案管理与开发"中国模式"的启示意义 / 70
    3.4 北京奥运档案管理与开发面临的挑战 / 73

第4章 北京奥运档案管理与开发的理论体系构建 / 77
    4.1 北京奥运档案管理与开发的理论溯源 / 77
    4.2 北京奥运档案管理与开发理论体系的构建 / 79
    4.3 北京奥运档案管理与开发理论的主要内容及学理内涵 / 84
    4.4 北京奥运档案管理与开发理论的应用价值与指导意义 / 95

第5章　北京奥运档案管理与开发的制度体系构建 / 100

　　5.1　北京奥运档案管理与开发制度的供给与需求分析 / 100

　　5.2　北京奥运档案管理与开发制度体系构建的目标与原则 / 108

　　5.3　北京奥运档案管理与开发制度的总体框架 / 113

第6章　北京奥运档案数字管护模型构建 / 123

　　6.1　数字管护及其研究进展 / 123

　　6.2　奥运档案的现有管理模式与趋势分析 / 128

　　6.3　北京奥运档案数字管护的环境与需求分析 / 130

　　6.4　北京奥运档案数字管护实施策略 / 140

　　6.5　北京奥运档案专题数据库建设总体方案 / 142

第7章　北京奥运档案场景式开发模式构建 / 146

　　7.1　北京奥运档案开发利用的人文化背景与需求分析 / 146

　　7.2　北京奥运档案场景式开发模式的基本内涵 / 150

　　7.3　北京奥运档案场景式开发模式的主要场景 / 154

　　7.4　北京奥运档案场景式开发模式的实施路径 / 167

第8章　结　语 / 174

　　8.1　对重大活动档案管理与开发的理论启示 / 174

　　8.2　对重大活动档案管理与开发的实践借鉴 / 176

参考文献 / 178

附　录　"北京奥运档案管理与开发"调研提纲及记录 / 212

后　记 / 219

# 第 1 章

导 论

  2008年，第29届夏季奥林匹克运动会（以下简称"2008年夏奥会"）为世界奉献了一场无与伦比的体育盛宴，成功塑造了中国良好的国际形象；2022年，第24届冬季奥林匹克运动会（以下简称"2022年冬奥会"）再一次创造了"真正无与伦比"的国际盛会，继续促进中国各项事业可持续发展，进一步提升了我国的国际影响力。北京已然成为世界上首个且唯一的"双奥之城"，其蕴含的北京奥运精神，是伟大民族精神和时代精神的重要组成部分，给北京、中国乃至国际奥林匹克运动留下了璀璨夺目的物质财富和精神财富。这些财富的薪火相传，离不开各项申办、筹办、举办活动所形成的文字、图片、声音、视频等清晰、确定的原始记录，即北京奥运档案。2019年，北京冬奥组委发布的《北京2022年冬奥会和冬残奥会遗产战略计划》，将"档案管理"列为"创造文化遗产"方面的重点任务之一，标志着北京奥运档案是奥运遗产中一项重要的遗产内容。2021年，习近平总书记对档案工作作出重要批示："档案工作存史资政育人，是一项利国利民、惠及千秋万代的崇高事业……把新时代党领导人民推进实现中华民族伟大复兴的奋斗历史记录好、留存好，更好地服务党和国家工作大局、服务人民群众！"① 可见，北京奥运档案不仅是"双奥"盛况的历史记录，还是新时代中华民族伟大复兴的历史见证，做好北京奥运档案的管理与开发工作意义深远、使命光荣、责任重大。

---

① 国家档案局印发《通知》要求认真学习贯彻习近平总书记对档案工作重要批示 [EB/OL]. (2021-07-29) [2022-04-07]. https://www.saac.gov.cn/daj/yaow/202107/4447a48629a74bfba6ae8585fc133162.shtml.

1.1 研究背景

1.1.1 现实背景

申办和举办2008年夏奥会、2022年冬奥会，是党中央在历史关键节点作出的重大战略性部署。从2008年夏奥会"绿色奥运、科技奥运、人文奥运"到2022年冬奥会"绿色办奥、共享办奥、开放办奥、廉洁办奥"理念的嬗变，促使中国对奥林匹克运动、奥运遗产的认知更为全面与深入。北京奥运档案作为见证者、记录者，加强其管理与开发研究，不仅是落实《中华人民共和国档案法》（以下简称《档案法》）和《"十四五"全国档案事业发展规划》全面推进档案治理体系和档案资源体系、档案利用体系、档案安全体系建设的重要举措，亦具有重大而深远的社会价值和现实意义。

1.1.2 专业背景

然而，笔者在前期研究（向北京市委市政府提交并获蔡奇同志批示的《关于加强北京奥运档案管理的政策建议》咨政报告）中发现，北京奥运档案管理与开发实践现存诸多问题：（1）思想认识陈旧，未充分认识到北京奥运档案作为奥运遗产的多维多层价值，缺乏科学的遗产保护与开发理念；（2）体制机制缺失，北京奥运档案资源分散保存于各个机构，缺乏必要的整合与共享；（3）管理模式滞后，没有专门的系统平台或数据库，无法保证电子档案的真实性、完整性、可用性和安全性；（4）开发模式落后，档案处于封闭状态，未对社会公众开放，未开展研究开发。而理论上，当前尚未形成一套可科学指导北京奥运档案管理与开发的体系化研究成果。此即本书的选题背景，亦是本书研究的必要性和重要性之所在。

鉴此，北京奥运档案将具体包含哪些内容？具有什么样的特殊价值？目前管理与开发工作现状怎样？面临怎样的管理与开发挑战？如何更好地管理和开发北京奥运档案？这些问题备受世人关注，也亟须学者提供体系化的指导、制度指引、技术支撑和建设性的政策建议。

1.2 研究意义

1.2.1 学术价值

1.2.1.1 丰富奥运遗产理论研究

自 1956 年墨尔本奥运会的申办报告中第一次出现"legacy"（遗产）一词后，人们开始逐渐关注奥运会所带来的正面影响。2018 年国际奥委会在第 9 届国际体育产业论坛上发布了全新的奥运遗产框架——《遗产战略方针》（*Legacy Strategic Approach*），对奥运遗产进行了最新界定："奥运遗产（Olympic legacy）是一个愿景的结果"。自此，奥运遗产日益受到学者们的关注。但目前大多数有关奥运遗产的研究仅集中在对奥运遗产的概念和特点的分析、奥运遗产的内容体系划分、奥运遗产的治理方案等单方面的探索，且研究多从文化遗产学、体育学、经济学等学科开展，对一类特殊、重要的奥运遗产——奥运档案关注较少。

本书将在现有奥运遗产研究成果的基础上，遵循"奥运遗产观"与遗产可持续发展理念，为奥运遗产理论研究提供档案学的视角，强调奥运档案收集、整理、保管、编研和提供利用等活动对奥运遗产传承与保护的作用，并运用档案记忆观、档案与身份认同、档案情感理论等后现代档案学理论中的新思维补充和完善奥运遗产理论研究，从档案的记忆价值、认同价值、情感价值等拓展奥运遗产的价值认知维度。这将极大丰富与发展既有奥运遗产的理论研究内容。

1.2.1.2 深化档案学基础理论研究

包括档案在内的文献资源是"文化中国"的重要载体，具有长久的历史文化价值，这一理念得到越来越多的认可。而在申办、筹办、举办奥运会时产生的众多文献资源中，档案作为最原始的记录，应被视作众多文献资源中最重要的文化遗产之一加以保护和传承。这其中涉及对奥运档案的概念界定、特点分析、价值认知、管理要求等众多问题。这些问题不仅需要奥运遗产理论的科学性回应，亦需要档案学理论的创新性回应。

本书将突破前人以固有档案学理论套用在奥运档案管理与开发研究之上的

窠臼，强调奥运档案作为一种重要奥运遗产的特殊性。如针对奥运档案来源广泛、形成者众多、资源分散的特点，更新全宗理论和来源原则在奥运档案管理中的应用，创新"实体分散、虚拟集中"的管理模式；针对信息时代奥运档案的数字化和数据化原生样态，拓展文件生命周期理论和文件连续体理论在奥运档案工作中的指导作用，创新集成式的、可回溯的数据态奥运档案管理思维；针对奥运档案的遗产价值，突破传统的凭证价值和参考价值等档案固有价值维度的认知，从奥运档案促进公民认同、形成国家记忆、凝聚民族情感、推动文化传承等角度扩展奥运档案的记忆价值、认同价值、情感价值等遗产价值形态，乃至维护社会公平正义、促进人类文明互鉴交流、构建人类命运共同体的遗产价值维度，深化档案价值理论，并以此指导奥运档案价值的鉴定。这也契合了正在兴起的后现代档案学理论的内涵，可丰富档案学基础理论的研究成果。

1.2.1.3 创新档案学应用理论研究

本书将突破前人研究中理论和实践脱节的弊端，注重在理论的指导下研究北京奥运档案管理与开发的实践和方法问题，构建从理论支撑到实践模式、以实践反哺理论的北京奥运档案管理与开发方法论。在方法论构建中突出对既有档案学应用理论的创新性研究，例如，设计北京奥运档案管理与开发的工作机制与业务制度，构建适应数字化革命的数字管护模型，提出适应人文化背景的场景式开发模式。档案学应用理论的创新，也有助于为其他重大活动的组织与管理提供档案学的工具和方法，具有重要的学术价值。

1.2.2 应用价值

1.2.2.1 为重大活动档案管理与开发提供科学的"理论指南"

本书将根据奥运档案的概念与范围，剖析奥运档案的价值新形态、内容新特点及管理新要求，构建包括现有奥运遗产理论的拓展、传统档案学理论的创新、新兴后现代档案理论的深化、治理理论的延展、数字人文技术的应用以及其他相关学科知识方法的综合运用等在内的从核心圈层到外部圈层的奥运档案管理与开发理论体系，使实践部门更为全面准确地认知奥运档案蕴含的独特文化内涵，为制定政策提供理论依据。本书从制度体系设计、数字管护模型设计、开发利用模式设计等方面深入探索北京奥运档案管理与开发的制度、技术和方法路线，提出可供实践部门参考的政策建议、技术方案。这种从实践到理论再到实践、层层递进、多维延展的北京奥运档案管理与开发知识体系，可为奥运会或其他重大活动档案管理的政策制定和方案设计提供科学的"理论指南"。

1.2.2.2 为未来奥运档案管理与开发提供中国特色的"北京方案"

奥运档案蕴含大量赛事筹办经验、知识，是可供将来举办大型体育赛事借鉴的知识载体。本书构建的北京奥运档案管理与开发理论体系、制度体系、集数字化与人文内涵于一体的管理与开发利用路径，有助于构建独一无二的奥运记忆，为北京乃至中国留存珍贵的"双奥"遗产。本书可从理论、制度、技术、方法层面为奥运档案管理与开发提供一套科学、可行的方案，为其他国家的奥运档案管理与开发提供集新理念、新模式与新方法于一体的"北京方案"，为其他类型的大型体育赛事提供典范。尤其是2022年冬奥会筹办过程伴随着新冠疫情的暴发，做好北京奥运档案管理与开发亦可为今后大型体育赛事应对突发公共卫生事件或其他类型危机事件提供经验和知识，更好地实现对国际奥林匹克知识体系的反哺。

1.2.2.3 为其他类型奥运遗产的管理与开发提供独特的"档案工具"

当前，"奥运遗产"已经是奥林匹克运动未来发展和学术研究的最重要议题。由于奥运遗产范畴广泛、内容繁多、延展性强，目前在56届（夏奥会32届、冬奥会24届）奥运举办城市的奥运遗产构建和诠释覆盖范围中所包括的14个奥运遗产领域内，均未形成一个较成熟的、体系化的奥运遗产管理与开发策略或方法。本书通过综合运用多学科理论和方法，在对奥运遗产的重要类别与重要呈现载体——奥运档案的内容、特点、价值、管理需求等全面剖析的基础上，从理论体系、制度体系、管理模式、开发路径等多个层面，力图全方位地构建出奥运档案管理与开发的知识体系和实践规范。该知识体系和实践规范，可以"重点突破""以点带面"，为其他类型奥运遗产管理与开发提供借鉴与"档案工具"。

1.2.3 社会意义

1.2.3.1 让北京奥运档案成为读懂体育强国的新资源

体育承载着国家强盛、民族振兴的梦想。体育强则中国强，国运兴则体育兴。2019年《体育强国建设纲要》中强调，到2050年，全面建成社会主义现代化体育强国，体育成为中华民族伟大复兴的标志性事业。北京奥运档案见证中国体育从弱到强、走向世界、赢得喝彩的发展历程，充分彰显了运动员为国争光、奋力拼搏的精神风貌。本书通过全面推动北京奥运档案的管理与开发，强调构建北京奥运档案专题数据库，打造北京奥运档案场景式开发新模式，既有助于发掘奥运期间许多鲜为人知的珍贵史料，呈现出更动人心魄的体育魅力，也能促进体育文化繁荣发展，弘扬中华体育精神，助力健康中国建设。

1.2.3.2　让北京奥运档案成为凝聚国家认同的新契机

中国人在奥运期间形成的国家认同，离不开记忆载体的有效支撑。记忆载体提供的事实、情感构成了群体认同的基础。本书将后现代档案学理论作为北京奥运档案管理与开发理论体系的内容之一，试图发掘奥运档案在传承记忆、构建认同中的关键性作用，并将奥运档案视为凝聚国家认同、提振奋进力量的重要资源。档案记忆观认为，记忆与认同天然相连，档案与身份认同又是档案记忆观研究的深化。认同的本质在于确认个体和集体的身份感、地位感、归属感和价值感。以北京奥运档案为基础的集体记忆既是中国人凝聚国家认同的力量之源，也是以人为本的人文奥运发展理念的档案化呈现。

1.2.3.3　让北京奥运档案成为讲好中国故事的新载体

世界渴望了解中国，北京2008年夏奥会和2022年冬奥会提供了前所未有的机会。北京奥运档案凝结着中国赛事组织、城市管理、志愿服务、群众参与等多方面的宝贵经验，从侧面彰显了中国制度的独特优势，成为讲好中国故事、展示大国形象极具说服力的生动载体。本书坚持"绿色办奥、共享办奥、开放办奥、廉洁办奥"的新理念，力求从奥运档案的视角推动"奥运＋"高质量发展。本书通过跨学科视角，整合"体育＋文化""文化＋技术""技术＋管理"等蕴含创新、协调、绿色、开放与共享发展理念的诸多要素，充分发挥奥运档案在人文奥运、科技奥运、绿色奥运中的资源价值，在国际大变局中，充分挖掘奥运档案中蕴含的精神价值和文化价值，通过奥运档案把中国故事生动演绎出来，提升国家话语权。

1.2.3.4　让北京奥运档案成为诠释人类命运共同体的新名片

体育外交作为中国特色大国外交的重要组成部分，是实践人类命运共同体理念的重要场域。2019年国家主席习近平会见国际奥委会主席巴赫时强调，举办北京冬奥会将为中国加强体育国际合作提供新的机会。体育通过奥林匹克运动所展现的人类文明追求，恰恰与人类命运共同体的思想理念高度契合。本书将涉及公平竞争、互相理解、友谊团结、文明互鉴、世界和平的奥运精神和奥林匹克运动可持续发展理念，通过奥运档案"显性化"呈现出来，能有效克服不同民族、国家之间的隔阂，跨越意识形态、政治体制的纷争，架起相互沟通与交流的桥梁，更好地践行国际奥林匹克运动"together"（更团结）格言，携手传承人类的共同遗产，推动构建人类命运共同体的实现。

1.3 研究基础

1.3.1 概念界定

清晰厘定"北京奥运档案"的概念是开展对其一切管理与开发的必要前提。北京奥运档案主要与奥运档案、奥运档案遗产、奥运文献遗产以及奥运遗产等概念相关，具体解释及其之间关系说明如下。

1.3.1.1 奥运档案及其相关概念

奥运档案这一概念探讨始于2008年夏奥会，学者们从形成主体、时间周期、载体种类等各个角度阐述，众说纷纭。总体来讲，学者们的界定揭示了奥运档案的如下特点：第一，奥运档案形成主体众多，包括奥组委各部门、筹办单位、竞赛和非竞赛场馆、运营中心或个人等[1]；第二，奥运档案的形成贯穿于奥运会整个周期，包括申办、筹办、举办[2]乃至后奥运阶段[3]；第三，奥运档案形成地地域分散，除主办城市外还有协办城市、圣火传递城市等[4]；第四，奥运档案载体形式丰富，包括文字、图片、音像、实物等各类载体[5]。以上特

---

[1] 李娜，余翔. 奥运档案的相关问题初探 [J]. 兰台世界，2008 (21)：53-54.
[2] 刘雨亭. 奥运档案工作应注意的问题：从2012年伦敦奥运档案的工作实践得到的启示 [J]. 科教文汇（下旬刊），2016 (6)：188-189.
[3] 徐拥军，陈洁. 北京奥运档案管理的对策建议 [J]. 北京档案，2020 (7)：27-29.
[4] 刘雨亭. 奥运档案工作应注意的问题：从2012年伦敦奥运档案的工作实践得到的启示 [J]. 科教文汇（下旬刊），2016 (6)：188-189.
[5] 李文超. 奥运档案分类研究及意义 [J]. 兰台世界，2016 (14)：29-30.

点表明奥运档案来源广泛、数量庞大、内容丰富、类型多样。综合上述观点，本书认为，奥运档案，"是指在申奥、筹奥、办奥乃至'后奥运'阶段，奥组委各部门、竞赛场馆、市场合作伙伴等各类奥运利益相关方，以及相关组织和个人直接产生的各种门类和载体的历史记录"①。北京奥运档案是本书主要的研究对象，是指2008年夏奥会和2022年冬奥会所产生的档案集合，是奥运遗产的重要组成部分。

由于奥运档案属于奥运遗产的重要组成部分，因此，在奥运遗产的内容划分中，又衍生出"奥运档案遗产"一词。奥运档案遗产的内涵与外延等同于奥运档案，只是前者更明确奥运档案与奥运遗产的密切关系，强调奥运档案的遗产属性。此外，学术界还出现过"奥运文献遗产"一词。奥运档案遗产与奥运文献遗产的区别，主要在于档案与文献的区别。徐拥军②认为，在申办、筹办、举办奥运会过程中，与奥运会有关的各种组织、机构和个人会产生大量文献。这些文献汇集起来，形成文献资源，留传下来即是文献遗产。徐祥辉等③认为，奥运文献遗产是奥运会无形遗产（非物质文化遗产）发挥作用不可或缺的载体，是联系奥运会有形遗产和无形遗产的纽带，是沟通奥运会昨天、今天和明天的桥梁，是举办国家乃至全人类珍贵的文化财富和知识宝库。文献与档案关系密切，两者内涵虽不同，但外延大幅交叉重合。文献相比较于档案，形式更多样、内容更系统、价值更多元。本书认为，在奥运背景下，可以将文献作为属概念来定义档案，奥运档案包含在奥运文献内，奥运档案是奥运文献的主体部分。

1.3.1.2 奥运遗产

奥运遗产作为奥运档案的上位类概念，内容涉及广泛、表述丰富灵活。国际奥委会2013年、2015年、2018年连续发布《奥林匹克遗产手册》（*Olympic Legacy*）、《奥运遗产指南》（*Olympic Games Guide on Olympic Legacy*）、《遗产战略方针》等文件，对奥运遗产认知逐渐丰富和深刻。其中，《遗产战略方针》认为，"奥运遗产是由愿景产生的结果。它包含了所有因举办奥运会和体育赛事而对人民、城市和地区以及奥林匹克运动产生或加速其发展的、可见和不可见的、长期正面效益"。该方针还将奥运遗产的范围界定为7个方面：有

---

① 张丹. 北京奥运档案的遗产价值建构研究 [D]. 北京：中国人民大学，2023：8.
② 徐拥军. 北京奥运会文献遗产的保护与传承 [J]. 中国档案，2008（1）：32-33.
③ 徐祥辉，黄家善. 北京奥运会遗产的评估、开发与保护研究 [J]. 体育与科学，2009，30（4）：11-14.

组织的体育运动的发展，通过体育运动促进社会建设，经济发展，人的技能、网络与创新，文化产品与创意产品开发，环境改善，城市发展。这表明：其一，奥运遗产内涵的广泛性。奥运遗产是涵盖了经济、政治、国家形象、教育、社会、城市建设、奥林匹克精神等物质与非物质层面内容的综合体，是一个多维度的概念，内涵非常宽泛，且呈现动态变化的趋势。其二，奥运遗产影响的积极性。《遗产战略方针》中明确奥运遗产建设的起点是"符合奥运愿景的城市视野"，目标是"通过体育建立一个更美好的世界"，这个宏大愿景赋予每一项奥运遗产崇高的意义，赋予每一届奥运会超越自身的广泛价值。这表明奥运遗产的提出不仅是应对奥林匹克危机的一剂良方，更是强调了奥林匹克运动的本真，即表达人类观念中的美好希冀，促使某些优良传统的守护和光大，对现实世界和未来世界的政治、经济、文化、社会、环境产生积极的影响，达成"广大民众—奥运主办城市和国家—全世界"的连续受益，从而使世界更美好[1]。《北京2022年冬奥会和冬残奥会遗产报告集（2022）》是根据遗产规划总结的7个单册遗产报告，集中体现了举办地乃至整个中国对人理、事理、物理的美好发展希冀，具有深刻的体育、经济、文化、教育、社会等多元价值。

胡孝乾等[2]认为，"奥运遗产的本质是奥运会引发的结构性改变作用于人和空间后产生的结果"。简而言之，奥运遗产是一种结果，这一本质性揭示致使奥运遗产在学术领域的界定较为宽泛，因此，学者们大多采取举例的方式进一步细化奥运遗产内涵。目前，对奥运遗产概念界定存在的比较普遍的共识是，将其视为在奥林匹克运动实践中逐步形成的具有普遍价值的有关奥林匹克运动的物质财富和精神财富的总和，包括有形遗产和无形遗产两大类。其中：有形遗产指的是奥运会留下的奥运会徽、吉祥物、奖牌、体育设施、奥运场馆、建筑景观等，以及用来发展体育的捐赠基金；而无形遗产也称影响遗产，包括奥运会对人、城市和社会发展等方面产生的无形的影响，例如举办经验、教育、就业等，无形遗产在奥林匹克运动中的重要性越来越凸显[3]。

---

[1] 徐拥军，等. 北京奥运遗产传承研究［M］. 北京：中国人民大学出版社，2021：序.
[2] 胡孝乾，吴楚楚，邓雪. 新冠疫情对2022年北京冬奥会体育遗产影响的内容、路径和方式［J］. 上海体育学院学报，2021，45（3）：27-38.
[3] 代表性论述参见：张国清，彭雨，王艳. 2008北京奥运文化遗产整理与挖掘的研究［J］. 体育科技文献通报，2011，19（3）：1，29；袁荣凯. 奥运遗产：等待挖掘的宝藏［J］. 体育文化导刊，2008（8）：31-32，53；戴勇. 北京"人文奥运"非物质文化奥运遗产特点分析［J］. 体育与科学，2008（5）：18-21；金汕. 奥运遗产：沉淀的文明［J］. 政工研究动态，2008（15）：19-21；董进霞. 北京奥运会遗产展望：不同洲际奥运会举办国家的比较研究［J］. 体育科学，2006，26（7）：3-12；李开云，叶波. 北京奥运会遗产保护与开发研究［J］. 体育科技文献通报，2008（2）：106-109.

基于上述讨论，本书认为，奥运遗产是一种愿景，是奥林匹克运动在时空范围内作用于主办城市和国家的正面效益，具有遗产内容的可持续发展性、影响领域的正面性、遗产愿景表述的灵活性等特点。

1.3.2 文献综述

1.3.2.1 国内奥运档案研究现状

截至2023年5月10日，以"奥运/奥林匹克/体育赛事＋档案/文件/文献"为检索词在中国知网的中国期刊全文数据库、中国博士学位论文全文数据库、中国优秀硕士学位论文全文数据库以及中国人民大学博硕学位论文库中进行主题检索，检得与本书主题相关的论文171篇，其中期刊论文132篇、博硕士论文5篇、报纸34篇。并无相关书籍出版。

从时间分布（见图1-1）来看，关于奥运档案的研究在2001年北京申奥成功后开始展开，但文献数量较少。在2008年夏奥会举办前后，奥运档案引起众多学者的关注，相关文献数量增幅明显。2008年夏奥会后，相关文献数量快速下降。至2022年冬奥会前后，相关文献数量有所增长，但数量较2008年夏奥会前后仍显不足。

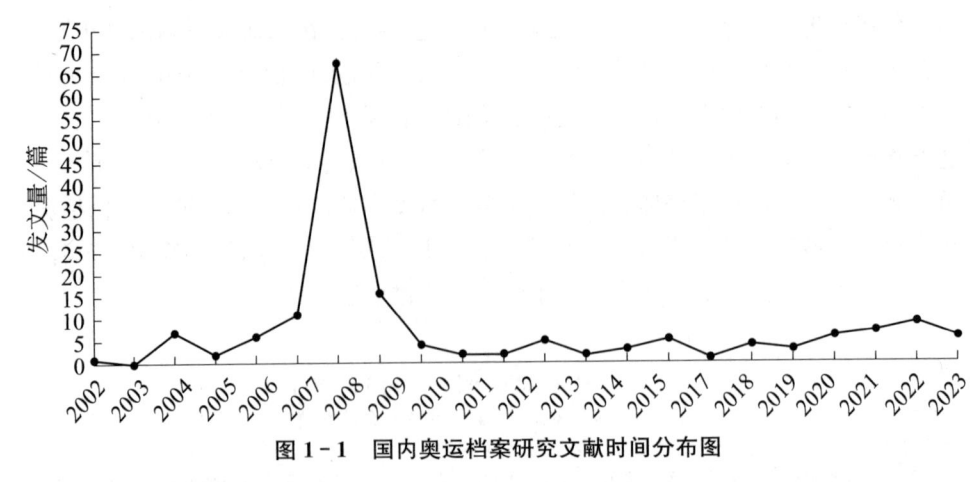

图1-1　国内奥运档案研究文献时间分布图

从文献类别分布情况来看，检索出的文献以期刊论文居多，共132篇，占比77.2%；学位论文5篇，占比2.9%；报纸34篇，占比19.9%。由于期刊和报纸刊载的文章一般篇幅较短，质量上参差不齐，故较难形成系统完整的论述，而且此领域的多数期刊文章为业务探讨类型。这反映出我国目前对奥运档案的研究多停留在业务层面，其研究深度有待进一步提高。从文献来源分布（见图1-2）来看：相关文献数量最多的期刊是《北京档案》，占比28%，其次是《兰台世界》，占比10%，其他期刊如《山西档案》《中国档案》《办公室业务》等也有零星分布；相关文献最多的报纸是《中国档案报》，占比13%。整体上看，奥运档案相关文献集中分布于档案学领域期刊，内容集中于业务探讨与经验介绍方面。

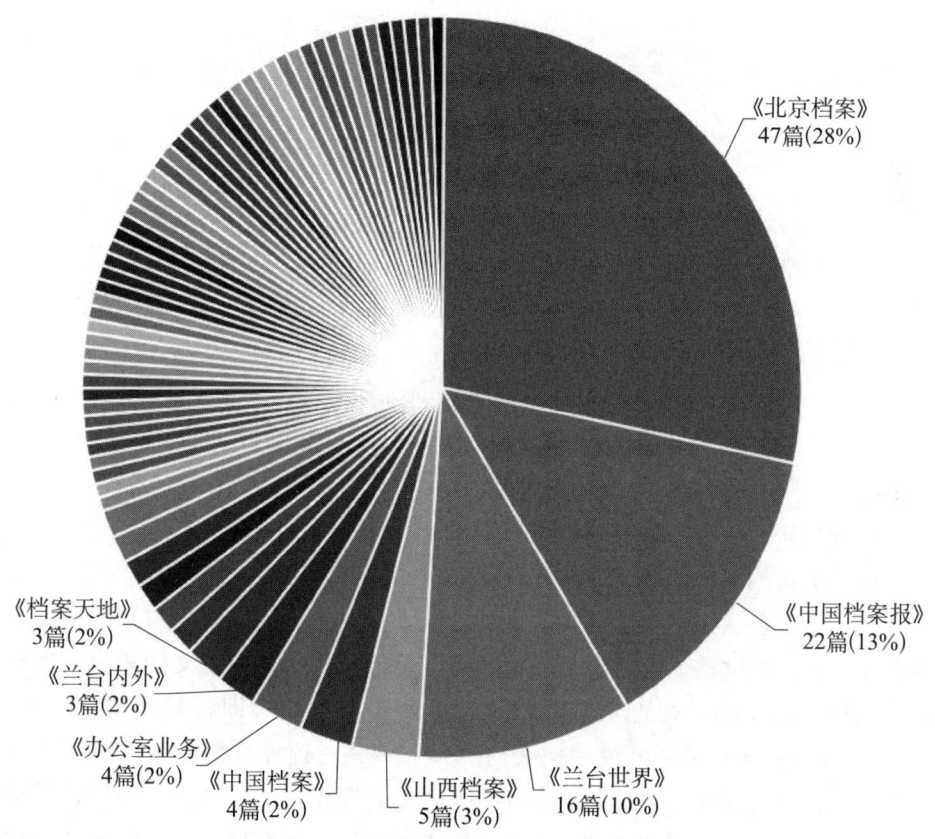

图1-2 国内奥运档案研究文献来源分布图

笔者用文献计量分析工具（VOSviewer）对中文文献的关键词进行提取分析，在去除重复筛选的基础上绘制关键词共现网络（见图1-3）。从图中可大致总结出目前我国奥运档案研究的热点和主题分布，除去常见的"档案管理""档案工作""档案工作者"等热词外，还有"北京市档案局""体育赛事""工程档案工作""奥运遗产"等热词值得关注。这反映出奥运档案中的工程档案受到广泛关注，同时奥运档案已被视为奥运遗产的重要组成部分，其价值已经向更为宏观的奥运遗产领域延伸。此外北京市档案局对奥运档案的管理利用也受到关注。

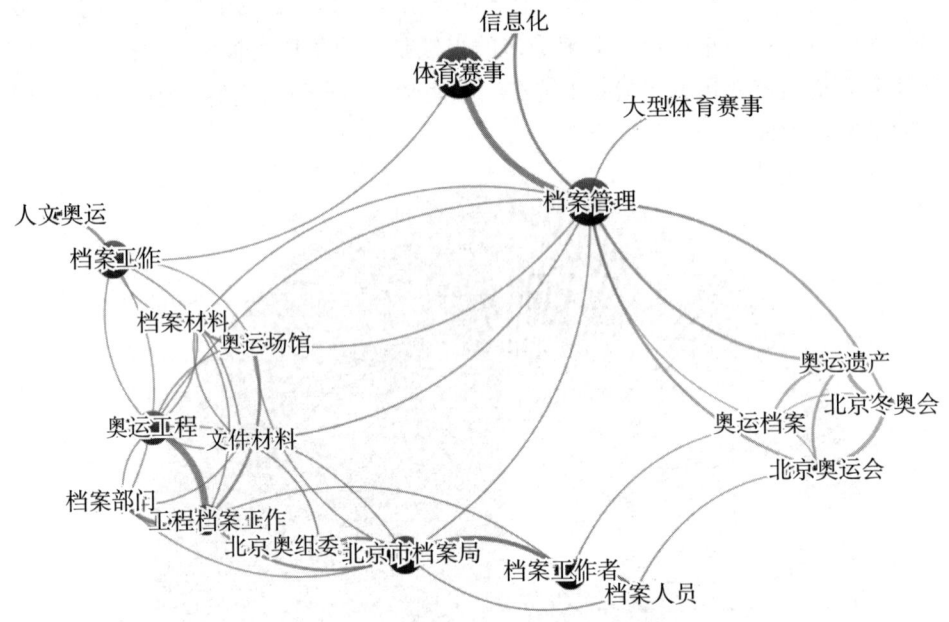

图1-3 国内奥运档案研究文献关键词共现网络

目前的研究内容与成果主要包括：

（1）奥运档案价值及管理与开发要求。

国内学者已认识到奥运档案的重要价值，并对奥运档案管理与开发的要求进行了分析。但这些研究主要是从档案自身价值及档案工作意义的角度出发探讨奥运档案的价值，视野不够广阔。2008年，在夏奥会即将召开的背景下，《北京档案》在辩论专栏开设"档案与奥运"辩题，连续9期围绕档案与奥运之间的关系展开讨论。李娜等[①]认为：奥运文献规模宏大，具有专门性；类型很广，具有复合性；时间跨度远，具有历史再现性；具有极高的收藏价值和传世价值。陈洁等[②]认为，档案除了凭证价值、情报价值以外，还有文化价值、情感价值等，档案部门应通过对档案信息的深度挖掘，实现对重大事件的再现、对重要人物的还原，充分开发出奥运档案的文化价值与情感价值，进一步

---

① 李娜，余翔. 奥运档案的相关问题初探［J］. 兰台世界，2008（21）：53-54.
② 陈洁，徐拥军，郭若涵，等. 国外奥运档案管理的特点及启示［J］. 兰台世界，2020（1）：28-31，13.

拓展奥运档案利用的广度与深度。

（2）奥运档案管理与开发理论。

第一，奥运档案/文献概念。徐拥军①认为，在申办、筹办、举办奥运会过程中，与奥运会有关的各种组织、机构和个人会产生大量文献。这些文献汇集起来，形成文献资源，留传下来，即是文献遗产。徐祥辉等②指出，奥运文献遗产是奥运会无形遗产（非物质文化遗产）发挥作用不可或缺的载体，是联系奥运会有形遗产和无形遗产的纽带，是沟通奥运会昨天、今天和明天的桥梁，是举办国家乃至全人类珍贵的文化财富和知识宝库。刘立河③提出，奥运文献就是记录有关奥运知识的一切载体，奥运文献是奥林匹克运动发展的真实记录，其范围不仅包括中外文图书、报刊以及各种声像资料，网络化信息资源也应成为其虚拟馆藏。多数学者如李娜等④、李文超⑤将奥运会的申办、筹办、举办、赛后等整个周期形成的与奥运相关的一系列活动记录界定为奥运档案。徐拥军等⑥认为，可以将文献作为属概念来定义档案，奥运档案包含在奥运文献内，奥运档案是奥运文献的主体部分。

第二，奥运档案管理基本理论。徐拥军等⑦梳理了奥运会文献遗产保护与传承的基本理论后提出：奥运遗产理论为奥运会文献遗产保护与传承奠定了理论基石，提供了可直接复用的经验；文化遗产理论为奥运会文献遗产保护主体的确定提供了方向与思路，有助于其创新开发手段与模式，指导其开展管理工作；后现代档案学理论提供了对奥运记忆、国民认同及情感建构的独特认知，丰富了奥运会文献遗产保护与传承的理论内涵；数字人文呼吁在奥运会文献遗产保护与传承中注重数字技术与人文理念的张力结合与双向联动，重视跨学科与跨领域的合作交融。徐拥军等⑧发现北京奥运档案管理的"中国模式"是奥运档案管理经验的理性化、系统化与成熟化综合体，也是国际奥委会、奥运主

---

① 徐拥军. 北京奥运会文献遗产的保护与传承 [J]. 中国档案, 2008 (1): 32-33.
② 徐祥辉, 黄家善. 北京奥运会遗产的评估、开发与保护研究 [J]. 体育与科学, 2009, 30 (4): 11-14.
③ 刘立河. 论北京奥运文献信息中心建设 [J]. 图书馆建设, 2002 (6): 39-40.
④ 李娜, 余翔. 奥运档案的相关问题初探 [J]. 兰台世界, 2008 (21): 53-54.
⑤ 李文超. 奥运档案分类研究及意义 [J]. 兰台世界, 2016 (14): 29-30.
⑥ 徐拥军, 卢林涛, 宋扬. 奥运文献遗产的人文价值及实现 [J]. 兰台世界, 2020 (1): 14-18, 13.
⑦ 徐拥军, 张丹, 闫静. 奥运遗产理论的构建：原则、方法和内涵 [J]. 成都体育学院学报, 2021, 47 (2): 16-21.
⑧ 徐拥军, 张丹. 北京奥运档案管理的"中国模式" [J]. 图书情报知识, 2022, 39 (3): 32-40.

办国和主办城市以及档案学专业三方主体合力的结果。

（3）奥运档案管理与开发政策制度。

当前研究多是对现有相关政策制度进行梳理，肯定政策制度的重要性，或对政策制度制定提出建议，而缺乏对奥运档案管理与开发政策制度体系的整体设计。陈洁[①]梳理了国内大型体育赛事档案管理相关政策法规文件颁布情况，提出宏观上应健全大型体育赛事档案管理法规体系，中观上应将档案工作纳入赛事工作战略规划，微观上应制定赛事档案管理制度与方法。刘永明等[②]提出，应针对不同阶段的奥运档案管理需求，持续出台指导性文件，以保障各阶段奥运档案工作的开展有章可循。李京婷等[③]认为，2022年冬奥会相关工作规定的制定有利于强化档案管理责任，解决工作协调问题，便于形成档案管理合力，形成统一保管统筹分配新格局。

（4）奥运档案管理具体策略与方法。

在特定奥运档案管理实践案例方面，相关研究主要聚焦2008年夏奥会和2012年伦敦奥运会。关于前者，现有研究总结了北京市档案局、北京市石景山区档案局、兰州市档案局等部门在各项奥运档案征收征集、业务指导、展览举办工作方面的成果[④]；多数实践工作者如马晓真[⑤]、张彦清[⑥]还融入个人奥运记忆记述奥运档案管理工作情况，如奥运档案收集整理、清点移交、登记上架、利用服务、撰写《全宗指南》等各项档案业务活动等。针对后者，现有研究介绍了官方电影档案资料的整理[⑦]、英国国家档案馆的奥运档案工作[⑧]、伦敦奥运会的档案管理项目[⑨]等，以期为我国的奥运档案工作提供借鉴。

---

① 陈洁. 大型体育赛事档案管理策略研究 [D]. 北京：中国人民大学，2020.

② 刘永明，马长亮，糜栋炜. 奥运档案工作实践与思考：以北京市石景山区档案局（馆）为例 [J]. 北京档案，2008（12）：27-28.

③ 李京婷，田雷. 坚持四个办奥理念 研究探索北京冬奥会档案工作新形态 [J]. 档案天地，2018（1）：10-13.

④ 陈乐人. 弘扬奥运精神 促进科学发展 继续开创北京市档案工作的新局面 [J]. 北京档案，2008（11）：10-13.

⑤ 马晓真. 为奥运留下记忆：记北京奥运会、残奥会非竞赛场馆档案工作团队 [J]. 北京档案，2008（8）：18-19.

⑥ 张彦清. 我参与的奥运档案工作 [J]. 北京档案，2009（11）：42-43.

⑦ 陈恬恬. 奥运官方电影的资料档案管理：从英国筹拍伦敦奥运官方电影说起 [J]. 当代电影，2010（8）：108-111.

⑧ 黄霄羽. 2012年英国国家档案馆的奥运档案工作及简评 [J]. 四川档案，2013（1）：54-55.

⑨ 林玲，郑宇萌. 奥运会遗产的数字化收集整理与利用：以伦敦奥运会数字化档案为例 [J]. 湖北体育科技，2019，38（8）：664-669，678.

在特定奥运档案管理方面，有学者专门对运动员档案、工程档案、卫生保障档案等的管理现状提出反思和建议。在工程档案方面，赵丽萍[1]提出应加强部门联动，以规范档案工作、强化档案基础建设，并指出分期分批移交竣工档案有利于维护档案的实体安全，从而对奥运工程档案进行有效管理。在卫生保障档案方面，张丽珠[2]提出，北京市疾病预防控制中心作为奥运保障单位，承担着传染病预防控制，食品、饮用水等公共卫生的安全保障，突发公共卫生事件及生物恐怖事件的应急处置和全民健康促进等重大保障任务，形成了大量卫生保障档案，做好这些档案的收集和管理可促进卫生防病事业的进步与发展。

在奥运档案管理方法与手段方面，相关研究仅停留于简单的情况介绍和理念畅想，而没有对实际操作或具体的框架模型进行更深入的探究。徐拥军[3]提出建立"北京奥运会专题档案全文数据库"的构想。刘立河[4]介绍了首都图书馆的"北京奥运文献信息数据库"，该数据库是首都图书馆新馆"计算机综合信息管理系统"的一个子系统，该系统已具备数字图书馆的雏形和基本功能，并已建有多个文献资源库，北京奥运文献信息数据库即是其子库之一。徐拥军等[5]发现2008年夏奥会档案管理仍以传统实体管理模式为主，电子文件归档和电子档案管理亟待加强，并再次建议构建北京奥运专题档案数据库。

（5）奥运档案开发具体策略与方法。

一是做好奥运档案收集，为开发工作奠定基础。杨冬权[6]在全国档案局馆长会议上讲话时表示，设有奥运赛区地方的档案部门建立有效工作机制，加强统筹监管，搞好跟踪服务，及时组织奥运档案的收集、整理与移交工作。王润斌等[7]指出，在2008年夏奥会申办、筹办到举办的过程中，奥运档案管理工作者坚决贯彻国际奥委会的决策部署，紧紧围绕奥运会组委会的中心工作，全面履行职能，扎实做好奥运档案收集、整理、保管、利用以及档案馆库建设等

---

[1] 赵丽萍. 奥运工程档案业务指导工作之实践与思考 [J]. 北京档案，2008（9）：16-17.

[2] 张丽珠. 试论北京奥运卫生保障档案管理 [J]. 首都公共卫生，2009，3（2）：92-94.

[3] 徐拥军. 建立"北京奥运会专题档案全文数据库"的构想 [J]. 北京档案，2008（7）：13-14，42.

[4] 刘立河. 论北京奥运文献信息中心建设 [J]. 图书馆建设，2002（6）：39-40.

[5] 徐拥军，陈洁. 北京奥运档案管理的对策建议 [J]. 北京档案，2020（7）：27-29.

[6] 杨冬权. 以科学发展观为指导，推动档案事业更好地科学发展并为科学发展服务：在全国档案局长馆长会议上的讲话 [J]. 中国档案，2009（1）：12-20.

[7] 王润斌，肖丽斌. 奥运档案的届际传承问题探析 [J]. 兰台世界，2015（29）：55-56.

各项工作，保存较为完整系统的奥运档案。张志宏等[①]认为应具备超前的档案收集意识，改变结束式开展收集整理的工作方法，通过主动收集、全程跟踪收集，注重检查与验收环节，加强多种载体档案收集，并提出通过多种宣传渠道和媒体平台的传播作用，可持续普及奥运遗产理念，依托奥运遗产档案记录的完整性和指导性背景，积极开发与组织不同的冰雪文化宣传主题活动。

二是加强奥运电子档案管理，实现奥运档案信息化。王改艳[②]认为，应加强数字档案长久保存的研究，建议各档案部门应该采纳国际和国家有关数字档案资源管理的标准，充分吸收国外先进的数字档案资源管理经验和技术，组织国内专家开展联合科研攻关，构建科学的数字档案资源管理系统。徐拥军等[③]提出，应加强电子文件归档，以数字形式接收奥运档案，构建北京奥运专题档案数据库，使其成为一个集中、长久保存2008年夏奥会和2022年冬奥会电子档案，并供全社会在线利用的专门档案资源网络与服务平台。

三是以人民群众喜闻乐见的方式开发奥运档案，挖掘奥运档案价值。胡亚利等[④]介绍了北京理工大学充分利用奥运场馆声像档案资源，举办"奥运专题摄影展"，通过15个专题、50块展板、近400幅精彩照片较全面地展示了北京理工大学为承办奥运会和残奥会赛事所作出的艰苦努力和辉煌成绩，弘扬了奥林匹克精神，丰富了校园生活，受到师生的热烈欢迎，随后这些图片还将结集出版成专题画册。陈恬恬[⑤]介绍了《1956墨尔本奥运官方电影》团队在奥运电视档案署、奥运博物馆和澳大利亚国家电影资料馆等机构内历时五年完成了对影片50余小时素材片的发掘整理和二次创作工作，他们利用数百卷在地库里沉寂了40多年、早已被遗忘了的胶片，最终制作出一部时长104分钟的新版《1956墨尔本奥运官方电影》，作为千禧奥运的献礼，同时也实现了奥运电影史上一次奇迹的创造。冯惠玲等[⑥]发现"双奥"遗产数字化保存与传播在抗风险性、可获得性、传播力、增值性方面具有显著优势，当前数字化进程存在惯性思维、路径困惑、平台缺失、疏于运维的问题，"北京记忆·双奥之城"数字

---

① 张志宏，李宝红. 奥运遗产档案的收集整理与利用 [J]. 档案天地，2022（8）：47-48，39.
② 王改艳. 奥运档案遗产探析 [J]. 四川体育科学，2011（1）：5-7.
③ 徐拥军，陈洁. 北京奥运档案管理的对策建议 [J]. 北京档案，2020（7）：27-29.
④ 胡亚利，张月春. 奥运场馆声像档案价值分析与利用模式探索 [J]. 兰台世界，2009（19）：10.
⑤ 陈恬恬. 奥运官方电影的资料档案管理：从英国筹拍伦敦奥运官方电影说起 [J]. 当代电影，2010（8）：108-111.
⑥ 冯惠玲，任瑾，陈怡. 北京"双奥"遗产的数字化保存与传播 [J]. 图书情报知识，2022，39（3）：22-31.

展厅建设中形成的制度、规范和方法体系，有助于在普及奥运知识、弘扬奥运精神方面推出北京经验，并推动数字时代全球奥运遗产战略的实施落地。

1.3.2.2 国外奥运档案研究现状

截至2023年5月10日，以"Olympic＋archive(s)/record(s)/document(s)""sports event/game/meet＋archive(s)/record(s)/document(s)"等为检索词在Web of Science数据库进行主题检索，检得与本书主题相关的论文42篇。

从时间分布（见图1-4）来看，国外对奥运档案的研究起步较早，文献数量随奥运会的举办上升，呈现周期性。但整体而言，相关文献数量较少，可见国外对档案与奥林匹克运动的交叉研究关注较少。

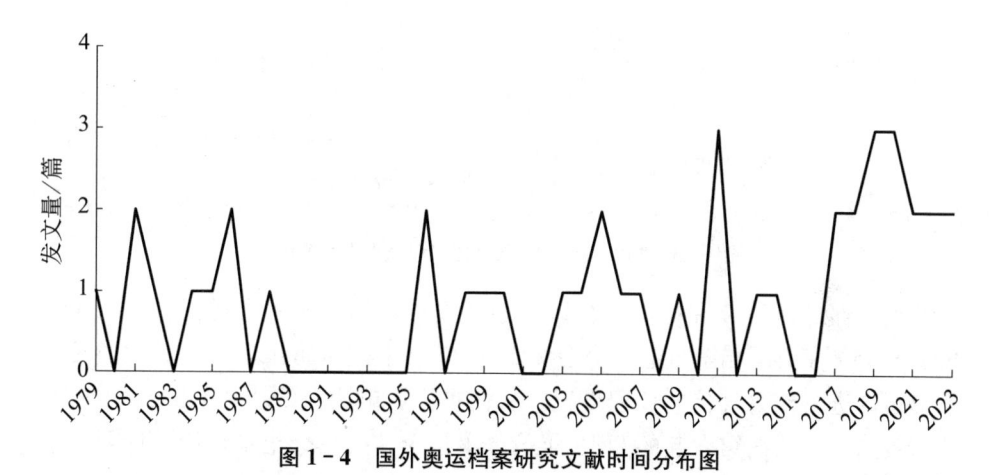

图1-4　国外奥运档案研究文献时间分布图

笔者用文献计量分析工具（VOSviewer）对外文文献的关键词进行提取分析，在去除重复筛选的基础上绘制关键词共现网络（见图1-5）。从图中可大致总结出目前国外奥运档案研究的热点和主题分布，有"injury""measure"等热词值得关注。这反映出国外对奥运档案的研究与体育学领域密切相关，此外国际奥委会对奥运档案的管理利用也受到关注。

目前的研究内容与成果主要包括：

（1）奥运档案价值及管理与开发要求。

在奥运档案的价值方面，国外学者更重视奥运档案的记忆价值，将其作为奥林匹克精神传承的纽带，但也多为具体研究。例如：有学者指出，有效的奥运档案记录具有广泛的商业价值、证据价值和知识信息价值，能够推动社区参

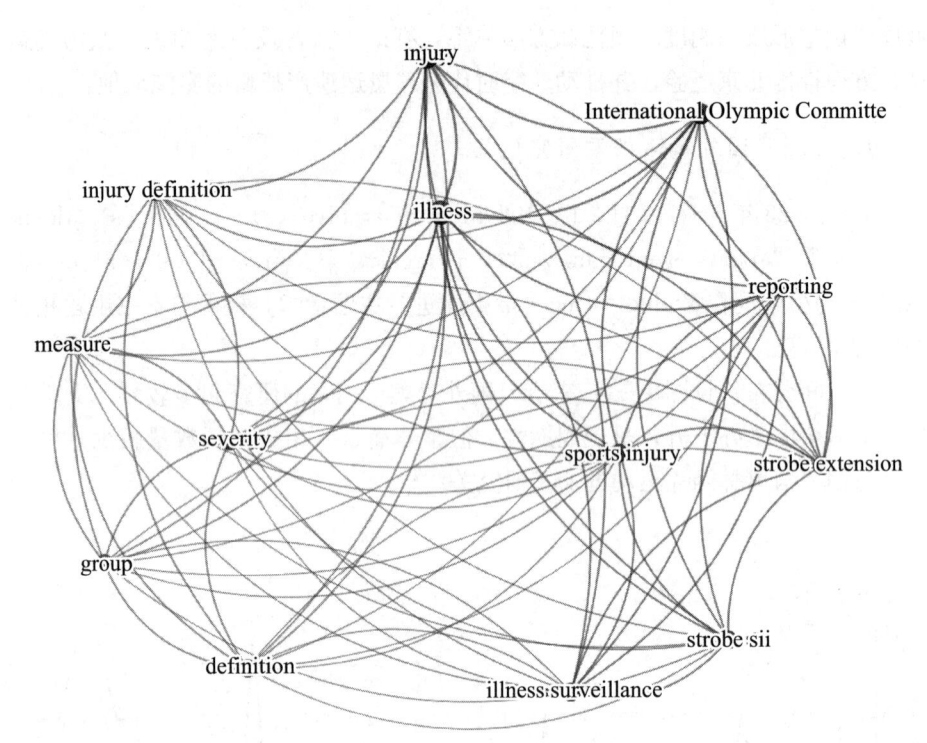

图 1-5　国外奥运档案研究文献关键词共现网络

与奥运，促进可持续和持久的社区关系的发展，构建全民奥运记忆[①]。Larry Hackman[②]在英国档案与记录协会 2011 年年会上演讲指出，可以对大型活动如奥运会进行档案宣传的议程设置，从而扩大影响力。Cathy Williams[③]通过分析英国国家档案馆发起的 2012 年伦敦奥运会、残奥会纪录片遗产计划，指出其带来的奥林匹克精神传承效果远超过 2012 年伦敦奥运会闭幕式。Rachel Tapp[④]认为，在遗产领域，大量数字奥运文献将会以更强大、更广泛的合作方式，推动奥运遗产的利用与发展，提升和改善国家形象和经济发展。

---

① NAKAJI T. Olympic films and public memory [J]. International Journal of Japanese Sociology, 2019, 28 (1): 11-25.

② HACKMAN L. Love is not enough: advocacy, influence and the development of archives [J]. Journal of the Society of Archivists, 2012, 33 (1): 9-21.

③ WILLIAMS C. On the record: towards a documentation strategy [J]. Journal of the Society of Archivists, 2012, 33 (1): 23-40.

④ TAPP R. West Yorkshire's sporting heroes [J]. Journal of the Society of Archivists, 2012, 33 (1): 75-87.

（2）奥运档案管理与开发理论。

国外对奥运档案管理与开发理论的研究，多从概念阐释、意义讨论及需注意的问题等方面展开，尚缺系统的理论构建。2005年，Terry Cook[①]在梳理加拿大宏观鉴定理论时指出，奥运文献是具有国家级意义的记录体，与狭义的办公室文献相比，它可能具有象征、美学、内在或其他信息价值，应当用更加宏观的视野来看待奥运文献。国外学者普遍认为，通过记录的形式保护奥运会遗产势在必行[②]，而在文献遗产保护与传承过程中要注重法律问题[③]、分阶段多方协作问题[④]、重点领域文献遗产保护问题[⑤]等。

（3）奥运档案管理与开发政策制度。

与国内类似，国外对奥运档案管理与开发政策的研究，主要集中在对具体赛事档案管理政策的解析和对比，继而对制度的优化提出建议等方面。E. Kate Jarman[⑥]通过对1951英国艺术节（the 1951 Festival of Britain）、2012年伦敦奥运会和残奥会（the London 2012 Olympics and Paralympics）这两个英国国家级大型活动的比较，考察两次活动中档案收集政策和收集实践的发展，并分析了1951英国艺术节档案相对稀少的可能原因，认为这些缺口表明，有必要为2012年伦敦奥运会和残奥会制定一项国家性的档案收集战略，这项战略的

---

① Cook T. Macroappraisal in theory and practice: origins, characteristics, and implementation in Canada, 1950—2000 [J]. Archival Science, 2005, 5 (2-4): 101-161.

② GOLD J R, GOLD M M. "Bring it under the legacy umbrella": Olympic Host Cities and the changing fortunes of the sustainability agenda [J]. Sustainability, 2013, 5 (8): 3526-3542; DACOSTA L, MIRAGAYA A. Search of experiences and trends of sport for all worldwide [J]. Worldwide Experiences and Trends in Sport for All, 2002: 15-31.

③ STUART S A, SCASSA T. Legal guarantees for Olympic legacy [J]. Entertainment and Sports Law Journal, 2011, 9: 1-21; MCKELVEY S, GRADY J. Ambush marketing: the legal battleground for sport marketers [J]. The Entertainment and Sports Lawyer, 2004, 21 (4): 8-15; TOWNLEY S, HARRINGTON D, COUCHMAN N. The legal and practical prevention of ambush marketing in sports [J]. Psychology & Marketing, 1998, 15 (4): 333-348.

④ MCKELVEY S, GRADY J. Ambush marketing: the legal battleground for sports marketers [J]. The Entertainment and Sports Lawyer, 2004, 21 (4): 8-15.

⑤ ELLIOT A J, MORBEY R A, HUGHES H E, et al. Syndromic surveillance: a public health legacy of the London 2012 Olympic and Paralympic Games [J]. Public Health, 2013, 127 (8): 777-781; GRATTON C, PREUSS H. Maximizing Olympic impacts by building up legacies [J]. Research Gate, 2008, 25 (14): 1922-1938.

⑥ JARMAN E K. Showing Britain to itself: changes in collecting policy from the festival of Britain to London 2012 [J]. Journal of the Society of Archivists, 2012, 33 (1): 41-55.

实施需要技术的进步并改变档案保管人的作用。Cathy Williams[①] 详细介绍了英国国家档案馆提出的"The Record"战略，认为该战略最初是一项文献收集战略，但自 2008 年 12 月以来，从范围、目标和意图来看，它已发展成为文献战略。作者没有对该战略内容及其适用性提出批评，但针对该战略提出了一些问题，以确定该战略是否能够成功地实现其核心目标，以及将文件战略作为其主要方法是否适宜。

（4）奥运档案管理具体策略与方法。

在奥运档案管理具体策略与方法研究方面，国外已有较多学者提出了较为科学、有效的建议，并强调通过加强合作来提高管理效率。

在管理策略方面，有学者提出通过建立档案管理部门、规范管理部门规章制度、全民收集奥运档案、统一奥运档案鉴定标准、辅以相关的技术手段等策略提高奥运档案管理水平[②]。希腊奥委会在 2004 年雅典奥运会举办之际，决定通过发布档案保存战略加强对其宝贵的历史和摄影档案的管理，以及对数字形式档案的内容管理，其中也包括对国际奥林匹克学院（the International Olympic Academy）档案的分类。

在管理方法方面，国外重视通过加强体育界和档案界合作的方式来提升奥运档案管理水平。Rachel Tapp[③] 通过分析西约克郡档案馆（the West Yorkshire Archive Service）在体育英雄项目（the Sporting Heroes project）方面的档案管理经验，深入阐释体育事业和文化遗产工作融合带来的好处，认为英国其他地区应利用伦敦奥运会和残奥会举办这一千载难逢的机会，为数字格式的体育档案管理创造更强大、更广泛的合作方式。还有学者认为通过与专业合作伙伴、大众媒体等社会机构、团体建立联系，奥组委或档案机构能够更好地实现奥运档案的高效管理，体现档案对社会的意义和作用。

（5）奥运档案开发具体策略与方法。

国外向来重视对档案的开发利用，重视通过多种手段尤其是新兴技术创新开发利用的方式来挖掘、呈现其价值。

在开发方法方面，国外关注通过构建数字档案系统、搭建网络平台开发利

---

① WILLIAMS C. On the record: towards a documentation strategy [J]. Journal of the Society of Archivists, 2012, 33 (1): 23-40.

② JARMAN E K M. Justice and conciliation in a Tudor church court [M]. Record Society of Lancashire and Cheshire: 2012.

③ TAPP R. West Yorkshire's sporting heroes [J]. Journal of the Society of Archivists, 2012, 33 (1): 75-87.

用奥运档案。Suk Choi Tae 等[①]认为：首先，应建立"档案遗产委员会"，并在相关组织内设立档案遗产管理部门，建立一个档案系统来创建档案遗产，通过建设网站门户，使网络平台建设、数字档案系统建设等各组织体系相互衔接；其次，鼓励地方组织和居民积极参与奥运遗产的保护与利用；最后，有必要扩展档案记录的主题，并通过它去形成故事，除了运动员和教练员，还需要收集社会弱势群体和残疾人的记录，这样才能创造出丰富的文化遗产和文化内容。

此外，国外文献对奥运期间产生的医学病例档案研究颇为重视，揭示了如新冠疫情等重大突发卫生事件对奥运会举办的不利影响，要求做好奥运期间的病历记录，建立公共卫生监测系统，以提高对抗重大突发卫生事件的综合能力[②]。相比国内文献，国外研究主题更为分散，从奥运比赛项目到奥运赛事举办再到奥运的配套公共卫生保障设施，讨论档案对这些问题的作用，更适用于学科间的交叉研究，提高档案利用价值。

1.3.2.3　对已有研究成果的评价及需要突破的空间的分析

（1）对已有研究成果的评价。

第一，奥运遗产研究成果丰富，但全面性有余，聚焦度不足。目前，国内外对于奥运遗产的概念、内涵、类型、特点等基本理论方面的研究较多，形成了较丰富的成果。但对奥运遗产的研究全面性有余，而针对性不足。这是因为当前研究对奥运遗产概念的认知存在偏差，较多学者将这一概念外延进行扩大化，即将奥运遗产从体育遗产扩展到社会、经济、文化、制度、国家形象、环境和可持续发展等"超体育"方面。虽然这可以极大丰富相关研究成果，但也会导致相关研究过于强调奥运遗产的领域、类型划分，而忽视了奥运遗产的其他维度和形式。尤其是蕴含奥运遗产独特内涵与价值的奥运档案鲜少受到关注，将奥运档案作为奥运遗产的一部分进行深入挖掘的研究成果较少。随着《北京2022年冬奥会和冬残奥会遗产战略计划》将"档案管理"列为"创造文化遗产"的重点内容，学界应对奥运档案的管理与开发予以应有的重视。

第二，奥运档案研究数量增长，但高度与可持续性不足。目前关于奥运档案的研究数量呈不断攀升趋势，且对奥运档案管理业务环节的梳理也渐趋全

[①] SUK C T, CHEON H. The study on creating Pyeongchang Winter Olympic Games Records Legacy through overseas cases [J]. Korean Society of Sport Policy, 2018, 16 (3): 61-80.

[②] WONG A Y Y, LING S K K, LOVIE L H T, et al. Impact of the COVID-19 pandemic on sports and exercise [J]. Asia-Pacific Journal of Sports Medicine, Arthroscopy, Rehabilitation and Technology, 2020, 22: 39-44.

面，但存在以下两方面的问题：一方面，相关研究多是立足于档案及档案管理，未从将档案纳入奥运遗产宏观愿景这一战略高度进行宏观层面的阐释。例如，现有成果对奥运档案管理的研究仅停留在对具体的收集、保管等传统档案业务环节的研究上，缺少从奥运遗产管理的高度进行的奥运档案管理顶层设计和战略规划；再如，对奥运档案开发的研究也仍关注于传统的数字化加工、网络化服务等较为传统的技术手段，且多停留在理念层面，未提出较具创新性的开发路径和方法。另一方面，相关研究在特定时期呈现井喷之势，但过了特殊节点，后续研究稍显乏力，缺少可持续性。因为奥运会是周期性热点事件，相应的研究也具有周期性。文献检索结果显示：国内方面，由于2008年夏奥会的召开，与"奥运档案"相关的文献在2008年激增，但随后相关研究数量又迅速下跌；由于2022年冬奥会，2018年至2021年相关研究又有较大幅度的增长。而国外则主要以2012年伦敦奥运会为节点，文献数量有所增长。尽管在节点之后相关研究的热度并未完全冷却，但相关研究并未形成持续性、连贯性的成果。究其原因，是现有研究并未从奥运档案的遗产可持续性角度进行相关探索，对奥林匹克运动和奥运遗产的可持续性把握不充分，故而随着奥运周期的结束，之前那种"为奥运档案管理而进行奥运档案研究"的思路自然后劲不足，奥运档案的后续开发被忽视。

第三，奥运档案研究实践性强，但理论性与体系化不足。国内现有对奥运档案的研究，经验总结较多，理论构建较少，导致实践性、应用性强，但理论性、科学化不足。例如，国内大量档案工作者撰写相关文章，总结本单位、本部门在奥运档案工作中的相关做法，但未能科学凝练奥运档案管理的成熟模式、未系统提出具有学理深度的理论成果。国外学界对该主题的研究整体而言呈现数量较少、内容具体、领域分散的特点，主要从某届具体的奥运会出发，将档案作为奥运盛会的一种真实记录手段，围绕奥运档案的作用和管理策略展开研究，也未深入到奥运档案管理与开发的学理层面。

第四，奥运档案研究受到档案学界与体育学界关注较多，但开放性与综合性不足。奥运档案研究与开发已经引起档案学界、体育学界的较多关注，但是此领域研究的学科视角与思维视角的开放性与综合性仍不足。一是学科视角的固化。现有研究多是档案学者、体育学者从本学科出发展开研究，忽视文化学、历史学、社会学、管理学、法学、信息科学等其他多学科视角的融入。举办奥运会远不止是举行简单的体育赛事，还包括举办城市和举办国政治愿景、经济愿景、环境愿景、文化愿景等诸多愿景的实现，作为奥运会客观、真实记录的档案，则是这些愿景的最佳呈现载体。故对奥运档案的研究亦需以开放性态度，综合多学科知识方法进行全面系统的审视。而现有研究成果在学科综合性方面却较为欠缺。二是思维视角的窄化。其一，现有成果对奥运档案的研究往往聚焦于某一届奥运会，国内多集中于2008年夏奥会或2022年冬奥会，而忽略了二者之间的关联，国外亦是多聚焦于某一届奥运会进行个案研究，这种聚焦个体、忽略整体的思维往往导致研究成果"只见树木、不见森林"，缺乏规律性探索。其二，现有成果对奥运档案的研究往往多聚焦于收集与管理问题，而对开发与利用问题着墨较少，这种只注重前端而忽略了后端的思维惯性，导致对奥运档案价值认知的偏差及奥运档案社会效益未能充分发挥出来。

（2）需要突破的空间。

第一，需要进一步深化对奥运档案价值的认知。对奥运档案价值的科学化、系统化认知是做好奥运档案管理与开发的前提和基础。分析奥运档案与一般档案、其他类型奥运遗产相比的特点，及其管理与开发面临的特殊需求与挑战，是开展后续奥运档案管理与开发理论研究与实践活动的前提与基础。现有研究对奥运档案的价值认知仍固守传统的凭证价值和原始记录维度，缺乏认识的高度，尤其是尚未将奥运档案放置于奥运遗产可持续发展框架之中。这种认识的局限有两方面原因：一是体育学界对奥运遗产的研究尚未将奥运档案全面纳入到奥运遗产体系之内，奥运档案的遗产价值自然凸显不够；二是档案学界对奥运档案的研究尚未从奥运遗产的高度和广度挖掘其价值，奥运档案的价值自然挖掘不深。这就导致现有大部分研究成果只关注局部与当下，缺少全局与长远的眼光，忽略了后奥运时代档案的利用与再利用对奥运遗产的开发作用，这为本报告提供了可突破的空间。

第二，需要针对性挖掘奥运档案管理与开发的理论基础。总体来看，目前尚未形成一套相对体系化的、成熟的、适用于奥运档案管理与开发的理论体系，且现有理论内容较为单薄、相互孤立，理论之间也未能良好契合。如，国内外相关研究尽管较为宏观、系统，涵盖了奥运档案的内涵认知、概念分类、价值作用、业务环节等诸多方面，但研究仍稍显"内敛"与"浅层"，缺乏对原理性、规律性问题的开放、深入探讨，至于最为重要的理论基础、理论框架更是鲜少涉及。因此，奥运档案管理与开发研究有必要对当前的理论成果进行详细梳理，同时融合体育学、档案学、图书情报学、文化学、历史学、管理学、经济学、法学、信息科学等领域的相关理论，建立一套科学的、针对"奥运档案"而非"奥运遗产"的理论体系，使之服务于奥运档案管理与开发的具体实践。

第三，需要科学设计奥运档案管理与开发的制度体系。制度构建是一项工作有序开展的重要规范与指引。当前，国内外相关研究在奥运档案管理政策法规、制度标准构建方面仍存在不少空白。学界尚未对当前奥运档案管理制度进行系统梳理，也未对奥运档案管理的制度体系设计展开构想，而现有对奥运遗产制度体系的分析又很少涉及档案领域。这表明，目前学界尚未对奥运档案管理与开发制度体系设计这一重要问题予以相应的关注。奥运会不同于单一性社会重大事件，所产生的档案具有来源广泛、内容丰富、类型繁多、数量庞大等特点，为此，创新宏观的工作机制、优化具体的业务制度，对于做好北京奥运档案管理与开发十分重要。

第四，需要探索适应数字化变革的奥运档案管理新模式。随着信息技术飞速发展、广泛应用，世界范围内数字浪潮席卷而来，数字化成为管理活动高质量开展的重要引擎，档案管理也正在经历从传统的实体管理向数字化、数据化管理转型的战略性变革。2008年夏奥会后传统实体档案管理模式已不再适应"大智移云"时代的北京奥运档案管理，由此，探索适应数字化背景下的奥运档案管理新模式势在必行。目前关于奥运档案管理的数字化模式与技术方法，虽然学界已有一定研究成果，但对奥运档案管理的平台设计、技术运用研究较为缺乏，已有研究尽管提出了一些技术方法的构想，但其前沿性、创新性不足，数字化变革理念也较为滞后。奥运会是一场大规模、综合性盛会，档案的来源、内容、种类、载体、格式、规模均超常规，要将这些档案资源有序收集、有机整合、有效管理，必须借助先进的管理理念、技术手段和管理平台。

第五，需要创建适应人文化背景的奥运档案开发新模式。对奥运档案进行高效开发利用是充分发挥奥运档案多元价值的重要手段，也是管理与开发奥运遗产的重要途径。在奥运档案开发策略研究方面，现有研究多聚焦于原则性的粗略设计，所立足的角度始终未延伸至人的需求，开发策略的可操作性、开发目标的人文关怀和对实践的指导性稍显不足，且开发策略内容较为陈旧，创新性意识不够鲜明。例如，国内外有学者从组织、制度、业务和技术等方面提出开发策略，但并未完成从宏观到微观、从理论设计到实践落地的系统性研究，也没有真正站在人文需求的角度倒推奥运档案开发的起点。因此，奥运档案管理与开发研究需要真正立足于人文化的背景与趋势创新奥运档案的开发模式、路径、策略和手段，基于奥运档案的特点和特殊价值形态针对性地设计开发方案，以期更好地服务于人，更全面地实现北京奥运档案管理与开发的遗产可持续性目标。

1.4 研究框架

本书的研究框架主要围绕北京奥运档案的管理与开发问题展开，并依据此研究问题，依次提出本书的研究内容、研究思路与研究方法。

1.4.1 研究内容

本书提炼归纳了北京奥运档案的基本内涵、价值，梳理并分析了北京奥运档案管理与开发的现状及其面临的理论、制度、管理与开发方面的挑战，并依次提出相应的解决策略。主要内容包括以下六个方面：

1.4.1.1 北京奥运档案的内涵和遗产价值

本部分旨在分析北京奥运档案本体层面的内容，即其形成背景、特点、内容、分布情况及其遗产价值，为后续研究提供逻辑基础与价值引领。具体内容包括：北京奥运档案的形成背景，北京奥运档案的特点和内容，北京奥运档案的分布情况，北京奥运档案的遗产价值、其衍生形态以及实现路径。此为本书第 2 章内容。

1.4.1.2 北京奥运档案管理与开发的现状与挑战

本部分旨在分析北京奥运档案管理与开发的现状与挑战。通过调研，总结归纳北京奥运档案管理与开发的"中国模式"，提炼其中的经验成果并提出对其他重大活动档案和未来奥运档案管理与开发的启示，进而对标遗产价值和管理与开发要求，分析北京奥运档案面临的管理与开发需求、挑战，是后续研究问题意识的来源。具体内容包括：北京奥运档案管理与开发的"中国模式"、北京奥运档案管理与开发"中国模式"的启示、北京奥运档案管理与开发要求及其面临的挑战。此为本书第 3 章内容。

1.4.1.3 北京奥运档案管理与开发的理论体系构建

本部分旨在为北京奥运档案管理与开发提供体系化的理论支撑，最终构建一个从核心层到外围层、基于奥运遗产可持续发展理念和奥运档案全周期管理理念的"奥运档案管理与开发理论体系"。具体研究内容包括：北京奥运档案管理与开发已有理论溯源、北京奥运档案管理与开发理论体系构建原则及划分圈层、北京奥运档案管理与开发代表性理论内涵及内容解析、北京奥运档案管理与开发理论的应用价值与指导意义。此为本书第4章内容。

1.4.1.4　北京奥运档案管理与开发的制度体系构建

本部分旨在为北京奥运档案管理与开发提供系统化的制度规范和指引。具体研究内容包括：系统梳理北京奥运档案管理与开发相关政策、法规、标准等现状；紧扣《档案法》贯彻实施、档案工作数字转型以及档案、体育、文化、信息等多领域制度协同等现实需求，分析北京奥运档案管理与开发的制度供给存在的缺漏与不足；设计北京奥运档案管理与开发制度体系的总体框架；在总结国内外相关经验与探索的基础上，提出北京奥运档案管理与开发工作机制创新的政策建议；针对实践工作的难点和痛点，提出北京奥运档案管理与开发业务制度优化的对策建议。此为本书第5章内容。

1.4.1.5　北京奥运档案数字管护模型构建

本部分旨在探索一套科学、先进的北京奥运档案管理模式和方法。按照数字化变革的要求，运用数字管护（digital curation）的理念，针对北京奥运档案管理挑战，提出相应解决方案。主要研究内容包括：对现有的奥运档案管理模式进行分析，并总结其发展趋势；从政策法规、奥运遗产、档案资源、信息技术、利益相关者等要素对北京奥运档案数字管护的内外环境进行系统解析；参考英国国家级数据管护中心（The Digital Curation Centre，DCC）数字管护生命周期模型，构建北京奥运档案数字管护模型；从宏观、中观和微观三个层面制定北京奥运档案数字管护实施策略；提出北京奥运档案专题数据库建设的构想。此为本书第6章内容。

1.4.1.6　北京奥运档案场景式开发模式构建

本部分旨在提出一套创新、可行的北京奥运档案开发模式和路径。围绕奥运档案在"体育—超体育"双维度、"中国—世界"双层面的不同需求，构建安全、共享、开放、立体、和谐和可持续的奥运档案场景式开发模式。具体研究内容包括：北京奥运档案开发利用的现状分析、北京奥运档案场景式开发模式的核心理念、北京奥运档案场景式开发模式的主要场景、北京奥运档案场景式开发模式的实施路径。此为本书第 7 章内容。

1.4.2 研究思路

本书面向实现"两个一百年"奋斗目标的历史交汇点，面向新时代与新征程对社会各项事业发起的挑战，面向北京冬奥会"四个办奥"理念和奥运遗产可持续发展方针，面向《档案法》的立法导向和《"十四五"全国档案事业发展规划》的战略要求，围绕北京奥运档案管理与开发这一主题，旨在发挥北京奥运档案助力传播奥林匹克精神、促进京津冀协同发展、提升国家形象、讲好中国故事、传承人类共同遗产的重要价值。对北京奥运档案管理与开发的研究是一项跨学科的综合研究。本书以目标为导向，以内容为核心，以方法为支撑，研究设计主要遵循"提出问题—分析问题—解决问题""实践—理论—实践"的思路展开（见图 1-6）。

首先是提出问题，从北京奥运档案的内涵认知和遗产价值出发，分析做好北京奥运档案管理与开发的历史意义和时代价值，总结现有北京奥运档案的管理与开发工作经验与成果，从中探讨与分析北京奥运档案管理与开发现状及其面临的需求与挑战，为后续研究奠定实践基础。这部分研究内容是本书的问题意识的来源。

其次是分析问题，根据本书第 3 章提出的管理与开发挑战，从理论和制度两个层面，为北京奥运档案管理与开发提供理论指导和制度规引：研究北京奥运档案管理与开发的理论基础，从奥运遗产理论、传统档案学理论和后现代档案学理论、治理理论、数字人文及其他学科方法出发，构建奥运档案管理与开发的理论体系，为后续研究提供理论支撑；研究北京奥运档案管理与开发的制度体系，从现有制度供给和需求出发，构建包括宏观的机构协调机制、业务协同机制、资源共享机制、社会参与机制、监督指导机制等工作机制，具体的文件归档、档案整理、档案开放鉴定、档案开放利用等业务制度在内的北京奥运档案管理与开发制度体系，为后续研究提供制度支撑。

最后是解决问题，基于本书第 3 章提出的研究问题，根据第 4 章和第 5 章的理论指导与制度规引，构建北京奥运档案数字管护模型，促进北京奥运档案管理的数字转型，从而实现对北京奥运档案的有效管理；设计北京奥运档案场景式开发模式，促进北京奥运档案开发的模式创新，从而实现对北京奥运档案的高效开发。

图1-6 本书总体研究框架思路图

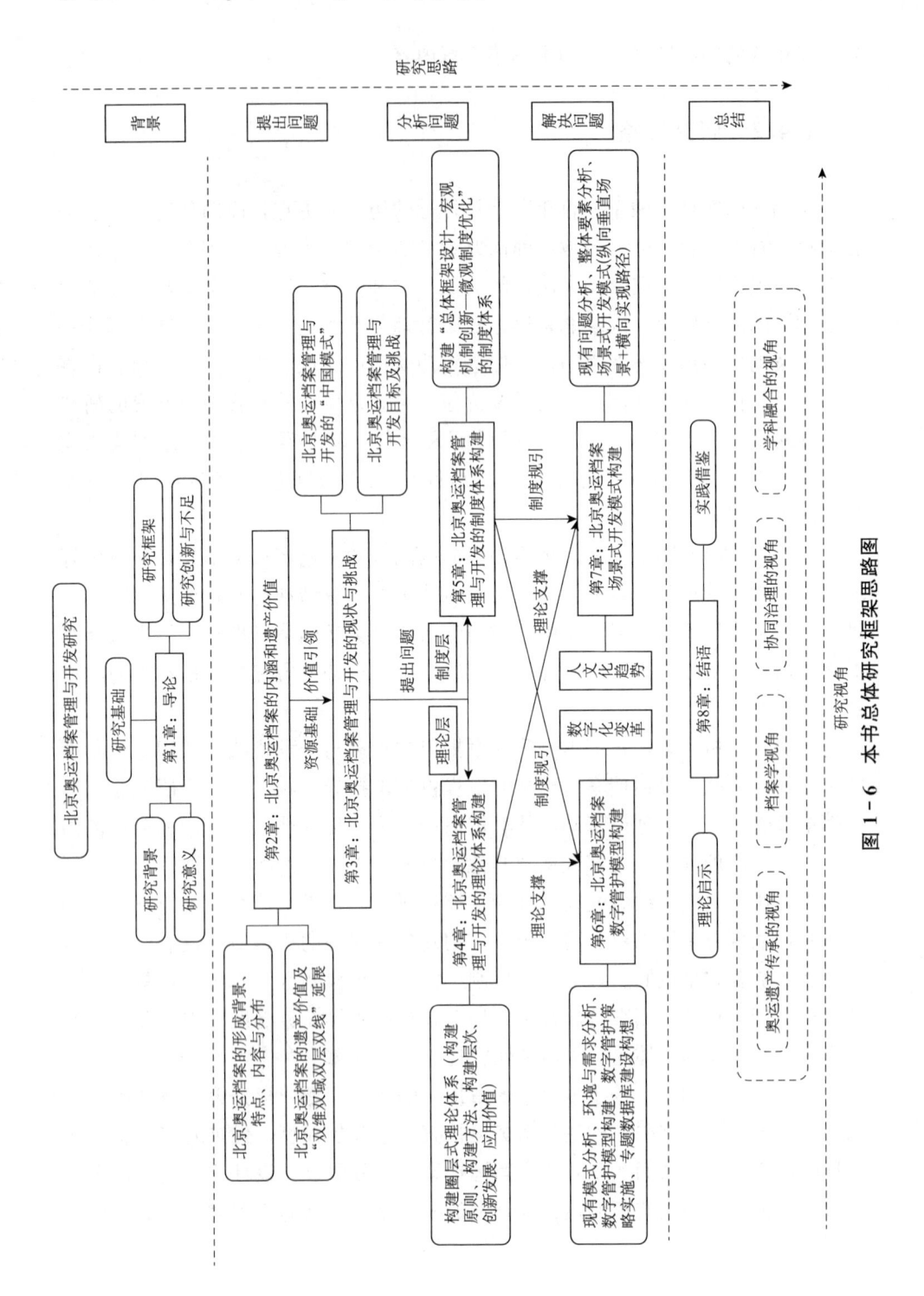

1.4.3 研究方法

本书在坚持理论与实践相结合、历史与逻辑相统一的基础上，充分考察了多种研究方法和手段的适用性和可操作性，选择能够有效解决本书中关键问题的方法和手段，并结合本书的实际情况进行合理的应用设计，提出了一套兼具适用性和可操作性的研究方法和手段，具体如表1-1所示：

表1-1 主要研究方法的基本应用一览表

研究方法	第2、3章	第4章	第5章	第6章	第7章
文献研究法	√	√	√	√	√
案例研究法		√		√	√
比较研究法		√		√	√
社会调查法	√	√			
系统分析法			√	√	
政策文本分析法	√		√		√
PEST分析法				√	√
关键因素分析法					√
模型建构法				√	√
政策构建法			√		
扎根理论研究法		√			

一是文献研究法。在已有研究的基础上，针对国内外奥运遗产、奥运档案管理与开发、重大活动档案管理等相关方面的研究，搜集包括图书、期刊、报纸、学位论文、科学报告、政策法规文件等在内的各类文献并加以鉴别和整理，从而全面掌握与本书相关的既有研究成果。

二是案例研究法。选择国内外奥运遗产、奥运档案管理与开发领域有代表性的项目作深度案例分析，探察项目开展的整体路径和具体方法，分析影响奥运档案管理与开发的关键要素，提炼出可供北京奥运档案管理与开发学习与借鉴的理论、制度、技术和方法。

三是比较研究法。对一般档案和奥运档案、奥运遗产和奥运档案的概念、内容与特点进行比较，在对比分析中提炼奥运档案的独有特点、价值和管理需求；对不同学科视角下奥运遗产与奥运档案的基础理论进行比较，为构建奥运档案管理与开发理论体系奠定基础；对不同国家奥运档案管理与开发制度、技术和方法进行比较分析，构建奥运档案管理与开发的"北京方案"。

四是社会调查法。对国内开展奥运档案管理与开发的代表性机构（包括北京冬奥组委、北京市档案馆、北京市海淀区档案馆、河北省档案馆、张家口市档案馆、国家体育总局、首都体育学院、中国石油档案馆等）进行座谈、网络、电话等多种形式调查（见表1-2），选取关键的利益相关者（如奥委会官员、政府领导、档案管理员、运动员、媒体人、赞助商管理者、研究学者、普通民众等）作为访谈对象，考察北京奥运档案管理与开发现状与需求，听取各位利益相关者的意见与建议。

表1-2 本书运用社会调查法的具体情况

调查单位	调查内容	调查日期	调查形式
北京冬奥组委	北京冬奥档案收集与整理、查档绿色通道实施、北京冬奥会知识管理等情况	2022-10-26	电话访谈
北京市档案馆	北京奥运档案收集与整理、价值认知、开发利用等情况	2022-09-26	线下座谈
北京市海淀区档案馆	北京冬奥档案收集与整理、价值认知、开发利用等情况	2022-09-29	线下座谈
河北省档案馆	北京冬奥档案收集与整理、价值认知、开发利用等情况	2022-11-15	调研问卷
张家口市档案馆	北京冬奥档案收集与整理、价值认知、开发利用等情况	2022-11-15/2023-03-28	调研问卷/线下座谈
国家体育总局	助力冬奥筹办、北京奥运档案收集与整理情况	2022-11-24	线上访谈
首都体育学院	助力冬奥筹办、北京冬奥档案收集与整理、北京冬奥会知识管理等情况	2022-11-10	线下座谈
中国石油档案馆	助力冬奥筹办、北京冬奥档案收集与整理情况	2022-09-23	线下座谈

五是系统分析法。通过系统分析法，分析北京奥运档案管理与开发理论体系、制度体系，北京奥运档案的数字管护模型、场景式开发模式的外部环境、构成要素、相互关系及功能。协调内外部之间和各个要素之间的相互关系，以优化系统的功能。

六是政策文本分析法。应用政策文本分析法研究国内外关于奥运遗产、奥运档案管理与开发的各种政策、法规、制度和标准等的内容，分析其工作原则方针和计划方案，为制定北京奥运管理与开发政策提供参考。

七是 PEST 分析法。以政治环境（political）、经济环境（economic）、社会环境（social）和科技环境（techonological）四类环境影响因素为切入，全面考量当前北京奥运档案管理与开发面临的外部宏观环境，为微观分析奥运档案管理与开发的现实状况与可行路径提供思路。

八是关键因素分析法。影响北京奥运档案开发的内外部因素非常庞杂，涉及多个领域和要素。为此，本书在研究过程中，以奥运档案开发利益相关者（who）、奥运档案开发时间（when）、奥运档案开发空间（where）、奥运档案开发方法（how）、奥运档案开发效益（why）作为关键要素进行重点分析，以期借助"5W"模式获得预期研究效果。

九是模型建构法。从数字管护视角为北京奥运档案管理建立理论模型，有助于反映北京奥运档案在整个生命周期内的特点和价值，从而指导北京奥运数字档案管理实践。本书根据对奥运档案生命周期、管理环境和需求的分析，以 DCC 数字管护生命周期模型为基础，以遗产价值为导向建立三层式环形北京奥运档案数字管护模型。

十是政策构建法。围绕北京奥运档案管理与开发的机构协调、业务协同、资源共享、社会参与、监督指导等方面，以及文件归档、档案收集、档案整理、开放鉴定、开发利用等环节，运用问题树分析、政策多角度分析、相关利益者分析、边界分析等政策构建工具和方法，提出北京奥运档案管理与开发工作机制创新与业务制度优化的建议。

十一是扎根理论研究法。从实际观察入手，从原始奥运档案资料或文本中归纳出主要概念，然后上升到系统的理论。这是一种从下往上建立实质理论的方法，即在系统性资料的基础上，寻找反映奥运档案管理与开发这一现象的核心概念，然后通过这些概念之间的联系建构相应的理论体系。

1.5 研究创新与不足

本书以"北京奥运档案管理与开发"为研究对象，主要有以下研究创新与不足之处。

1.5.1 创新之处

1.5.1.1 研究视角的创新

第一，本书以档案学为视角提供奥运遗产传承的新思路。目前，学界多从体育学、社会学、经济学、管理学的视角研究奥运遗产传承问题，鲜有学者从档案学视角进行探讨。本书认为，奥运档案本身既是一类重要的奥运遗产，又是其他类型奥运遗产的真实记录。传统档案学基础理论（全宗理论、文件生命周期理论和文件连续体理论、档案价值理论）和后现代档案学理论（如档案记忆观、档案感情价值论等）能为各类奥运遗产管理与开发提供新的视角和思路。例如：文件生命周期理论和文件连续体理论，可使人们认识到对奥运遗产进行前端控制和全过程管理的意义。档案记忆观启示人们北京奥运遗产是北京奥运记忆、北京记忆乃至中华民族集体记忆和人类共同记忆的重要组成部分，这有利于人们以更长远、更宏大的视野审视奥运遗产的价值。

第二，本书以奥运档案为载体提供讲好中国故事的新媒介。讲好中国故事命题蕴含着深刻的理论逻辑。讲好中国故事命题的理论目标是让当代中国马克思主义放射出更加灿烂的真理光芒，与世界共享精神财富、分享中国智慧和中国方案，用当代中国马克思主义照亮中国人民的精神世界，凝聚全国人民的精神力量。奥运档案真实地反映了整个奥运活动的经过与结果，是奥运会举办民族乃至全人类珍贵的文化财富和知识宝库。北京奥运档案凝聚着中国人民申奥、办奥的共同记忆和历史文化财富，是中华民族伟大复兴的历史见证，也是向世人传播中华优秀传统文化的重要载体。本书希冀通过奥运档案，让历史说话，为讲好中国故事，展现真实、立体与全面的中国提供新媒介，为构建全方位、多层次、多元化的集体记忆提供新视角，为呈现一个更加开放自信的国际形象提供新注脚。

第三，本书以北京"双奥"为契机开拓档案学理论与技术变革的新领域。从2008年夏奥会到2022年冬奥会，北京将书写历史造就传承，中国将在世界奥运史上留下浓墨重彩的一笔，北京"双奥"也将在中国历史上留下独特的历史烙印。本书希冀通过对北京奥运档案管理与开发领域中理论、制度、技术与方法等全方位、立体式的研究，拓展档案学理论和技术变革的新领域：促进传统档案学的理论革新、深化后现代档案学的理论内涵，并在北京奥运档案数字管护模型构建和场景式开发模式研究中，以技术变革促进传统档案工作的创新，同时反向推进创新与重塑档案学理论。

1.5.1.2 思想观点方面的创新

第一，首次提出北京奥运档案价值的"双维双域双层双线"延展性。本书将北京奥运档案置于整个奥运遗产体系之中，将奥运档案既视为一类重要的奥运遗产，又视为其他类型奥运遗产在形成、积累、保护与传承过程中的真实记录。因此，北京奥运档案价值具有双重属性：一是北京奥运档案本身作为一类奥运遗产的内容维度的遗产价值，二是北京奥运档案作为其他类型奥运遗产承载物所体现的载体维度的遗产价值。双重属性体现了奥运遗产的开放多维效益，促进了北京奥运档案价值向其他领域维、地域层延展。本书基于奥运遗产涉及的维度、层级目标，提出了符合奥运遗产愿景、包括"内容—载体"二维表征、"中国—世界"层级渗透、"体育—超体育"衍生发展、"夏奥—冬奥"联动整合的北京奥运档案价值观。这种"双维双域双层双线"延展的北京奥运档案价值观，不仅为北京奥运档案管理与开发提供了全新的研究视角，同时也彰显了北京奥运档案之于社会各方面、人类命运共同体的重要价值，提升了整本书的研究视野与实践高度。

第二，首次针对性构建北京奥运档案管理与开发的理论体系。北京奥运档案管理与开发不仅是一个突出的实践问题，也是一个深层的理论问题。为了有力指导实践活动的开展，本书基于科学的原则和方法，构建了一个从内而外、从核心层到外围层、从奥运遗产可持续和档案管理全周期出发的北京奥运档案管理与开发理论体系圈层，以期为北京奥运档案管理与开发提供理论支撑和思想指导。本书提出的圈层式理论体系，不仅对北京奥运档案管理与开发具有开创性的指导意义，而且对其他大型体育赛事档案、重大活动档案的管理与开发，以及整个奥运遗产传承都具有普遍的指导意义。

第三，首次将数字管护模型应用于北京奥运档案管理实践。数字管护是指为将来和现在的应用目的，而对一系列可信赖的数字信息进行维护和使其增值的所有活动，特别是在整个生命周期内，对数据进行的主动管理和评估活动。它不仅包含对数字资源进行长期保存和科学管理，还蕴含对数字资源进行增值管理，实现其价值增长。北京奥运档案不仅是奥运遗产的重要组成部分，也是文化遗产的重要组成部分。随着信息技术和融媒体的不断发展，数字形式的各类奥运档案不断形成，为其收集、整理、保存和利用带来了种种要求和压力，加之档案管理环境的数字化和管理手段的信息化，北京奥运档案管理的数字管护迫在眉睫且势在必行。2008年夏奥会档案的管理仍处于传统实体管理模式，2022年冬奥会档案管理须加快推进数字管护。本书在分析奥运档案现有管理模式与发展趋势的基础上，对北京奥运档案数字管护的环境要素及需求进行结构式分析和系统性调查，进一步构建北京奥运档案数字管护模型，并在此基础上制定数字管护实施框架，最后提出建设北京奥运档案专题数据库的总体方案，为北京奥运档案数字管护提供方案和路径。这是对奥运档案管理模式的创新。

第四,首次将场景式开发模式运用于北京奥运档案开发实践。北京奥运档案的开发是一项复杂的社会实践活动,涉及了多方利益主体、多重环境因素、多维价值取向等。目前对北京奥运档案的开发研究尚未形成体系,开发端与需求端尚未贯通,在具体的实现路径上也没有相应的范式进行指导。为了充分地发挥奥运档案的遗产价值,针对北京奥运档案开发利用的现状,本书从人文化背景和以人为本理念出发,以纵向领域和横向路径为主线,构建了北京奥运档案的场景式档案开发模式。纵向上,为北京奥运档案开发提供可行的创新垂直场景;横向上,为北京奥运档案开发提供具体的场景实现路径。本书首次将场景式开发模式引入奥运档案开发,具有一定的过程总结性和规范适用性,对其他大型体育赛事档案和重大活动档案开发具有普遍的借鉴意义和参考价值。

1.5.2 不足之处

其一,北京奥运档案形成主体众多,职责与利益关系复杂,管理与开发涉及所有权、知识产权等诸多法律问题,制约因素众多且相互交织。这无疑增加了政策分析与模型构建的难度,同时也导致现有研究有不彻底不周全之处。

其二,限于诸多原因,笔者无法获取一些关键的内部资料,不能准确掌握北京奥运档案管理与开发的实际情况,因而所提出的对策建议难免缺乏充分的依据。

第 2 章
北京奥运档案的内涵和遗产价值

从 2008 年夏奥会到 2022 年冬奥会，北京办奥不只实现了中国的百年奥运梦想，还促进了中国社会的全面发展。北京奥运档案作为这一重大标志性活动各项工作的原始记录，是珍贵的档案资源和奥运遗产。我国对北京奥运档案的关注发端于 2008 年夏奥会，研究多倾向于立足档案本体由下向上审视奥运会，缺少将档案置于奥运遗产的宏观愿景。本章将北京奥运档案置于整个奥运遗产体系之中予以审视，全面、立体展现奥运会对体育、经济、社会、文化、环境等各个领域的意义和价值。

2.1 北京奥运档案的形成背景

任何一项人类社会的重大活动，通常都有进行记录、留存档案的需求，奥运会作为一项大型综合性活动，更需要予以记录、存档。而对于北京"双奥"来说，记录、存档还有更深刻的背景和意义。本部分通过国内外文献研究、政策文本梳理和实践调查，明确北京奥运档案的形成背景，为后续研究北京奥运档案特点和内容提供依据。

2.1.1 奥林匹克运动对奥运遗产的日益重视

作为一项全球性赛事，任何一届奥运会都会对举办城市及国家的体育、经济、社会、文化、环境等产生不同程度的影响。特别是 20 世纪 80 年代以来，随着奥运会规模的不断膨胀，奥运会对举办城市及国家的影响更加引人关注。为了促进奥林匹克运动的健康、可持续发展，2002 年国际奥委会正式启动"奥运总体影响评估"（Olympic Games Global Impact，OGGI，后改为奥运影响评估，OGI）项目。2008年夏奥会因此成为奥运会史上第一个完整执行奥运总体影响评估的举办城市，并确立了多达171个评价指标。随后，2018年国际奥委会发布了全新的奥运遗产框架——《遗产战略方针》，这将与《奥运会可持续发展报告》（Olympic Games Sustainability Reports）一起为奥运会主办城市确定、汇报、分析和评估奥运遗产提供框架。这标志着国际奥委会自21世纪初开始使用的以奥运影响评估项目为代表的奥运遗产规划、评估、研究体系正式终止。2022年冬奥会也成为第一个以《遗产战略方针》为框架记录、分析和总结奥运遗产的冬奥会[①]。从奥运影响到奥运遗产，不断凸显的正面效益体现奥林匹克运动对可持续发展的时代愿景，促使北京不断深化奥运会对举办城市在体育、经济、社会、文化、环境等各个领域作用的认知，并于2019年发布《北京2022年冬奥会和冬残奥会遗产战略计划》。在该计划中，"档案管理"被作为"创造文化遗产"的重点任务提出。相应地，从奥运影响到奥运遗产，奥运档案作为其原始记录也随之向多视角、纵深化和动态性方向发展。

2.1.2 中国对奥林匹克运动的愿景嬗变见证

赛事理念是中国对奥林匹克运动愿景的集中展现。"绿色奥运、科技奥运、人文奥运"三大理念发端于北京第二次申办夏奥会之时，彰显了中国价值观与奥林匹克精神的交融交汇，更体现了对长远社会民生问题的关注。中国以筹办奥运为契机，在全社会涵养友好和谐的环境意识，弘扬崇尚科学的文明风尚，倡导以人为本的人文精神，始终围绕建设和谐社会、节约型社会和创新型国家而努力。2001年国际奥委会在《北京2008年第29届奥林匹克运动会国际奥委会协调委员会最终报告》（Report of the IOC Evaluation Commission for the Games of the XXIX Olympiad in 2008）中指出："北京奥运会将给中国和世界留下独一无二的宝贵遗产。"[②] 最终，"无与伦比"的北京奥运会圆满地实现了这一愿景。2015年，习近平总书记对于2022年冬奥会提出"绿色办奥、共享办奥、开放办奥、廉洁办奥"四大办奥理念。这是对《奥林匹克2020议程》（O-

---

① 胡孝乾，陈姝姝，KENYON J，等．国际奥委会《遗产战略方针》框架下的奥运遗产愿景与治理［J］．上海体育学院学报，2019，43（1）：36-42．

② IOC. Report of the IOC Evaluation Commission for the Games of the XXIX Olympiad in 2008［R/OL］．（2001-04-03）［2023-03-26］．https：//library.olympics.com/Default/digital-viewer/c-42228.

lympic Agenda 2020)的深刻认知与严格贯彻，是与中国社会发展的新任务、新要求、新使命——体育强国战略、京津冀协同发展、生态文明社会建设、反腐倡廉建设等的高度融合，是对 2008 年夏奥会"绿色奥运、科技奥运、人文奥运"三大理念一脉相承之上的拓展与升华，被国际奥委会主席托马斯·巴赫（Thomas Bach）盛赞为创立了"冬奥会的新标杆"[①]。从"独一无二的宝贵遗产"到"冬奥会的新标杆"，北京奥运档案作为中国实现百年奥运梦想的见证，得以留存。

2.2 北京奥运档案的特点、内容与分布

2.2.1 北京奥运档案的特点

北京奥运档案冠以"北京奥运"之名，一要体现奥林匹克运动物质、文化、精神等多种要素；二要体现奥运档案之于世界、国家、城市、民众的多层次愿景；三要区别于其他各届奥运档案，凸显中国特色、北京元素；四要区别于其他重大活动档案，凸显奥运会特色。笔者通过对北京奥运档案形成背景的分析，结合以上 4 个要点指引，将北京奥运档案的特点总结为形成特点、内容特点、形式特点。

一是形成特点。北京奥运档案的形成特点与北京"双奥"赛事的举办地、参与单位、时间周期相关。其一，主体众多。奥运会工程浩繁，申办、筹办、举办需要各个部门、社会力量的协调与合作。例如，2022 年冬奥会主要涉及国际奥委会、北京冬奥组委、各国代表团、竞赛场馆、国家体育总局、中国残联体育部，北京市、河北省各级体育、档案、教育、文化、交通、环境、卫生、宣传等诸多部门，以及运动员、志愿者、民间团体和普通民众等。其二，地域分散。北京"双奥"赛事举办地均较为分散：2008 年夏奥会北京虽为主办城市，但另有香港、秦皇岛、青岛、上海、天津、沈阳等 6 个协办城市担负足球、马术、帆船等比赛项目；2022 年冬奥会直接采取双主办城市模式，横跨北京、延庆、张家口三个赛区。这就造成北京奥运档案形成地域上的分散。其三，时间跨度长。北京奥运档案是在北京申办、筹办、举办奥运会过程中及赛后逐渐形成与积累的，自首次申奥成功起已有 20 余年，具有厚重的史料意义

---

① 王小节，朱世松，王丰，等．巴赫：北京冬奥会在诸多方面创立了冬奥会的新标杆［EB/OL］. (2023-02-04)［2023-03-26］. https://world.huanqiu.com/article/4BZK9cG3zRT.

和真实的历史再现性，凝聚了几代人的心血和追求。

二是内容特点。北京奥运档案的内容特点源于奥林匹克运动的发展演变，以及北京"双奥"的时代背景、价值遵循、期许愿景。其一，涉及领域广泛。如今奥运会已不再是单纯的体育活动，而是蕴含着丰富社会、经济、人文、科技、环境元素的综合体，奥运会影响广泛促使奥运档案内容丰富。其二，关切现实变化。这一现实变化包括国内外组织、个人（尤其是媒体、运动员）对北京"双奥"的报道、评价、口述等社会舆论的集合；同时，特指新冠疫情背景下，自2020年始，北京冬奥会的筹办举办过程中积累的新冠疫情档案。其三，体现可持续发展理念。可持续性是北京奥组委、北京冬奥组委均始终高度重视、认真贯彻的价值诉求，北京冬奥组委还于2020年发布《北京2022年冬奥会和冬残奥会可持续性计划》。其四，彰显奥运愿景。主要是指国家和国民对北京"双奥"举办的愿景，可总结为生态文明建设成效突出、全民参与理念突出、科技成就突出。

三是形式特点。北京奥运档案数量繁多、形式各异。其一，载体形式丰富多样。既包括纸质、实物档案，也包括电子档案；既包括文本档案，也包括图片、声像档案等。其二，实物档案别具特色。北京奥运档案不同于其他重大活动档案，与奥运会相关的吉祥物、火炬、奖牌、领奖台、绶带等实物既是奥运会的必要元素，又是奥林匹克文化与中华文化相交相融的重要展示，蕴含丰厚的文化遗产价值，是北京奥运档案中的特色收藏。

2.2.2　北京奥运档案的内容构成

首先，确定划分维度。北京奥运档案管理与开发的前提是明确北京奥运档案的内容构成，因此首先需确定内容划分维度。目前，基于不同的划分维度主要有来源主体说、形成时间说、载体形式说和内容主题说等不同观点，如图2-1所示。依据来源主体，分为官方档案与非官方档案；依据形成时间，分为申办档案、筹办档案、举办档案与"后奥运"档案；依据载体形式，分为纸质档案、电子档案、实物档案与其他载体档案；依据内容主题，分为奥运竞技比赛档案、奥运人文档案、奥运经济档案、奥运服务档案、奥运场馆档案、奥运环境建设档案等。整体基本围绕档案的本体要素来确定划分。与立足档案本体的划分维度不同，本书将北京奥运档案置于北京奥运遗产的宏观愿景之下予以分析，强调其蕴含着"内容—载体""中国—世界""体育—超体育""夏奥—冬奥""双维双域双层双线"延展的遗产价值。

第 2 章
北京奥运档案的内涵和遗产价值

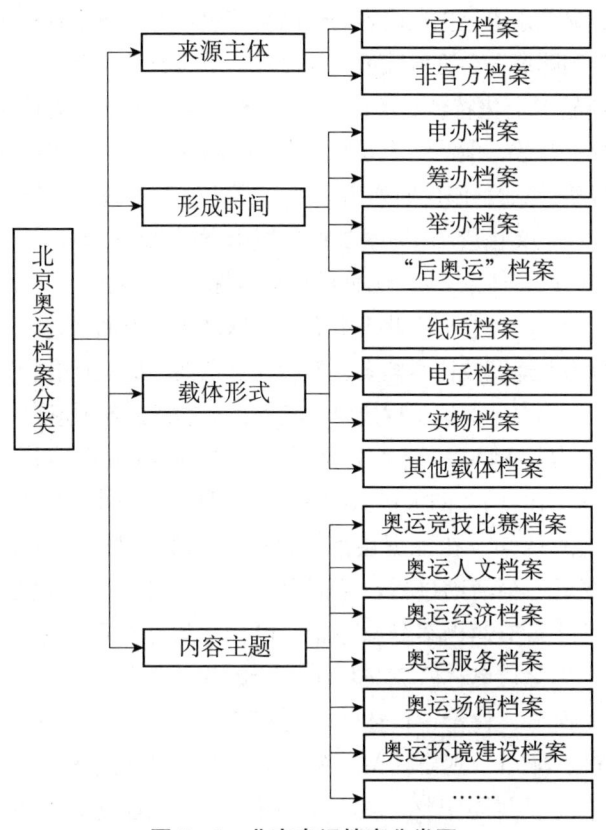

```
                          ┌─ 来源主体 ─┬─ 官方档案
                          │          └─ 非官方档案
                          │
                          │          ┌─ 申办档案
                          │          ├─ 筹办档案
                          ├─ 形成时间 ─┤
北京                      │          ├─ 举办档案
奥运                      │          └─ "后奥运"档案
档案 ─┤
分类                      │          ┌─ 纸质档案
                          │          ├─ 电子档案
                          ├─ 载体形式 ─┤
                          │          ├─ 实物档案
                          │          └─ 其他载体档案
                          │
                          │          ┌─ 奥运竞技比赛档案
                          │          ├─ 奥运人文档案
                          │          ├─ 奥运经济档案
                          └─ 内容主题 ─┤ 奥运服务档案
                                     ├─ 奥运场馆档案
                                     ├─ 奥运环境建设档案
                                     └─ ……
```

图 2-1 北京奥运档案分类图

其次，分析内容构成。依据奥运遗产类型划分，需要确定依据哪种奥运遗产类型划分方法。自奥运遗产概念提出起，国际奥委会、历届奥组委都曾出台相关奥运遗产政策，其中涉及的遗产内容、视角、类型等存在差异；学术上也有对其类型划分的讨论，有"六维度说"[①] "五维度说"[②] "三维度说"[③] "二维度说"等

---

① GRATTON C, PREUSS H. Maximizing Olympic impacts by building up legacies [J]. The International Journal of the History of Sport, 2008, 25 (14): 1922-1938; CASHMAN R. The bitter-sweet awakening: the legacy of the Sydney 2000 Olympic Games [M]. Sydney: Walla Walla Press, 2005: 56 (作者在"What Is 'Olympic Legacy'"中又进一步阐述了此观点).

② CHAPPELET J, JUNOD T. A tale of 3 Olympic cities: what can Turin learn from the Olympic legacy of other Alpine cities? [C] //Major Sport Events as Opportunity for Development. Valencia: the Valencia Summit, 2006: 83-89.

③ PREUSS H. The conceptualisation and measurement of mega sport event legacies [J]. Journal of Sport and Tourism, 2007, 12 (3-4): 207-228 (作者认为，"奥运遗产"的概念越来越受到重视，"奥运遗产"不仅是一个文化性概念，同时也是一个政治性概念).

不同观点。为凸显北京奥运档案内容的全面与特色，对于奥运遗产类型划分方法的选择：一要符合国际奥委会官方政策文件要求，更具权威与普遍性；二要符合北京奥运愿景，更凸显本土化特色。2019年北京冬奥组委依据《奥林匹克遗产手册》，以"绿色、共享、开放、廉洁"为办奥理念，编制并发布了《北京2022年冬奥会和冬残奥会遗产战略计划》。该计划列出7个方面的遗产目标，分别是体育遗产、经济遗产、社会遗产、文化遗产、环境遗产、城市发展遗产以及区域发展遗产，构成了北京冬奥会遗产内容体系。7个方面的遗产目标是中国对北京冬奥会的愿景集合，彰显了北京冬奥会赛事理念。因此，本部分根据这7个方面的遗产目标，将北京奥运档案初步划分为奥运竞技比赛档案、奥运经济档案、奥运社会档案、奥运文化档案、奥运环境卫生档案、奥运工程建设档案等，基本涵盖各项遗产内容。

最后，深入内容阐释。笔者尝试将北京奥运档案内容嵌入特里·库克（Terry Cook）提出的档案四大范式（证据、记忆、认同、社会/社区）中进行更为充分和深刻的认知。在证据层面，通过北京奥运档案，记录申办、筹办、举办奥运会和赛后各项活动过程，见证北京奥运之路，固化奥运遗产成果。在记忆层面，通过北京奥运档案资源存储，可构建奥运会开闭幕式中弘扬的中国传统文化与现代文化、奥林匹克文化相融合的文化记忆，国内外组织和个人对北京"双奥"的报道、评价、口述等社会舆论形成的社会记忆，筹办过程中城市基础设施建设、城市景观设计留存的城市记忆，以及串联"北京—世界"在奥运精神追寻中的"共同记忆"等。在认同层面，通过北京奥运档案资源挖掘、展示与传播，可将其中蕴含的奥林匹克精神与以爱国主义为核心的民族精神、以改革创新为核心的时代精神相融合，形塑中华民族全体成员情感认同、价值认同、民族认同，展现民族自信。在社区/社会层面，推动奥运利益相关方如国际奥委会、各国奥委会、政府部门、商业伙伴、运动员、志愿者、观众等全民参与，共建共享北京奥运档案资源。可见，以奥运遗产为维度划分北京奥运档案，可促使北京"双奥"遗产在档案四大范式中实现成果、记忆、精神、经验的可持续发展与有效传承，形成从奥运遗产到北京奥运档案的内容输出和档案范式对北京奥运档案的内容解析。具体内容构成如图2-2所示。

2.2.3 北京奥运档案的分布情况

2008年夏奥会涉及主办城市与协办城市，"1+6"举办模式[①]致使夏奥档

---

① "1+6"举办模式是指：1个主办城市+6个协办城市。

第 2 章 北京奥运档案的内涵和遗产价值

北京奥运遗产：体育遗产、经济遗产、社会遗产、文化遗产、环境遗产、城市发展遗产、区域发展遗产

↓ 划分维度

北京奥运档案：
- 奥运竞技比赛档案 —— 竞赛规则、参赛人员、比赛过程、成绩评分、兴奋剂事件等方面的记录
- 奥运经济档案 —— 场馆建设经费、机构运营开支、市场开发、赞助与冠名、冰雪经济、脱贫攻坚等方面的记录
- 奥运社会档案 —— 国际交流、社会舆论、权益保护、服务保障（如志愿者、安保、交通、通信、奥运村等）等方面的记录
- 奥运文化档案 —— 奥运会门票、开闭幕式道具、火炬、吉祥物、会徽、邮票、纪念品、海报等实物
- 奥运环境卫生档案 —— 赛事场地环境、医疗服务、卫生防疫检疫、环境保护（包含治沙、治水、治气等）和公众健康等方面的记录
- 奥运工程建设档案 —— 奥运场馆、赛区、市政等各项工程建设图纸、施工文件、监理文件、验收文件、科技研发文件等
- ……

↓ 记录 建构 传播 治理

档案四大范式：
- 证据：见证北京奥运之路 固化奥运遗产成果
- 记忆：文化记忆 社会记忆 城市记忆 "共同记忆"
- 认同：情感认同 价值认同 民族认同
- 社会/社区：全民参与 共建共享

图 2-2 北京奥运档案内容构成示意图

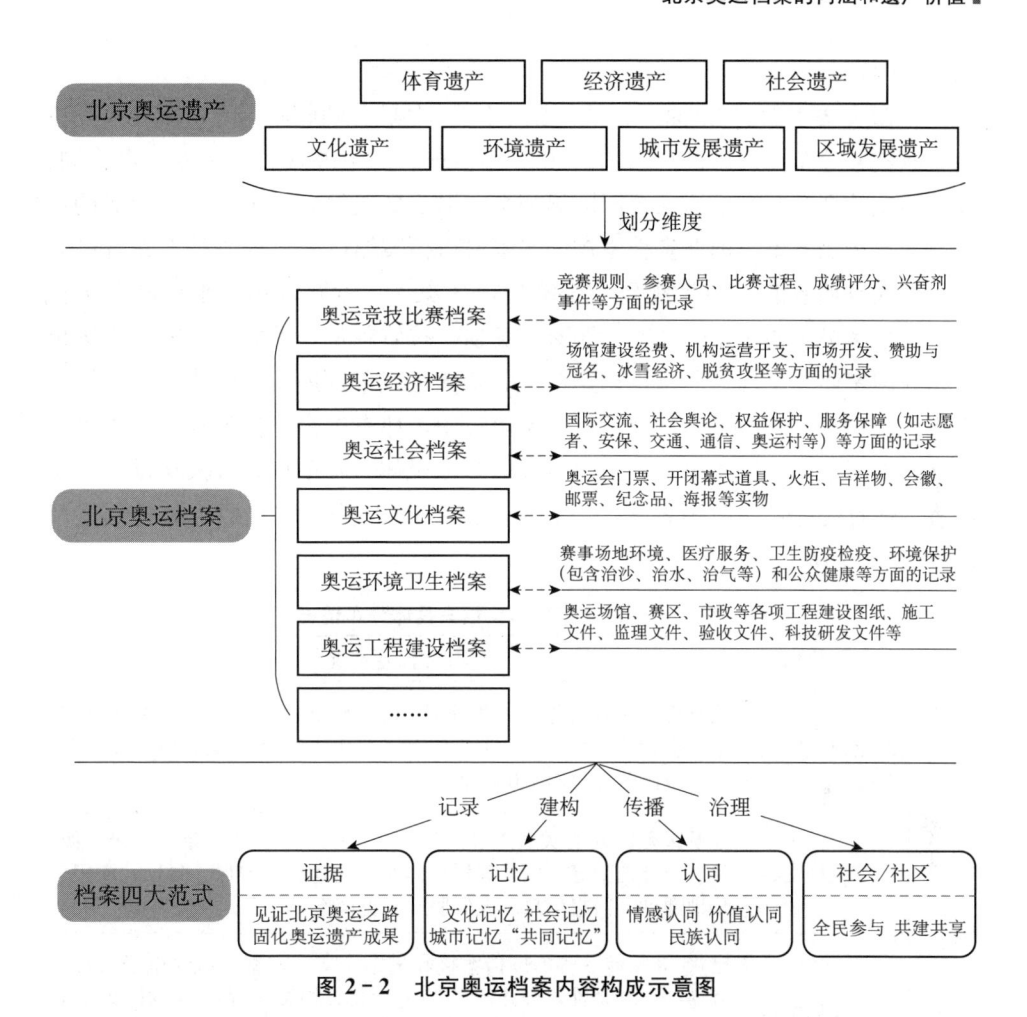

案形成分散。据统计，北京市档案馆共接收、征集 2008 年夏奥会纸质档案 25 万卷，照片档案 38.4 万张，录音录像档案 1.3 万盘（张），电影胶卷 79 盘，各类信息系统数据、电子文件 1TB，实物 1.5 万件，相关文献资料 1 万册，各国代表团赠送的礼品档案 200 余件等[①]；奥运场馆、市政配套设施的工程档案则移交至北京市城建档案馆；同时，国家体育总局、北京市各区档案馆、协办城市档案馆均有所保管。其中，北京市海淀区档案馆收藏 2008 年夏奥会档案共 117 万件；国家体育总局则是接收了部分 2008 年夏奥会档案的数字化副本

---

① 据课题组于 2022 年 1 月 6 日前往北京市档案馆调研所得。

约 600MB①。

2022 年冬奥会，"北京—延庆—张家口"双城三地联办，相较 2008 年夏奥会，其档案分布更为广泛。目前，2022 年冬奥会的申办报告、主办城市合同、奥林匹克计划等档案已移交至国际奥委会。对于冬奥筹办、举办阶段形成的档案，北京市档案馆、河北省档案馆、张家口市档案馆以及各区县档案馆等已委派工作人员接收北京冬奥组委、张家口市冬奥办、竞赛场馆等形成的各类档案。北京冬奥组委规定了"8＋2"家冬奥遗产接收单位，因此北京冬奥档案也分布在国家体育总局、北京市档案馆、北京奥运城市发展促进中心（及下属北京奥运博物馆）、首都体育学院等 10 家单位中，还有中央广播电视台、人民日报社、安踏集团、国家电网、中国石油等多家媒体、赞助商，以及运动员、志愿者、体育爱好者、收藏者等。部分单位到 2022 年底具体接收、整理档案情况如表 2-1 所示。

表 2-1 2022 年冬奥会档案具体分布情况

序号	保管机构	具体保管情况
1	北京市档案馆	已整理、接收进馆的档案形成时间至 2016 年左右，其中文书档案、会计档案等 10 万件，实物档案 1.4 万件，电子档案 5.1 万件，数码照片档案 5 000 余组*。
2	海淀区档案馆	涉及区委区政府关于 2022 年冬奥会的红头文件、会议记录、照片、会计档案等，以及五棵松体育场的建设、安保、餐饮、海报、培训课件、简报信息、人偶服等多类档案。
3	延庆区档案馆	已将 53 家涉冬奥单位档案接收进馆，文书档案（包含电子文件）17 卷 4 510 余件，会计档案 60 卷，科技档案 98 卷，实物档案 174 件，数码照片 16 751 张，视频资料 6 060 段，电子档案总容量达 990GB**。
4	河北省档案馆	已完成 45 家单位涉奥电子档案的移交接收工作，共接收文书档案电子目录 1.7 万条、数字化复制件 19.6 万幅、照片档案目录 98 条 699 张、录音录像档案 107 条***；完成河北省冬奥办秘书处、综合处、规划处、赛服处等 7 个处室 2020—2021 年度电子档案接收工作，共保管、整理文书档案 5 234 件、数字化副本 60 136 幅、向民间征集入馆档案 70 件****。

---

① 据课题组于 2022 年 9 月 29 日和 11 月 24 日分别线下、线上调研北京市海淀区档案馆和国家体育总局整理所得。

续表

序号	保管机构	具体保管情况
5	张家口市档案馆	共接收申奥档案1 604件，50GB视频资料，以及大量图书资料等。办奥档案于2022年7月底已全部接收完成，包括近4万件（册）文书类（纸质、电子）、实物类和出版物类（纸质、电子），6万多张数码照片和500多个数字音视频*****，以及其他会计类、合同类、电子图纸类等多种类型档案。
6	国家体育总局	2022年冬奥会档案移交暂未开展，已初步确定移交时间是2022年底，将接收部分冬奥档案的数字复制件。
7	首都体育学院	通过接收、征集、购买等方式保管奥运档案7 000余件，其中接收北京冬奥组委档案6 000多件、个人捐赠1 000余件。

注：表中未标注来源的数据，是课题组于2022年9月至12月间通过电话、问卷、线上、线下等方式对北京市档案馆、北京市海淀区档案馆、河北省档案馆、张家口市档案馆、北京冬奥组委、首都体育学院、国家体育总局等单位调研整理所得。

* 本刊编辑部. 视点［J］. 中国档案，2022（5）：6-7；** 刘建军. 延庆区档案部门多举措助力冬奥档案工作［J］. 北京档案，2022（5）：44；*** 宋玉红. 河北"涉奥档案"数字资源实现在线移交管理［N］. 中国档案报，2022-12-22（1）；**** 吕芳. 河北省档案馆（河北省方志办）圆满完成首批冬奥会和冬残奥会档案接收工作［J］. 档案天地，2022（9）：3-4；***** 马丽芳. 记录冬奥历史 留存冬奥遗产：张家口市档案馆冬奥会档案服务保障工作纪实［J］. 档案天地，2022（7）：6-9.

2.3 北京奥运档案的遗产价值

奥运档案与奥运遗产关系密切，奥运档案自形成起就与兼具"奥运愿景与城市愿景"的奥运遗产共生共存，即规划建设了哪些奥运遗产，就相应地留下了哪些奥运档案。因而，档案价值在其与奥运遗产的共生共存中获取了新的"进化"——遗产价值。这在奥运场馆、奥运赛区等建筑遗产，开闭幕式、火炬、奖牌、吉祥物等体育遗产，文体活动、国际交流等社会遗产等中均有体现。

2.3.1 北京奥运档案遗产价值的内涵认知

每一届奥运会都会给主办城市、举办国留下丰富而宝贵的物质财富和精神财富。这其中诸如北京"双奥"留下的鸟巢、水立方、京张高铁、奥林匹克森林公园等给北京城市空间结构带来了实质性变化。霍尔格·普鲁斯（Holger Preuss）认为，奥运遗产并非指的是这种变化本身，而是这种变化产生的结果①。进而，胡孝乾等将奥运遗产本质概括为"奥运会引发的结构性改变作用于人和空间后产生的结果"②。首先，对于北京"双奥"而言，这种"作用于人和空间后产生的结果"自规划、建设到完成，均会以档案方式留痕。换言之，奥运档案是构建北京"双奥"全景记忆的"记录者""见证者"，是北京"双奥"的"记忆之场"。其次，这个"变化"过程强调了要将奥运遗产嵌入奥运会生命周期之中，"尤其是前奥运阶段的遗产规划、后奥运阶段的遗产治理，均要求举办城市以一种可持续发展观重视奥运会的长期影响力，着眼于奥运会对人与社会建设产生的积极作用"③。北京作为全球唯一举办夏季奥运会和冬季奥运会的城市，北京奥运档案在连续、扩展的时空中维系北京夏奥会、冬奥会遗产的可存续、可开发、可传承，是北京"双奥"遗产得以促进奥林匹克运动可持续发展的重要基础。

因此，笔者将北京奥运档案的遗产价值定义为：北京奥运档案对奥运遗产的原始记录性，以及通过对其保护与开发，促使奥运遗产支撑奥林匹克运动可持续发展的价值。简而言之，即北京奥运档案对奥林匹克运动的原始记录性和可持续发展性作用，两个作用相辅相依、互为成就。详而言之，对2008年夏奥会而言，北京奥运档案对奥林匹克运动的原始记录性作用得益于2008年夏奥会档案收集齐全、完整，确保能够完整构成2008年夏奥会"全景记忆"。据悉，北京奥运档案工作者紧紧围绕北京奥运会申办、筹办和举办活动，贯彻北京档案局、北京奥组委对奥运档案收集的相关规定，保存了较为全面、系统、立体的奥运档案，这促使北京实现了"在历届奥运会举办城市中，留存奥运档案最完整、最齐全、最系统的目标"④，也直接推动了后奥运时代的体育纪录片"井喷式"发展，如《筑梦2008》《永恒之火》《张艺谋的2008》《我们的奥林匹克》《一个城市的奥运记忆》等等。这些纪录片既聚焦奥运会的主要"参与者"，也以普通民众为视角探讨"受益者"的真实感受，立体展示了中国"参

---

① PREUSS H. Event legacy framework and measurement [J]. International Journal of Sport Policy and Politics, 2019, 11 (1): 103 - 118.
② 胡孝乾, 吴楚楚, 邓雪. 新冠疫情对2022年北京冬奥会体育遗产影响的内容、路径和方式 [J]. 上海体育学院学报, 2021, 45 (3): 27 - 38.
③ 徐拥军, 张丹, 闫静. 奥运遗产理论的构建: 原则、方法和内涵 [J]. 成都体育学院学报, 2021, 47 (2): 16 - 21.
④ 陈乐人. 奥运档案工作的成功经验值得永远汲取 [N]. 中国档案报, 2009 - 08 - 06 (1).

与奥运""得益奥运"的全民记忆。正是由于保存了较为全面完整的原始记录，北京奥运档案对奥林匹克运动的可持续发展性作用也得以实现。例如，2008年夏奥会的志愿服务工作创新性实施了馆校对接机制，国家体育场场馆团队与北京大学、中央民族大学、北大方正软件职业技术学院联合签署了《国家体育场与奥运会通用志愿者来源院校工作对接合作备忘录》，并建立"院口对接"工作模式以夯实馆校对接工作机制。最终，这一志愿服务工作机制被2012年伦敦奥运会所参考和借鉴。又如，为服务2022年冬奥会各项筹办工作，北京冬奥组委秘书行政部和北京市档案馆联合挂牌开通了"北京2022年北京冬奥会和冬奥残奥会筹办工作查档绿色通道"。该通道以"从简从快、专人负责、优先办理、限时办结为服务准则"①，促进北京奥运档案快速转化为筹办智慧、经验，有效支撑2022年冬奥会各项业务工作开展。

2.3.2 北京奥运档案遗产价值的双重特性

北京奥运档案是北京"双奥"的原始留痕，是档案与奥林匹克运动相结合的产物，兼具档案与奥运遗产的双重特性。一者，北京奥运档案作为档案本身具备内容与载体两大要素；二者，北京奥运档案从属于北京"双奥"遗产，符合"双奥"遗产跨地区、跨领域、跨周期的基本特点。

2.3.2.1 基础特性——要素维

奥运遗产从最早的"物质遗产"到"运动遗产""遗址遗产"，再到涵盖经济、政治、文化、教育、社会、城市建设、奥林匹克精神等从物质到非物质层面的内涵演变，是奥林匹克运动得以全面可持续发展的重要基础。作为奥运遗产的固化载体，奥运档案所体现的对奥运遗产传承的积极作用可进一步理解为对奥林匹克运动可持续发展的正向推动。立足于档案本体，从"内容"和"载体"两项要素进一步阐释北京奥运档案的遗产价值。一是北京奥运档案作为一种奥运遗产的内容层面的遗产价值，对北京"双奥"的"记忆全景"进行"历史书写"，这些"书写叙事"便成为奥运的核心记忆方式。通过奥运主题活动的各类现实显现，可唤醒民众头脑中关于奥运的知识、情感、文化等记忆。档案的具体文本内容也在活动中实现了串联过去、当下与未来的互文性，完成北

---

① 李京婷，田雷. 坚持四个办奥理念 研究探索北京冬奥会档案工作新形态［J］. 北京档案，2017(10)：29-31.

京奥运档案对奥运遗产的意义建构。二是北京奥运档案作为其他类型遗产的记录,所体现的载体层面的遗产价值,即可为其他类型遗产提供记录工具,进行"档案化"保护。北京奥运遗产的"档案化"保护具有两层含义:一方面,档案机构通过选择不同的记录方式对难以长期保存的无形奥运遗产进行记录,使之固化在一定载体上,并按照特定的管理方式存档;另一方面,用档案管理方式对奥运遗产中的奖牌、火炬、领奖台或体育场馆设施等有形奥运遗产开展收集或建档、整理、保管、开发利用等工作使之具有档案特征。通过对档案的保护实现对奥运遗产的保护,将奥运无形遗产与有形遗产统一整合保存于档案之中,确保奥运遗产能够在时空跨越中全面、完整、真实地存续、开发和传承。

2.3.2.2 附加特性——跨地区、跨领域、跨周期

奥林匹克运动会作为一项综合型国际体育赛事,涉及地区广泛、领域分散,整个奥运周期长达12年(奥运会申办成功前2年至奥运会举办后2年),奥运遗产内容也随之呈现出复杂、宽泛,且不断动态变化发展的趋势。笔者认为,北京"双奥"遗产主要呈现出跨地区、跨领域、跨周期的特性。

首先,跨地区。北京"双奥"举办本身即是一种跨地区行为,它是国际体育赛事与中国社会、传统文化不断相交相融产生的结果,主要表现为奥林匹克文化、奥林匹克价值观等的中国化,同时也为国际奥林匹克主义增添新的中国元素。《奥运遗产指南》指出,"要想完全把握住奥运会带来的机会,奥运会主办城市必须对承办、申办奥运会能为市民、城市乃至国家带来什么,有一个强大的愿景和清晰的目标"[①]。可见,奥运遗产是奥林匹克运动效益从国际向主办国、地区或城市域级渗透的奥运愿景,这给予北京奥运档案"世界—中国"自上而下的价值渗透特性,具有不同层级的价值显现。诚然,北京2008年夏奥会和2022年冬奥会赛事举办地较为分散,但对于北京"双奥"遗产而言,总体愿景是统一的,即均是以国家发展战略为宏观背景对奥运会及其主办城市进行统筹规划和整体布局,以"通过体育构建一个更好的'双奥之城'"为目标,促使全民受益于奥运。因此,本书不再对国家以下的奥运遗产愿景进行细分研究。

其次,跨领域。奥运建设工程浩繁,北京"双奥"在申办、筹办、举办期间皆需要各个部门、各类社会力量的协调与合作。例如,2022年冬奥会主要涉

---

① IOC. Olympic Games guide on Olympic legacy [M]. Lausanne:the International Olympic Committee,2015:9.

及国际奥委会、北京冬奥组委、各国代表团、竞赛场馆、国家体育总局、中国残联体育部，北京市、河北省各级体育、档案、教育、文化、交通、环境、卫生、宣传等诸多部门，以及运动员、志愿者、民间团体和普通民众等。不同的形成主体构成不同的奥运期许愿景，这赋予奥运遗产更加开放多元的奥运效益，促使北京奥运档案除了被赋予体育层的价值外，还对超体育层（如文化、社会、经济、环境等）系统性地产生深远影响，体现出遗产价值的诸多衍生表现形式。

最后，跨周期。北京"双奥"遗产横跨2008年夏奥会和2022年冬奥会两个奥运周期。北京"双奥"遗产作为一定的历史过程的产物，也必定与其产生的时代紧密联系在一起。"就单个奥运周期而言，从奥运会申办成功前2年至奥运会举办后2年，长达12年。因此，从1999年着手申办2008年夏奥会始，至2024年北京冬奥会周期结束，北京奥运档案跨越了26年。"[①] 这期间它见证了中国从"实现百年奥运梦想"到书写"奥林匹克运动历史新篇章"过程中体育事业的高质量发展、国际形象的大幅改善，从改革开放30周年到实现第一个百年奋斗目标过程中国力的日渐增强、国际地位的逐步提升[②]。北京奥运档案跨越了26年历史，是中国发展变革下见证从2008年夏奥会到2022年冬奥会延续、传承到创新这一过程的时代产物，其遗产价值应当包含档案对北京"双奥"的所有作用性显现。

北京奥运遗产内涵的复杂性与外延的包容性，直接决定了北京奥运档案遗产价值的复杂程度。如何清晰明确地梳理、挖掘北京奥运档案的遗产价值，形成北京奥运档案遗产价值体系框架，也是理性认知北京奥运档案遗产价值的关键。本书以"内容—载体"的要素维、"中国—世界"的地区域、"体育—超体育"的领域层、"夏奥—冬奥"的时间线为视角解析北京奥运档案的遗产价值，称之为"双维双域双层双线"延展。即北京奥运档案经过要素维（内容—载体）的记录保存、地区域（中国—世界）的层级渗透、领域层（体育—超体育）的衍生发展和时间线（夏奥—冬奥）的传承创新，体现出体育知识、公平正义、人文奥运、奥运记忆、国家认同、民族情感、人文交流、人类命运共同体等8个方面的衍生表现形式。所有价值集合都与北京"双奥"遗产愿景有一个共同的目标指向，即"通过体育构建一个更好的'双奥之城'"。北京奥运档案遗产价值的衍生表现形式及其特性之间的关系如图2-3所示。

---

① 张丹. 北京奥运档案的遗产价值建构研究[D]. 北京：中国人民大学，2023：65.
② 张丹. 北京奥运档案的遗产价值建构研究[D]. 北京：中国人民大学，2023：65.

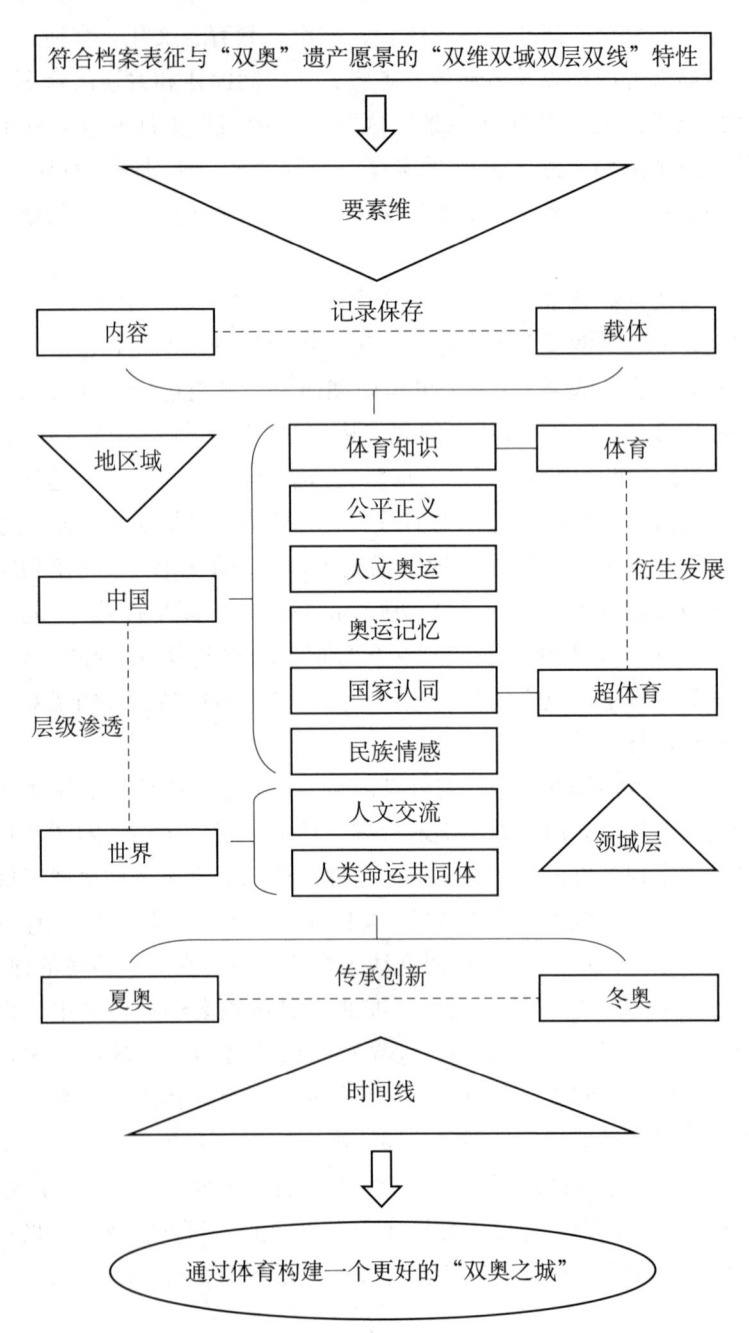

```
                符合档案表征与"双奥"遗产愿景的"双维双域双层双线"特性
                                    ▽
                                  要素维

              ┌──────┐        记录保存        ┌──────┐
              │ 内容 │--------------------│ 载体 │
              └──────┘                        └──────┘
                                │
      ▽                  ┌─── 体育知识 ─── 体育
    地区域               │
                         ├─── 公平正义
                         │                      │
   ┌──────┐              ├─── 人文奥运          │ 衍生发展
   │ 中国 │──────────────┤                      │
   └──────┘              ├─── 奥运记忆          │
                         │                      │
      │                  ├─── 国家认同 ─── 超体育
    层级渗透             │
      │                  └─── 民族情感
                         
   ┌──────┐              ┌─── 人文交流              △
   │ 世界 │──────────────┤                       领域层
   └──────┘              └─── 人类命运共同体

              ┌──────┐        传承创新        ┌──────┐
              │ 夏奥 │--------------------│ 冬奥 │
              └──────┘                        └──────┘

                                 △
                               时间线
                                 ▽

                  ( 通过体育构建一个更好的"双奥之城" )
```

图 2-3　北京奥运档案遗产价值的"双维双域双层双线"延展性框架

2.3.3 北京奥运档案遗产价值的衍生表现

一是体育知识。奥运档案中蕴含的知识极其丰富，主要包括：第一，赛事筹办知识。"以'筹办知识转移'（transfer of knowledge，TOK）为主体的'奥运知识管理'（OGKM）是国际奥委会的指定项目，要求每一届奥运会组委会在办完奥运会后按照清单内容把相关的程序文件（如流程、规范、制度）、形成的办赛经验提交给国际奥委会，以供下届奥运会举办城市参考和学习。"① 北京奥运档案同时记载夏、冬办赛经验，呈现的赛事筹办经验与知识遗产将更加全面，加之受到新冠疫情影响，遭遇重大公共卫生事件的应对经验也更为丰富，在知识和经验的传承中深度实现对奥林匹克运动筹办知识的反哺。第二，奥林匹克运动知识。《奥林匹克宪章》规定，奥组委的使命和职责之一就是"在本国，特别是在体育和教育领域，通过各级学校、体育机构和大学推广奥林匹克教育方案"②。随着北京奥林匹克教育进校园、进社区活动的开展，以奥林匹克运动为主题的"课堂教学＋户外实践"活动日渐深入，奥运知识也愈加普及，丰富了北京奥运档案的内容，强化了北京奥运档案的知识价值。

二是公平正义。公平正义是体育运动赖以生存和发展的核心要义，也是奥林匹克运动始终奉行的核心理念。公平竞争是奥运赛场的竞技正义，表现在"规则公平、操作公平、公平奖惩、公平补偿"③ 4 个方面。这其中，竞技规则的制定程序、内容、操作等也均记录在案，最终转化为奥运档案予以保留查证。而奥运档案所表现出的公平正义，不仅仅是对奥林匹克运动竞技规则的内容固化与实操记录，更是将竞技规则乃至奥林匹克运动精神中蕴含的平等参与、公平竞争、规则至上等思想承载于档案。进而通过社会正义的倡导热潮，助力奥运举办国家和城市引导构建公平公正、和谐包容的社会，将公平正义视为国民的权利和责任。北京"双奥"一向坚守公平正义的准则，弘扬体育道德规范，干干净净办赛，摘得身心健康的金牌。2022 年北京冬奥会创新性地将中国提倡的反腐倡廉与体育赛事中的反兴奋剂高度结合，将反兴奋剂提高至政治站位，并于 2018 年 9 月 5 日由中国国家体育总局公布《2022 年北京冬奥会参

---

① 徐拥军，卢林涛，宋扬. 奥运文献遗产的人文价值及实现［J］. 兰台世界，2020（1）：14 - 18，13.
② IOC. Olympic Charter［R］. Lausanne：the International Olympic Committee，2015：61.
③ 黄文宾. 体育正义研究［D］. 长沙：湖南师范大学，2017：70 - 73.

赛反兴奋剂工作计划》，列入北京冬奥会"两纲三划"参赛工作全方位战略规划，以"廉洁办奥"理念彰显中国的公平正义，具有鲜明的中国奥运正义特色。

三是人文奥运。人文即重视人的文化，文化是人类或者一个民族、一个人群共同具有的符号、价值观及其规范。人文奥运的理念在奥林匹克领域中全面深刻地践行。从彰显公平公正的赛程设置，体现便利性原则的场馆建设再到充盈激情、奋进的赛事活动，"人"这一主体被前所未有地置于体育运动的中心，公正、平等、民主、和谐等价值观在奥林匹克运动发展过程中不断被彰显[①]。例如，国家跳台滑雪中心作为北京冬奥会最为瞩目的建筑遗产之一，与中国传统吉祥物"如意"的S形曲线完美融合，被称为"雪如意"，在体现体育建筑动感造型的基础上，凸显了中国文化元素。而设计建造"雪如意"所运用的人因技术着重观照人与环境之间的互动、常人与超人的差别，为后期雪上大众项目场地预留了长远发展的建设空间。此外，人文赋能奥运，促进奥运举办城市文明素质的整体提升，推进城市文化建设，推动城市以人为本、可持续发展。它塑造着市民的理性思考、开放心态、创新精神和包容胸怀等文明素养，为城市和区域发展提供了全面、协调、可持续发展的精神动力[②]。例如，自2019年12月初北京市开展为期三年的全市无障碍环境建设专项行动以来，"朝阳区作为冬奥和冬残奥举办'双会场'地区，累计完成整改点位16 741个，环境整治19 496个，为残疾人营造出了更加包容、更有温度的公共环境"[③]，将人文奥运彰显到极致。

四是奥运记忆。档案记忆观强调档案的记忆属性，档案是建构社会记忆的不可替代要素。约翰·施瓦兹（Joan M. Schwartz）和特里·库克认为，"记忆，和历史一样，根植于档案中。没有档案，记忆将会摇摇欲坠，过去的知识也会消退，共同经验所带来的荣誉感也会消散"[④]。北京奥运档案作为"双奥"的重要组成部分，真实、全面记录"双奥""申办—筹办—举办"全周期运营

---

① 徐拥军，卢林涛，宋扬. 奥运文献遗产的人文价值及实现[J]. 兰台世界，2020（1）：14-18，13.

② 徐立京，徐文营."人文奥运"：坚持以人为本 促进和谐发展[N]. 经济日报，2008-08-15（5）.

③ 一刻钟无障碍服务圈43个！朝阳以"奥运标准"推进无障碍环境建设[EB/OL].（2021-11-25）[2023-03-26]. https：//baijiahao.baidu.com/s？id＝1717389114639103450&wfr＝spider&for＝pc.

④ SCHWARTZ J M, COOK T. Archives, records, and power: the making of modern memory[J]. Archival Science，2002，2（1-2）：1-19.

情况，较为客观地反映北京和中国在社会、经济、环境、形象、文化、体育、政治、可持续性等方面发生的变化，承载了深刻的奥运记忆。而承载奥运记忆空间的存在、延展及连续的根本便是通过把握档案"历史书写"和"长久保存"的特质，进行历史文化建构。进而，在建构过程中更广泛地推广和渗透奥林匹克价值观，实现国民关于奥运的价值认同和国家认同，从而促使奥运记忆融入北京记忆乃至中华民族集体记忆和人类共同记忆，引发更为深刻的情感共鸣。

五是国家认同。举办北京"双奥"是中国体育和社会事业日渐强大的有力证明，是获取国际认可的具体表征。国家认同也可看作"国家认异"，即"一个国家确定自己不同于别国的差异或特性"①。北京"双奥"作为一种大型仪式活动，所运用的祥云、如意、印章、中国红、灯笼、青花瓷等具象而来的文化元素与开幕式、吉祥物、火炬、奖牌等奥运仪式和元素相融合，其背后是包含悠久中华文明、民族历史与现实叙事等系列符号、意识表征的集体记忆的再现、同构、共享，是超越"个人"范畴将独立的个体身份整体化的国家话语暗示，促使奥运会的时空场域成为建构形塑中华民族全体成员从价值认同、文化认同、民族认同到国家认同的有效链接。这其中的巧妙构思、创意设计也会成为北京奥运档案的一部分，纪念性与实用性兼具。

六是民族情感。在国家认同过程中，隐藏着强烈的民族情感。"情感往往是一个民族、一个国家最深沉、最持久、最有特色、最有活力与灵性的部分。一个民族的情感深植于民族文化、习俗、道德、礼仪、信仰之中，在这背后是深受民族成员认可的一以贯之的价值观念。档案是民族集体记忆重要的载体，背后承载着民族成员深厚的情感，记录着民族文明的发展脉络，维系着民族的情感记忆。"② 中国从1928年首次以观察员身份出席奥运会，到1932年首次参加奥运比赛项目，到1984年首次夺得奥运会金牌，到2008年首次举办奥运会，再到2022年首次举办冬奥会，北京成为奥运史上第一座"双奥之城"，承载奥运记忆的奥运档案见证中国百年奥运梦想的圆满实现，与中国人的民族情感引发强烈共鸣。有关北京"双奥"的新闻报道、电影、纪录片、社会舆论等就是中华民族情感的外化表现，具体表现为：展示中华民族的崛起，彰显民族自豪感；渴望祖国统一，追求表达"中国情结"；渴望胜利，理性看待"金牌

---

① 张汝伦. 经济全球化和文化认同［J］. 哲学研究，2001（2）：17-24，79.
② 李晶伟. 档案情感价值研究［J］. 山西档案，2018（4）：18-21.

情结";弘扬英雄主义和牺牲精神,体现集体主义和群体观念;等等①。经过长时间历史积淀的北京奥运档案,由于原始记录、事实性经验本身所具有的公信力,更能建构民族情感,强化国家认同。

七是人文交流。"古代奥运会通过体育竞赛为核心的一系列文化传播活动增进不同城邦之间文化的交流与碰撞,促使现代奥林匹克运动成为维系世界和平和交流的纽带,为不同文化间的交流互鉴、推动文化多样性提供国际舞台。"② 2008 年北京夏奥会,80 多个国家的元首和首脑出席了开幕式,中国党和国家领导人与各国政要共进行了 100 多场会晤,"奥运外交"成功让北京成为"世界外交的中心"③。文明因交流而多彩,文明因互鉴而丰富。习近平强调,"坚持开放办奥,借鉴北京奥运会和其他国家办赛经验,弘扬奥林匹克精神,加强中外体育交流,推动东西文明交融,展示中国良好形象"④。奥运外交是国家外交的重要组成部分,奥运会期间文化要主动服务国家外交大局,"体育搭台、人文唱戏",以体育交流拓展人文交流,以人心相通促进开放包容、互利合作,将以人为本作为终极目标,构建一条各国文化交流的纽带。北京奥运档案也将作为这一构建过程的"记录者""见证者",促进这条纽带更加坚韧,推动北京奥运遗产效益辐射更为广泛深远。

八是人类命运共同体。奥林匹克运动中蕴含的促进全世界和平与繁荣、促进全人类理解与认同的重要价值观念,与构建人类命运共同体理念高度契合。北京以 2008 年夏奥会为抓手,将"同一个世界、同一个梦想"主题口号转化为开幕式表演,向全世界全面、立体展示了中华民族悠久的五千年文明史,以人为本、和而不同的核心理念深入人心。开幕式中运用的音乐、舞蹈、创意设计等均档案化留存,最大限度地促进人类的相遇、共识和信任,为推动人类命运共同体构建作出独特贡献。尤其是 2020 年新冠疫情暴发后,中国一手抓疫情防控、一手抓冬奥筹办,推动 2022 年冬奥会筹办朝既定目标稳步向前。这显示了中国应对危机的执行能力,集中力量办大事的制度优势,承担大国责

---

① 乔艳春,林勇虎. 解读体育图片报道的民族情结:以《中国体育报》6 届夏季奥运会图片报道为例 [J]. 体育科学,2007 (4): 39-47.

② 赵卓. 奥林匹克运动:从构建希腊共同体到构建人类命运共同体 [C] //中国体育科学学会. 第十一届全国体育科学大会论文摘要汇编. 中国体育科学学会,2019: 3.

③ 侯丽军,朱超. 解码外交 | 冬奥会来了,关于"体育外交"你知道多少? [EB/OL]. (2018-02-10) [2023-03-26]. https://baijiahao.baidu.com/s?id=1592010345370659136&wfr=spider&for=pc.

④ 习近平对办好北京冬奥会作出重要指示 [EB/OL]. (2015-11-24) [2021-11-10]. http://www.xinhuanet.com/politics/2015-11/24/c_1117249109.htm.

任、传递团结希望的积极作为。这些经验财富也将全部记录或固化于北京奥运档案，凸显、深化"冬奥会的新标杆"的现实意义，更为奥林匹克运动历史增添了一份提升可持续发展动力的宝贵遗产，彰显奥林匹克运动新格言"更团结"（together），增加了构建人类命运共同体的实践厚度。

2.3.4 北京奥运档案遗产价值的实现

对北京奥运档案遗产价值的新解读，强调档案作为奥运遗产的重要组成部分，是奥运遗产规划、建设全过程的记录载体和可存续、可传承的功能载体。因而，如何实现北京奥运档案遗产价值与如何推广和传承奥运遗产效益一脉相承，这就要求北京奥运遗产价值的实现要立足于"双维双域双层双线"延展特性，基于不同的视角探索不同的实现路径。

2.3.4.1 "内容—载体"的开发利用

对北京奥运档案的开发利用应迎合北京"双奥"科技、人文、开放、共享等特点，在固有的专题编研、主题展览、数据库开发、文化创意产品等途径基础上添加文化、艺术、科技元素，打造北京"双奥""记忆之场"，即建立富有奥林匹克价值内涵、构建北京"双奥"记忆、增添公众奥运参与体验的实体空间场域。以日本2019年建造的奥林匹克博物馆为例。馆外立有现代奥林匹克之父皮埃尔·顾拜旦（Le baron Pierre De Coubertin）和日本现代柔道之父嘉纳治五郎（Kano Jigoro）的雕像；馆内以沉浸式理念设计展品吸引观众参与，以数字媒介向观众呈现1964年东京奥运会的场馆和历届奥运会的重要比赛，为东京这座文化艺术之都增添了新的文化空间和建筑遗产[①]。因此，北京"双奥""记忆之场"的打造应着力于三点：其一，以北京"双奥""申办—筹办—举办"时间为线，充分展示北京"双奥"于科技、经济、文化、环境、城市和区域发展等各个领域的筹办智慧，成为承载北京"双奥"的记忆场所；其二，以奥林匹克运动历史、知识、文化和精神为面，充分与中国传统文化相交相融，成为推广奥林匹克价值观的教育场所；其三，以奥运实物档案为点，充分运用科技将"死档案"转变为观众可视、可感知、可触碰的"活信息"，成为公众互动参与体育活动的娱乐场所。以此三大着力点对北京奥运档案进行内

---

① 殷铄. 奥林匹克时刻中的艺术[N]. 中国美术报，2021-08-09（2）.

容、载体的开发利用,充分实现北京奥运档案遗产价值。

2.3.4.2 "中国—世界"的交流传播

劳拉·简·史密斯(Laura Jane Smith)认为,遗产是一种话语[①]。奥运遗产同样如此,无论是体育场馆、奥运村的建造,还是奖牌、火炬、开幕式表演的设计,背后均有该届主办国和地区的文化话语暗示。这不仅是构建国家认同的有效方式,也是在文明冲突、霸凌欺压的全球治理危机中树立国家形象、提升体育国际影响力的关键途径。"中国—世界"的交流传播可分为中国内部层面和国际层面。

一者为中国内部层面,以国家认同为立足点。在北京奥运档案中提炼中国话语、探寻中国叙事风格、讲述中国"双奥"故事更具公信力。可结合新媒体的互动功能、对话功能以及再生性的艺术修辞功能,客观地展示舆情、民意。通过互动修辞和理性沟通,聚集民心,在价值同一基础上催化国家认同[②]。例如,在2020年东京奥运会上频频出现的金句解说词就引发民众热议,在微博上以"奥运赛场上的神仙解说词"为标签的话题累积阅读量高达4 811.4万次。那些或激昂或失意的赛场时刻,配合着"中国式浪漫"的精辟之词,如"一剑光寒定九州""除却君身三重雪,天下谁人配白衣""功不唐捐,玉汝于成,岁月不负追梦人"等,无不让人感到运动之美、竞技精神之魅,在搭建起运动员与观众之间桥梁的同时,也展现了中文可表、文化可达。以人文、参与、开放、共享等为传播关键点,可促使民众对奥林匹克运动实现从情感认同到政策认同、国家认同"的升华,推动民众自发自觉自主参与奥运,实现奥林匹克运动与全民健身、全民健康的深度交融。

二者为国际层面,以提升中国体育国际影响力为立足点。适时转换叙事策略,活用中西方话语体系,凸显中国办奥是国际奥林匹克运动与中国互惠互利的有益举措,即中国以"双奥"为抓手建设、积累的北京"双奥"遗产对于中国社会,尤其是广大民众的积极正面影响,同时举办奥运的"中国模式"、"中国方案"与"中国智慧"也必将是对国际奥林匹克运动可持续发展的积极反哺,兑现申奥承诺。

---

① 史密斯. 遗产利用[M]. 劳小燕,张朝枝,译. 北京:科学出版社,2020:1.
② 丁云亮. 媒介化社会国家认同的修辞建构[J]. 学术界,2018,4:110-120.

2.3.4.3 "体育—超体育"的跨界融合

北京奥运档案遗产价值因着奥运遗产的跨领域特性，表现方式也越来越多样丰富。"体育—超体育"的跨界融合，即创建基于网络思维的"北京奥运档案+"融合发展模式，深化北京奥运档案在社会各个领域的纽带支撑作用，促进奥林匹克主义深入人心。可从宏观、微观两层入手分析奥运档案跨界融合的可能性。

一是宏观方面与国家战略、政策相融合。《"十四五"全国档案事业发展规划》提出实施"新时代新成就国家记忆工程"，利用北京奥运档案开展"中国奥运记忆工程"建设也是应有之义。笔者在前期呈送北京市委市政府并获领导批示的咨政报告中提出，北京市档案局、北京市档案馆、北京冬奥组委等相关部门应该提高政治站位，推动北京奥运档案申报"世界记忆名录"，为人类命运共同体理念提供一次在体育领域、遗产领域的成功实践。此建议已被列入《北京市"十四五"时期档案事业发展规划》。

二是微观方面与社会各行各业相融合。非物质遗产和物质遗产的重要差别就在于共享的可能性的差别，而运用信息技术开发奥运档案兼具物质遗产的具象性和非物质遗产的弥漫性特点，可有效支撑奥运遗产效益延伸、辐射至社会各个行业。可以体教融合、文旅融合等为立足点，视奥运档案为知识载体、文化媒介，深入课堂教育与奥林匹克学术研究，注重科技科普协同化；深入京张体育文化旅游带建设，注重公众参与趣味化。例如，2008 年夏奥会结束三个月之后，CCTV5 推出了奥运解密纪录片——《奥运档案》。纪录片由近 40 个"你不知道的、你看不到的、你想不到的"奥运故事组成，内容涉及奥运会开闭幕式、火炬传递、场馆、安保、残奥、奥运经济等多个方面，凸显了"绿色、科技、人文"三大办奥理念，全面展现了中国的办奥智慧。

2.3.4.4 "夏奥—冬奥"的联动整合

2021 年 1 月 25 日晚，习近平与国际奥委会主席巴赫通电话时表示："北京作为国际上唯一举办过夏季和冬季奥运会的'双奥城'，将为国际奥林匹克运动作出独特贡献"[1]。笔者认为，"这种独特贡献不仅体现为两届奥运遗产的整合效应，更在于北京践行奥运可持续发展理念的现实映射"[2]。即：一方面，

---

[1] 习近平同国际奥委会主席通电话 [N]. 人民日报，2021-01-26 (1).
[2] 徐拥军，等. 北京奥运遗产传承研究 [M]. 北京：中国人民大学出版社，2021：128.

2022年冬奥会在申办、筹办、举办过程中，对2008年夏奥会档案如城市举办合同、场馆工程图纸档案进行参考借鉴。据统计，2016年北京冬奥组委各部门查阅档案2 004卷/件、复制档案16 658页，委外相关协作单位查阅档案322卷/件、复制档案2 572页，2008年夏奥会档案为领导决策和各部门筹办冬奥提供了重要的参考作用①。另一方面，重新唤醒、激活2008年夏奥会档案价值，应切实将夏、冬两届奥运会档案在北京城市记忆乃至国家记忆中实现资源的联动与整合。其一，建设北京奥运档案专题数据库，实现北京奥运档案的全面收集、集中管理和长久保存，提供传播北京奥林匹克精神的开放平台，实现奥林匹克文化的共享、传承与创新；其二，深入北京市发展规划设计，注重奥运遗产中非物质性要素（如知识、精神、文化、表演、技能等）显性化呈现与活态化传承，将北京四大中心（政治中心、全国文化中心、国际交往中心和国际科技创新中心）功能定位与奥林匹克文化、精神相融合，建设具有北京特色的"双奥之城"。

总之，北京奥运档案是一类重要的奥运遗产与档案资源，其内容、分布均带有奥林匹克运动特点。而在此基础上形成的北京奥运档案遗产价值，是档案价值在奥林匹克运动上的新"进化"，赋予档案价值新的时代内涵、开发空间和实现途径；同时，北京奥运档案凭借自身的"历史书写"和"良好保存"支撑奥运遗产的可存续、可传承，助力奥林匹克运动可持续发展。北京奥运档案形成于北京"双奥"，但又超越"双奥"；形成于昨天和今天，但更属于长久的明天。透过奥林匹克运动，北京奥运档案价值日益被社会发展形塑，也为后续北京奥运档案的管理与开发工作提供价值引领。

---

① 李京婷，田雷. 坚持四个办奥理念 研究探索北京冬奥会档案工作新形态[J]. 北京档案，2017(10)：29-31.

◀◀ 第 3 章 ▶▶
北京奥运档案管理与开发的现状与挑战

随着 2022 年冬奥会的成功举办,北京成为世界上首座"双奥之城"。"双奥之城"决定了北京奥运档案是同时包含 2008 年夏奥会档案和 2022 年冬奥会档案的"双奥"档案,也决定了北京奥运档案管理模式趋于完善、系统与成熟,形成了一定的管理经验,并逐渐形成了北京奥运档案管理与开发的"中国模式"。同时,北京奥运档案管理与开发现状与其目标间还存在差距,其进一步管理与开发面临挑战,有待改进。

3.1 北京奥运档案管理与开发"中国模式"的初步形成

从 2008 年夏奥会到 2022 年冬奥会,北京奥运档案管理已经超越了相对零散的、具体的实践经验,并逐渐显现出中国特色。例如:吴颖娜[1]指出,2008 年北京奥组委档案工作以收集全面、整理规范、归档及时、移交到位为工作目标,各部门通力合作,成效显著。兰铁[2]认为,2008 年夏奥档案管理工作的"三个改变"让人耳目一新,即:将监管职责前移,派驻人员主动收集档案;档案监督指导与接收一体化运作;文件归档与档案进馆验收一体化。田雷[3]梳理了 2022 年北京冬奥组委的档案工作模式,并将其总结为"简约、安全、精彩"。

但是上述特色凝练和经验总结,尚未提炼出"中国模式"。本书之所以称

---

[1] 吴颖娜. 神圣的使命 共同的梦想:北京奥组委秘书行政部档案工作掠影[J]. 北京档案,2008(6):6-9.
[2] 阿昆. 档案与奥运(之九)[J]. 北京档案,2008(11):53.
[3] 田雷. 探索"简约、安全、精彩"的北京冬奥组委档案工作新模式[J]. 中国档案,2022(1):22-24.

之为"中国模式",第一源于"双奥"档案的特殊性,其已经被赋予了某种世界意义。北京奥运档案管理研究始于2008年夏奥会,相比国外起步较晚,但由于"双奥"档案的特殊性,加之"重大活动档案"研究在中国档案学界蔚然成风,促使北京奥运档案管理在世界上独树一帜。第二源于"模式"具有一般性、重复性、稳定性、可操作性,较"特色"更为具象,较"经验"更为稳定、全面与成熟。2008年,北京奥组委和各级综合档案馆取得了"在历届奥运会举办城市中,留存奥运档案最完整、最齐全、最系统"[1]的瞩目成就。2022年,国际奥委会奥运会部执行主任克里斯托弗·杜比(Christophe Dubi)表示,北京冬奥组委最大化输出了北京办赛的宝贵知识,这将长期助力国际奥林匹克运动的整体发展[2],而这也得益于"丰厚完整的文字和实物档案遗产"。从2008年夏奥会到2022年冬奥会,北京奥运档案管理已经超越了相对零散的、具体的实践经验,形成了独具特色、可供推广的"中国模式"。北京奥运档案管理与开发"中国模式"的形成,是国际奥委会、举办国家和城市以及档案界三方主体合力的结果,围绕不同的要求指向共同的目标——实现北京奥运档案的全面收集、集中管理、长久保存和多维利用。

3.1.1 源于国际奥委会办奥规则的现实要求

3.1.1.1 "奥运会知识转让"项目实施

奥林匹克运动工程浩繁,场馆建设、赛事规划、志愿服务、环境治理等每一项筹办工作都是一个包含着知识生产、创造、存储、分享与传授的过程。为了促使奥运筹办知识的最大化利用,1999年国际奥委会与澳大利亚莫纳什大学合作,启动"奥运会知识转让"项目。该项目规定,"国际奥委会对奥运会文件档案的积累、整理和移交工作提出要求,明确要求各主办城市必须将奥运会申办、筹备和举办期间形成的全部文件档案收集齐全,并向国际奥委会移交。随后,国际奥委会将组委会上交的奥运档案通过奥运会知识管理项目的形式传递给下一届奥运会组委会"[3]。目前,"奥运会知识转让"项目已列入《主办城市合同》,成为奥组委的一项法律义务。例如,《主办城市合同:2022年第24

---

[1] 陈乐人. 奥运档案工作的成功经验值得永远汲取[N]. 中国档案报,2009-08-06(1).
[2] 陈杭. 北京冬奥组委多种方式将经验成果传给未来奥组委[EB/OL]. (2022-03-22)[2022-03-28]. http://www.chinanews.com.cn/ty/2022/03-22/9708706.shtml.
[3] 王润斌,肖丽斌. 奥运档案的届际传承问题探析[J]. 兰台世界,2015(29):55-56.

届冬奥会》（Host City Contract：XXIV Olympic Winter Games in 2022）第 28 条"奥运会信息和知识管理"中规定："奥组委应向国际奥委会提供所有数据、文件、材料、物品、照片、视频、系统、网站，为奥运遗产和奥林匹克运动的可持续发展作出贡献。"①

"奥运会知识转让"项目的实施决定了奥运档案需要得到专业、良好的管理和开发，以惠及奥林匹克运动可持续发展。

3.1.1.2 奥运遗产框架规定

随着《遗产战略方针》的发布与实施，2022 年冬奥会成为第一个以《遗产战略方针》为框架规划、分析和评估奥运遗产的冬奥会。2019 年，北京冬奥组委发布《北京 2022 年冬奥会和冬残奥会遗产战略计划》，其中，"筹办知识转移"和"档案管理"均被作为北京冬奥会遗产创造的重点任务提出。习近平总书记指出："办好北京冬奥会、冬残奥会是党和国家的一件大事，是我们对国际社会的庄严承诺，做好北京冬奥会、冬残奥会筹办工作使命光荣、意义重大。"② 鉴于此，做好北京奥运档案管理工作，总结冬奥会举办经验，为未来世界大型赛事和奥运会筹办提供宝贵的智力财富，这既是国际奥委会的办奥要求，也是中国对国际奥林匹克运动的庄严承诺。

3.1.2 源于中国留存"双奥"记忆的长远要求

3.1.2.1 见证中国发展历程

2008 年夏奥会，是中国改革开放 30 年的里程碑事件，以"无与伦比"的姿态回答了中国近代史上的"奥运三问"③。"绿色奥运、科技奥运、人文奥运"

---

① IOC. Host city contract：XXIV Olympic Winter Games in 2022 [R/OL]. [2023-06-05]. https：//stillmed.olympics.com/media/Document%20Library/OlympicOrg/Documents/Host-City-Elections/XXIV-OWG-2022/Host-City-Contract-for-the-XXIV-Olympic-Winter-Games-in-2022.pdf?_ga=2.232923166.1601256250.1649339978-1885919078.1641198064.

② 习近平在北京河北考察并主持召开北京 2022 年冬奥会和冬残奥会筹办工作汇报会时强调 坚定信心奋发有为精益求精战胜困难 全力做好北京冬奥会冬残奥会筹办工作 韩正出席汇报会 [EB/OL]. (2021-01-20) [2021-11-26]. http：//www.xinhuanet.com/politics/leaders/2021-01/20/c_1127005787.htm.

③ 1910 年 7 月 17 日的《申报》刊登出题为《中国运动大会之先声》的通告书，称："试问中国何时能派代表赴万国运动大会？何时能于万国运动大会时独得锦标？又何时能使万国运动大会举行于中土？"

发端于此，意指弘扬崇尚科学的文明风尚，涵养友好和谐的环境意识，倡导以人为本的人文精神，始终围绕建设和谐社会、节约型社会和创新型国家而努力。这彰显了国家战略与奥运战略、中国价值观与奥林匹克精神的交融交汇，更塑造了东方大国正在崛起的崭新形象。时隔14年的2022年冬奥会，站在"两个一百年"奋斗目标交汇的历史方位，以"真正无与伦比"的姿态站在了中国百年奥运的光辉顶点。北京奥运档案作为北京"双奥""申办—筹办—举办"的全过程历史记录，见证中国从实现百年奥运梦想到反哺奥林匹克运动发展，其所承载的中华民族精神将走出国门、走向世界，在全人类的记忆谱系上代代流传。

3.1.2.2　建设北京"双奥之城"

《北京市国民经济和社会发展第十四个五年规划和二〇三五年远景目标纲要》明确北京城市战略定位是政治中心、全国文化中心、国际交往中心和国际科技创新中心。从2008年夏奥会到2022年冬奥会，北京成为世界上首个"双奥之城"，北京"四大中心"建设也同样因"双奥之城"而独具特色、富有时代内涵。"双奥之城"所承载的具有中国特色的奥林匹克精神、文化、记忆、知识等均以北京奥运档案为载体被记录、以北京奥运档案为媒介被传播。北京奥运档案更再现、解读与挖掘了奥运会的举办过程、历史价值与现实意义，可扩充北京作为"双奥之城"的奥林匹克精神与文化内涵，成为集奥运文化、奥运经济、奥运教育、奥运科技等于一体的"双奥之城"，有利于北京的国际形象展示。将北京奥运档案管理与区域协同发展水平、北京精细化治理能力视为"共生"关系的统一体，有利于促进奥运档案与奥运城市的良性互动。

3.1.3　源于重大活动档案管理与开发的专业要求

3.1.3.1　重大活动档案专题化管理

2020年国家档案局令第16号公布《重大活动和突发事件档案管理办法》，明确"重大活动"是指"在中华人民共和国境内外组织举办的，对党和国家、行业、地方具有重大意义或者重要国际影响的会议、会展、赛事、纪念、庆典等大型活动"。2021年中共中央办公厅、国务院办公厅印发的《"十四五"全国档案事业发展规划》提出，"统筹重大历史事件、重大活动、突发事件应对活动等专题数据库建设"。随后，习近平总书记对档案工作作出重要批示，要求

"把新时代党领导人民推进实现中华民族伟大复兴的奋斗历史记录好、留存好"①。2008年夏奥会和2022年冬奥会是我国在重要历史节点举办的重大标志性活动,北京奥运档案是重大活动档案的重要组成部分,加强其专题化管理是展现、记录国家发展进程、国家新时代新成就的题中之义与必然要求。尤其是2022年冬奥会在新冠疫情背景下筹办、举办,疫情防控档案与北京奥运档案相互交织,使得这一重大活动专题档案的价值更加凸显。

3.1.3.2 重大活动档案法治化管理

2003年,时任浙江省委书记的习近平对档案工作提出了"三个走向"的科学判断和路径方法,《"十四五"全国档案事业发展规划》以此为基本遵循,强调"着力推动档案工作走向依法治理、走向开放、走向现代化"。北京奥运档案的所有权、知识产权、开放利用等法律问题涉及北京奥组委与国际奥委会双方,加强北京奥运档案的法治化管理,有助于厘清双方权责关系、提升档案治理效能,从而便于北京奥运档案面向社会开放与共享,符合2022年冬奥会"共享""开放"的办奥理念。

3.2 北京奥运档案管理与开发"中国模式"的基本内涵

北京奥运档案管理与开发的"中国模式"是自2008年北京奥运会成功申办后不断探索、完善与发展而成的。本部分从档案工作的"四大体系"——治理体系、资源体系、利用体系、安全体系(见图3-1)出发,阐述趋于成熟的北京奥运档案管理与开发的"中国模式"。北京奥运档案治理体系位于"四大体系"之首,是"四大体系"之"纲",体现立体化、全方位的布局,是北京奥运档案管理与开发理念制度层的抽象表现;也是"四大体系"之"规",能够引导、规范和促进其他三大体系良好运行。北京奥运档案资源体系建设是北京奥运档案的基础工作,资源丰富、独特且管理方式数字化,便于后期开发利用;北京奥运档案利用体系建设是北京奥运档案管理的最终目的,是北京奥运档案价值得以多维发挥、北京"双奥"记忆得以构建的活动集合;北京奥运档案安全体系涉及内容安全、载体安全、设备安全等多重安全管理活动,是其他

---

① 陆国强. 新时代档案事业高质量发展的根本遵循 [EB/OL]. (2021-10-11) [2023-06-07]. https://www.saac.gov.cn/daj/yaow/202110/72919f375716451f9babc96071986aa9.shtml.

体系运行的安全底线。

图 3-1 北京奥运档案工作"四大体系"的关系

3.2.1 北京奥运档案治理体系

3.2.1.1 档案部门提前介入，通力合作

北京市档案部门创新工作理念，在两届奥运会筹办期间均提前介入奥组委的档案管理工作，与其他部门通力合作，在前期实现对档案业务的指导与安全监督。例如，2008 年夏奥会期间组建的档案管理领导小组涵盖了北京市档案局（馆）、国家体育总局办公厅、北京市文物局、北京市规划委员会、北京 2008 环境建设指挥部办公室、奥帆委、奥马委、各足球赛区办公室、各京外赛区城市档案局等多个部门，协同管理档案工作[1]，实施一系列创新的工作理念和举措，以确保奥运会期间的档案管理工作高效、安全、可靠。此外，"为了便于场馆工作人员顺利开展档案管理，北京市档案馆还调剂了档案柜、计算机、打印机等办公设备，配备到设施匮乏的竞赛场馆，设备的配备不仅考虑到了档案管理的专业要求，满足业务中对不同载体档案管理的需求，还充分考虑到了场馆环境的特殊性，以适应竞赛场馆的空间布局和使用需求，为夏奥档案的管理提供了基础设施的支持"[2]。2022 年冬奥会期间，北京市档案局（馆）、张家口档案局（馆）提前调派 31 名专业档案人员进驻场馆，同步开展全委、赛区、部门、场馆等不同层级、各种形式的分层次、多渠道档案业务专题培训[3]，培

---

[1] 吴颖娜. 神圣的使命 共同的梦想：北京奥组委秘书行政部档案工作掠影 [J]. 北京档案，2008（6）：6-9.
[2] 陈洁. 大型体育赛事档案管理策略研究 [D]. 北京：中国人民大学，2020：34.
[3] 田雷. 探索"简约、安全、精彩"的北京冬奥组委档案工作新模式 [J]. 中国档案，2022（1）：22-24.

训内容涵盖了档案管理的基本原理、操作流程、标准规范等方面的知识，并结合实际情况，针对不同层级的档案工作进行了具体的指导和讲解。通过这些培训活动，冬奥组委工作人员和志愿者可以全面了解档案管理的要求和流程，掌握档案资料的收集、整理、保管和利用等关键环节的技能，快速提升档案工作水平。

3.2.1.2 档案制度体系完备，指导明确

2008年夏奥会期间，北京奥组委依据《第29届奥林匹克运动会组织委员会关于筹备和举办奥运会期间有关文物和档案管理的意见》，编制了《第29届奥林匹克运动会组织委员会部门文书档案归档操作标准》《北京奥运会文件材料归档范围和保管期限管理规定》等十余项规章制度。据调查，北京市档案局贯彻"规范管理、制度先行"理念，早在2003年就开始尝试建立奥运档案归档制度，并参与北京奥组委23份文件及规章制度的制发，就奥运档案管理工作单独发文或与有关部门联合发文共计18件。此外，北京市区县档案局及有关市属单位也分别制发有关文件29件、107件①。档案管理制度体系的建立涵盖了各个环节和工作流程，为2008年夏奥会档案管理的有效开展提供了科学依据和实操指导。通过遵循这些规章制度，北京奥组委、北京市档案馆以及相关单位保证了档案工作的规范性、一致性和可持续性。这些制度的实施不仅有助于保护和管理奥运档案，也为2022年北京冬奥会的档案管理提供了宝贵的经验和借鉴。

2022年冬奥会期间，档案管理制度渐趋完善，形成了"1+1+16"②制度体系，涉及档案资源建设、服务建设、环境建设、安全建设等4项主要任务以及制度、队伍、基础条件、监督指导和责任落实等5项保障措施，实现了档案工作各层面、全流程制度化、规范化。另外，根据国际奥委会对档案工作的新规定和我国档案法治化要求，北京冬奥组委持续推进与国际奥委会签订《北京2022年冬奥会和冬残奥会档案资产协议》③（*Beijing 2022 Archives Assets Agreement for the Beijing 2022 Olympic and Paralympic Winter Games*），通过文书契约形式与全球性国际组织明确权责关系，为赛后档案的管理、保存和利用提供了法律和制度上的保障，便于赛后奥运档案的创新开发与共享利用，提

---

① 陈洁.大型体育赛事档案管理策略研究［D］.北京：中国人民大学，2020：34.
② 田雷.探索"简约、安全、精彩"的北京冬奥组委档案工作新模式［J］.中国档案，2022（1）：22-24.
③ 田雷.探索"简约、安全、精彩"的北京冬奥组委档案工作新模式［J］.中国档案，2022（1）：22-24.

升冬奥会档案的学术研究价值、文化传承价值和历史记录价值，并为未来奥运会的档案管理工作提供重要的借鉴和经验。

3.2.1.3 档案工作实行责任制，严格落实到人

2008 年夏奥会期间，北京奥组委采用"领导小组＋专业队伍"方式负责档案管理。"每项奥运会档案管理都严格落实到个人：奥组委秘书长统筹、秘书行政部负责具体档案规划、各部门负责档案工作具体收集整理；采用部门首长负责制，各部门是第一责任人，处长全面负责；由兼职档案员负责具体工作。"① 同时，为确保档案管理工作的严谨性和责任落实，北京奥组委与相关部门签署了归档责任书②，通过归档责任书明确了各部门的档案管理责任和任务，并要求各部门严格执行档案管理规定，确保档案资料的准确性、完整性和安全性。通过以上的组织方式和责任分工，北京奥组委实现了奥运档案管理工作的有效推进，确保了档案工作的规范性、专业性和可追溯性。

2022 年冬奥会由北京、张家口双城联办，档案工作较 2008 年夏奥会档案管理地域更为分散、工作更为复杂。在继承 2008 年夏奥会档案工作理念基础上，北京冬奥组委秘书行政部深入研究了北京冬奥组委的业务工作特点，并结合档案管理的专业要求，建立了"核心层＋工作层"双层的三级责任制（见图3-2）③。在档案管理中设立了核心层和工作层两个层次，分别承担不同的职责，核心层负责档案管理的整体规划和指导，由"北京冬奥组委领导—秘书行政部—各部（中心）和各场馆（群）运行团队"组成；而工作层则负责具体的档案工作执行，由"部门主要负责人—综合处处长和场馆（群）运行团队秘书长—部门档案员"组成。这种双层结构有助于提高工作效率和协同配合，确保北京冬奥档案管理与开发工作的高效运行。在张家口赛区，采取了"馆长负责制"④，由每个赛区的场馆馆长负责该场馆的档案管理工作，为了确保与其他冬奥会保障部门和筹办单位的有效对接，张家口赛区的档案管理团队与公安、交通、卫生健康、商务等 6 个冬奥会保障部门以及气象、应急、教育等 30 多个重点筹办单位进行了逐一对接，保障各个场馆档案工作的专业性和连续性，同

---

① 陈洁．大型体育赛事档案管理策略研究［D］．北京：中国人民大学，2020：35.
② 阿昆．档案与奥运（之六）［J］．北京档案，2008（8）：41.
③ 田雷．探索"简约、安全、精彩"的北京冬奥组委档案工作新模式［J］．中国档案，2022（1）：22-24.
④ 张家口市档案馆．记录冬奥历史 服务冬奥筹办：张家口市档案馆强力推进冬奥会档案服务保障工作［J］．中国档案，2022（1）：27.

时提供了专业培训和指导，确保档案管理工作的高质量完成。通过明确责任分工、建立合理的组织结构和加强与各部门的对接，档案管理工作更加高效地进行，确保冬奥档案的完整性、安全性和准确性。

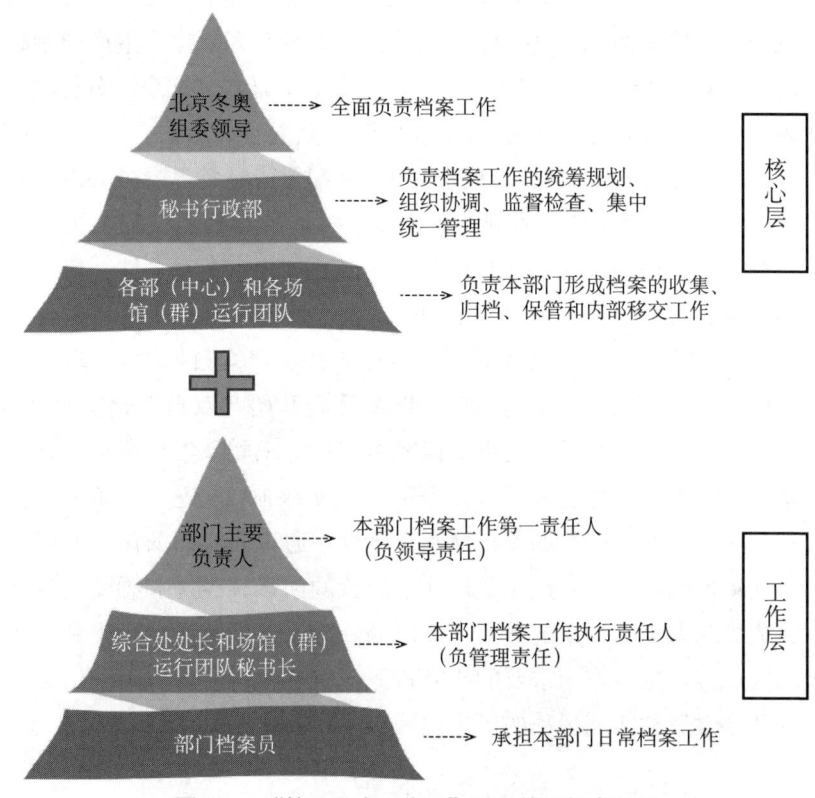

图 3-2 "核心层＋工作层"双层的三级责任制

3.2.2 北京奥运档案资源体系

3.2.2.1 应收尽收，更注重特色档案

2008 年夏奥会期间，北京奥运档案工作者紧紧围绕北京奥运会申办、筹办和举办活动，贯彻北京市档案局、北京奥组委对奥运档案收集的相关规定，将北京奥组委内部的 29 个部门文件和竞赛场馆的 37 类职能文件收集归档。最终，北京市档案馆共接收、征集奥运档案 34.43 万卷，其中申办期 0.2 万卷，筹办—举办期 33.67 万卷，包含纸质档案、实物档案、声像档案、电子档案及

资料（如书刊、手册、画册、资料汇编等）等各类载体①，保存了较为全面、系统、立体的奥运档案。

2022年冬奥会期间，在应收尽收基础上，北京市冬奥组委更注重征收特色奥运档案。一是2022年冬奥会核心形象（如会徽、吉祥物、火炬、奖牌等）设计方案的实物档案共10 970余件，二是2022年冬奥会特许生产商制造的特许商品档案1 100余件，三是2018年平昌冬奥会闭幕式"北京8分钟"文艺演出的代表性服装、道具等，四是2020年跟随嫦娥五号探测器登上太空的会旗、吉祥物等14件经过公证的冬奥会展示品②，并配置带有冬奥会核心形象的档案装具，展示了2022年冬奥会的创意和文化，打造特点突出、独一无二的冬奥资源库。张家口市档案馆至2022年初共完成了全市1.1万多件（册）冬奥会筹办文书档案、实物档案、图书资料和5.53万张照片档案接收进馆任务，建立了全市冬奥会档案专题目录数据库和冬奥会音像档案数据库③，取得了阶段性成效。此外，北京市档案馆于2022年2月底开始"双奥"档案征集工作，以进一步丰富奥运档案馆藏。北京市档案馆积极组织联系参加奥运会有突出成绩或事迹的运动员、教练员或其亲属开展口述史录制④，进一步拓宽了奥运档案的收集范围，丰富了档案的多样性和立体性。通过面对面的访谈和录音录像等方式，北京市档案馆详细记录了这些亲历者的回忆、经历和感受。这些口述史资料将成为北京奥运档案的重要组成部分，为后人了解奥运历史和英雄事迹提供生动的证言，也将作为重要的研究资源，供学者、研究人员和历史爱好者深入研究和探索奥林匹克运动的历史发展与国际影响。

3.2.2.2 按规整理，更注重数字档案

2008年夏奥会期间，北京奥组委严格按照档案移交标准整理归档，于2008年12月31日向北京市档案馆、国家体育总局档案馆、中国残疾人联合会完成移交工作⑤，确保各部门、机构接收到位；并依据《第29届奥林匹克运动

---

① 据课题组于2022年1月6日前往北京市档案馆调研资料整理所得。
② 田雷. 探索"简约、安全、精彩"的北京冬奥组委档案工作新模式[J]. 中国档案，2022（1）：22-24.
③ 河北省档案局. 再动员 再部署 再落实：河北省涉奥档案工作纪实[J]. 中国档案，2022（1）：25-26.
④ 李祺瑶. 市档案馆征集"双奥"档案[N]. 北京晚报，2022-02-25（9）.
⑤ 吴颖娜. 神圣的使命 共同的梦想：北京奥组委秘书行政部档案工作掠影[J]. 北京档案，2008（6）：6-9.

会组织委员会文献资料暂行管理办法》《第29届奥林匹克运动会组织委员会部门文书档案归档操作标准》《第29届奥林匹克运动会组织委员会专项档案管理办法》《第29届奥林匹克运动会组织委员会各类载体档案管理办法》等加强对会计档案、合同档案、项目档案等专项档案和文书、声像、实物等各类载体档案的集中管理。

2022年冬奥会期间，北京冬奥组委更加注重数字档案管理，并以"统筹分配"的方式实现社会各方的冬奥记忆共享。一方面，引入档案信息系统，建成北京冬奥组委数字档案室，实现了在数字环境下开展冬奥档案收集、整理、利用的一体化模式；另一方面，创造性采用"数字副本形式"移交，满足资源共享需求。截至2021年底，已完成约97万页纸质档案扫描和全部实物拍摄工作，为赛后档案移交节约复印纸张近千万页[①]。张家口运行中心则是将形成的档案移交北京冬奥组委进行数字化后，向张家口市档案馆移交电子数据备份；并借助"张家口冬奥筹办图片资料留存系统"，与市冬奥办联合开展影像档案留存工作，对全市冬奥会筹办单位及重点冬奥项目单位的视频和图片进行集中存储、数字管理[②]。整个北京冬奥档案管理流程完全践行了"绿色办奥、共享办奥、开放办奥、廉洁办奥"理念。

3.2.3 北京奥运档案利用体系

3.2.3.1 夏奥服务冬奥，开展联动利用

2016年，为服务2022年冬奥会筹办，北京冬奥组委秘书行政部和北京市档案馆联合挂牌开通了"'北京2022年北京冬奥会和冬残奥会筹办工作查档绿色通道'，按照从简从快、专人负责、优先办理、限时办结的服务准则"[③]，通过公务电子邮件、离线检索和政务内网安全邮件系统等措施实现"足不出委"的奥运档案服务目标，为冬奥会筹办工作人员提供高效便利的档案查询和利用服务，助力冬奥会的顺利筹办和体现"绿色办奥"的可持续发展理念。据统

[①] 田雷. 探索"简约、安全、精彩"的北京冬奥组委档案工作新模式[J]. 中国档案，2022 (1)：22-24.

[②] 张家口市档案馆. 记录冬奥历史服务冬奥筹办：张家口市档案馆强力推进冬奥会档案服务保障工作[J]. 中国档案，2022 (1)：27.

[③] 李京婷，田雷. 坚持四个办奥理念 研究探索北京冬奥会档案工作新形态[J]. 北京档案，2017 (10)：29-31.

计,"自2016年至2021年年底,绿色通道共受理档案查阅利用申请865批次,月均受理12批次,档案查阅总量1.4万卷(件),网络传发档案总计16.3万页,节约了北京冬奥组委机关办公区(北京冬奥组委总部)往返北京市档案馆之间近18万公里的交通资源"①,为冬奥会的档案利用提供了新的模式和实践经验,也为未来大型体育赛事的档案服务提供了有益的借鉴,也有效贯彻了2022年冬奥会的"绿色办奥"理念。

3.2.3.2 多维开发利用,发挥多重价值

2008年夏奥会期间,北京奥组委就已认识到奥运档案具有"行政参考、业务指导、奥运文化、教育普及"等多重价值。2009年1月,中央电视台推出的《奥运档案》纪录片,涉及奥运会开闭幕式、火炬传递、场馆、安保、残奥、奥运经济等多个方面,以"讲故事"的方式将台前幕后的人和物娓娓道来,宏观叙事与微观叙事相结合,凸显了"人文奥运"理念。此外,《永恒之火》《张艺谋的2008》等多部体育纪录片也接踵而至,共同推动"双奥"记忆建构更加全面、立体。2016年6月13日,北京档案馆举办"残奥之光——从海德堡到北京"展览②,分为精彩残奥、精神之美、共享阳光、放飞梦想4个部分,通过153张图片展示了残奥精神跨越欧亚大陆,从海德堡到北京一脉传承,并与中国传统文化融合发展的历程,诠释了残疾人追求平等、渴望融合、自强不息的精神,民众可近距离感知奥运魅力、感受奥运精神。通过这些纪录片和展览活动,社会公众得以更全面地了解奥运会的历史、精神和价值观,有效促进了奥运文化的传承和普及。

2021年9月,中共北京市委办公厅、北京市人民政府办公厅联合印发的《北京市"十四五"时期档案事业发展规划》明确指出,"加强奥运档案开放利用、馆际交流"③。鉴此,在2022年冬奥会开幕倒计时50天之际,由北京市档案馆、北京奥运城市发展促进中心、北京冬奥组委秘书行政部联合主办,首都体育学院、北京联合大学协办的实体展和数字展——"我们的奥运"在北京市

---

① 田雷. 探索"简约、安全、精彩"的北京冬奥组委档案工作新模式 [J]. 中国档案,2022(1):22-24.

② "残奥之光——从海德堡到北京"展览在市档案馆举办 [EB/OL]. (2016-06-15) [2022-04-14]. http://www.bdpf.org.cn/cms68/web1459/subject/n1/n1459/n1550/n1563/n1608/c51172/content.html.

③ 北京市"十四五"时期档案事业发展规划 [EB/OL]. (2021-09-15) [2022-04-16]. https://fgw.beijing.gov.cn/fgwzwgk/zcgk/ghjhwb/wnjh/202205/P020220519502441738988.pdf.

档案馆开幕。该展览内容涉及 2008 年夏奥会和 2022 年冬奥会两部分，共展出包括图片、音视频、实物等档案和文献资料 1 000 多件，生动展示中华民族实现百年奥运梦想的伟大征程①。此外，北京冬奥组委高度重视奥运档案中的筹办知识管理，打造了冬奥云端学习平台。该平台承载了 21 部竞赛项目知识介绍片、5 集冬奥大讲堂电影级短片、15 个由国际专家制作的英文精品视频课件以及其他 400 个线下培训视频、150 万字培训资料②，受到广泛好评。鉴于该平台的实用价值和首创性意义，它将被整体打包转移给国际奥委会，供未来奥组委参考借鉴。张家口市档案馆则是通过举办主题展览、微信公众号主题专栏发布、微视频拍摄、口述档案专题片制作、联合当地报社推出冬奥故事、冬奥知识进社区/校园等多种方式，展示冬奥档案管理与开发的全流程工作，增强社会档案意识；同时，将冬奥与当地冰雪运动历史相联系，突出当地历史文化特色，宣传 2022 年冬奥会在张家口举办的重大历史意义与现实价值③。同时，张家口市档案馆还将 2022 年冬奥会自规划、申办以来的所有历史资料汇编成册，供各级领导决策参阅，发挥档案资政查考作用④，为将来张家口举办重大活动提供重要参考借鉴。

3.2.4 北京奥运档案安全体系

两届奥运档案安全管理意识较强。但相比 2008 年夏奥会，2022 年冬奥会档案安全管理、防护设施更为细致与完善。

2008 年夏奥会期间，由于 2008 年南方雪灾、汶川大地震等自然灾害引发了众多档案安全保管问题，北京奥组委高度重视档案安全管理，实行了"竞赛和非竞赛场馆档案工作情况日报、周报制度"⑤，以及时了解各场馆档案工作的进展和情况，加强对档案工作的监督与指导。通过每日和每周的报告，北京奥组委及时发现问题并采取相应的措施，为赛时档案工作提供了有效的监督和指

---

① 周拯民. "我们的奥运"主题展览在北京市档案馆开幕 [EB/OL]. (2022-01-30) [2022-04-16]. http://www.chinaarchivescn/home/category/detail/id/38139.html.

② 陈杭. 北京冬奥组委多种方式将经验成果传给未来奥组委 [EB/OL]. (2022-03-22) [2022-03-28]. http://www.chinanews.com.cn/ty/2022/03-22/9708706.shtml.

③ 据课题组于 2023 年 3 月 28 日前往张家口市档案馆调研资料整理所得。

④ 河北省档案局. 再动员 再部署 再落实：河北省涉奥档案工作纪实 [J]. 中国档案, 2022 (1)：25-26.

⑤ 李云波. 第 29 届北京奥运会档案工作 [J]. 中国档案, 2011 (7)：22-23.

导，确保档案在奥运会期间得到妥善保管和管理，保障档案的安全性和完整性。

2022年冬奥会期间，数字时代与新冠疫情的双向冲击导致北京冬奥档案安全管理更为复杂。北京冬奥组委从系统安全、实体安全与库房安全3个方面①建立北京冬奥档案安全体系。系统安全上，专门为数字档案室应用系统设计研发了信息资源防篡改和防窃取核心关键技术，辅以磁带定期异地备份，并专门编制《北京2022年冬奥会和冬残奥会组织委员会数字档案室应用系统应急响应方案》，保障资源完全与系统稳定，确保数字档案的准确、完整、可用和安全。实体安全上，出于防范新冠疫情的考虑，部分档案工作人员需要遵守冬奥闭环管理规定，严格按照冬奥疫情防控政策开展工作，定期进行物资消杀，保证档案实体的防疫安全。库房安全上，北京冬奥组委依托首钢园赛区工业遗存的建筑结构，首次设计建造了北京冬奥组委标准档案库房。库房总面积近140平方米，档案架容积近180立方米，满足"十防"要求。同时配套建造了档案数字化加工间、档案值班监控中心、数字档案室中心机房和档案利用大厅等档案业务用房，确保冬奥档案管理的流程安全。通过在系统安全、实体安全和库房安全方面的努力，北京冬奥组委建立了全面的档案安全体系，确保北京冬奥档案的安全管理和高效运行，有效保障档案资源的完整性、可用性和安全性，同时也为2022年冬奥会遗产的传承和开发提供了有力的支持。

3.3 北京奥运档案管理与开发"中国模式"的启示意义

北京奥运档案管理与开发的"中国模式"是奥林匹克运动领域档案管理的一次成功尝试，其创新理念、管理经验、工作方法等对其他重大活动和今后奥运档案管理具有积极的借鉴意义。未来，可将北京奥运档案管理视为"标杆"，实现"北京智慧"的广泛传播和长久传承。

3.3.1 对其他重大活动档案管理的启示

第一，秉持可持续发展理念，构建"遗产观"。奥运遗产是奥林匹克运动

---

① 田雷. 探索"简约、安全、精彩"的北京冬奥组委档案工作新模式[J]. 中国档案，2022（1）：22-24.

促进自身可持续发展的主要改革内容之一，内涵丰富、外延宽泛且动态变化，强调奥运会的积极影响①。2022年冬奥会遗产覆盖体育、经济、社会、文化、环境、城市发展和区域发展等7个领域，集中体现了京津冀地区乃至整个国家对社会发展的美好希冀，并以"遗产传承"的方式为未来中国大型活动、赛事筹办提供宝贵的智力财富。这意味着无论举办何种国际性、地区性赛事或重大活动，都需要养成一种"遗产观"，为一城一区一国积累丰富有益的遗产。一要确保该项重大活动与社会各项领域发展规划具有正向的一致性，在广泛、长期提升该重大活动积极影响力的同时，可使广大人民受益；二要将档案作为重大活动遗产的重要组成部分，随着遗产的多维发展改变，档案可多视角、纵深化和动态性延伸自身的价值维度，提升重大活动档案治理于社会治理乃至国家治理的工具效能。

第二，以契约形式明确档案权责关系。由于国际奥委会对奥运知识产权的严格控制，以及奥组委与国际奥委会协议内容的缺漏，奥运档案开发利用涉及较复杂的知识产权问题，且存在权责不清之处，导致大部分2008年夏奥会档案目前无法向社会开放利用，其知识价值、文化价值、教育价值等尚难完全实现。2022年冬奥会期间签订的《北京2022年冬奥会和冬残奥会档案资产协议》，首创性地以文书契约形式规定利益双方对奥运档案的权责问题，将极大推动重大活动档案的开发利用工作，使其为全社会开放共享。这为今后我国举办国际大型活动（尤其是世界杯、亚洲杯等需与国际相关组织合作的大型活动）开展档案利用工作提供了可资借鉴的解决方案。

第三，重视重大活动档案中的知识管理与传承。"奥运知识转让"项目启示人们，重大活动档案蕴含科学丰富、可供借鉴与传承的组织经验与管理知识。2008年夏奥会档案管理的经验已运用到新中国成立60周年庆祝活动、北京市对口支援四川省什邡市地震灾区重建等重大活动档案中，并在上海世博会、山东全运会、广州亚运会、深圳大运会、辽宁全运会中推广②。保护与开发、利用与传承重大活动档案中的知识经验，有利于为我国举办的其他活动的档案管理工作提供理论借鉴与参考。同时，还可以"从中提炼重大工程建设、社会组织、城市管理、区域发展、生态环境治理、科学技术应用、青少年教

---

① 徐拥军，闫静."奥运遗产"的内涵演变、理性认知与现实意义[J].首都体育学院学报，2019，31（3）：201-205，220.

② 李云波.第29届北京奥运会档案工作[J].中国档案，2011（7）：22-23.

育、残疾人事业发展、跨文化交流等各个领域的北京经验"① 为社会各项事业建设所用，实现重大活动档案的广泛利用与知识经验的长久传承。

3.3.2 对今后奥运档案管理的启示

第一，将"档案管理"列入奥运遗产框架之内。2022年冬奥会是《奥林匹克 2020 议程》颁布后第一届从筹办之初就全面规划管理奥运遗产的奥运会。北京冬奥组委立足奥运遗产这一宏观视角充分重视奥运档案工作，将"档案管理"列为《北京 2022 年冬奥会和冬残奥会遗产战略计划》的 35 项重点筹办任务之一。这意味着奥运档案既是奥运遗产筹办工作之一，其管理工作能够得到相关领导的高度重视；又可充分发挥奥运档案对其他奥运遗产尤其是无形遗产的原始记录与可持续发展作用，促使其他遗产"档案化"保存。对于奥林匹克运动，这可确保奥运遗产能够在时空跨越中全面、完整、真实地存续、发展和传承，留存完整的"奥运记忆"；对于档案，奥林匹克运动所蕴含的文化、精神、价值观等赋予了奥运档案新的时代内涵，扩充、丰富了档案资源内容。

第二，扩展奥运档案生命周期，强化前端控制。北京奥运档案不同于以往的重大活动档案，赛事筹办机构的临时性、档案形成主体的广泛性、档案种类的繁多性等特点导致"滞后"的档案工作难以适应实际情况。北京"双奥"期间，档案部门均将档案监督指导职责前移，参与到前期档案形成甚至是文件归档之前的工作中，扩展奥运档案生命周期。档案随产随归，变被动为主动，有效提升文件归档质量与行政管理效能。为确保奥运档案高效、规范、专业管理，档案机构应与奥组委、竞赛场馆等其他涉奥部门通力合作，提前介入档案管理规范与标准建设、监督与培训、专业用具提供等环节，强化奥组委档案工作的专业性、科学性，确保奥运档案收集完整与管理高效。

第三，强调奥运档案与奥运城市的良性互动关系。奥运档案既是奥运城市的宝贵遗产财富，也是该城市冠以"奥运"之名的遗产"证明"。通过对奥运档案的系统整理和深入挖掘：时间上，可促使奥运档案对奥运遗产的传承和利用，维系奥运城市的过去、现在和未来；空间上，奥运档案的开发利用宜凸显奥运城市、奥林匹克运动文化、奥运遗产、奥运记忆于人的意义，充实城市空间的体育人文内涵；互动上，则更可推动城市规划师、专业学者、艺术家、一

---

① 徐拥军，陈洁. 北京奥运档案管理的对策建议［J］. 北京档案，2020（7）：27-29.

般市民等不同类型群体参与奥运城市建设的沟通对话，促进不同人群的思维知识流动，探索奥运城市规划建设方案。例如，北京冬奥会首钢园区建成的档案库房和专业用房，是工业遗址与档案专业要求融合形成的奥运遗产，也是利用档案重塑首钢园区形象的最好例证。同时，还可强调体育与数字的互动，结合数字人文理念、利用5G+XR等数智化技术，最大限度挖掘奥运档案资源，将其复现、活化、转译于奥运城市规划建设中，促进奥运城市实体物质性要素与人文精神非物质性要素的对接与融合，重塑具有奥林匹克运动文化地域性特色的城市空间。强调社会主体（人理）、奥运城市规划（事理）、技术运用（物理）三者的统一，以体育为手段促进城市治理向城市善治的转变。

3.4 北京奥运档案管理与开发面临的挑战

尽管北京奥运档案管理与开发已取得较大成绩，初步形成北京奥运档案管理与开发的"中国模式"。但是，北京"双奥"举办的地域分散性、北京（冬）奥组委机构的临时性与档案形成主体的复杂性，导致北京奥运档案管理与开发现实工作与其目标间仍然存在较大差距，实现北京奥运档案管理与开发的目标仍面临诸多挑战。

3.4.1 北京奥运档案管理与开发的目标

北京奥运档案管理与开发的目标是，针对当前工作实践中的诸多问题，以科学的理论为指导，以合理的制度为规引，通过各种路径和方法，有效管理与高效开发北京奥运档案资源，充分挖掘北京奥运档案遗产价值的"双维双域双层双线"多种延展形态，以传承"双奥"记忆、贡献"北京智慧"与"北京方案"、讲好中国奥运故事、服务京津冀和国家发展战略。

3.4.2 北京奥运档案管理与开发面临的需求与挑战

本书根据北京奥运档案的遗产价值、管理与开发现状及其目标，分析其在理论、制度、管理、开发等各个层面的需求与挑战，为后续章节引出问题，如图3-3所示。

第一，理论方面的需求与挑战。首先，要求进一步深化正在发展的奥运遗

北京奥运档案管理与开发的现状与挑战（第3章）

确定目标	挖掘北京奥运档案遗产价值	服务京津冀和国家发展战略
特点分析	遗产价值及其"双维双域双层双线"衍生形态	形成主体多、跨时空分散，内容广泛、载体多样
需求与挑战分析	理论方面的需求与挑战：需为北京奥运档案管理与开发提供体系化的理论指导与支撑	制度方面的需求与挑战：需为北京奥运档案管理与开发提供系统化的制度规范和指引
	管理方面的需求与挑战：需探索一套适应数字化变革要求的北京奥运档案管理模式	开发方面的需求与挑战：需构建一套适应人文化背景要求的北京奥运档案开发模式
问题识别	北京奥运档案管理与开发的理论体系构建（第4章） ｜ 北京奥运档案管理与开发的制度体系构建（第5章）	北京奥运档案数字管护模型构建（第6章） ｜ 北京奥运档案场景式开发模式构建（第7章）

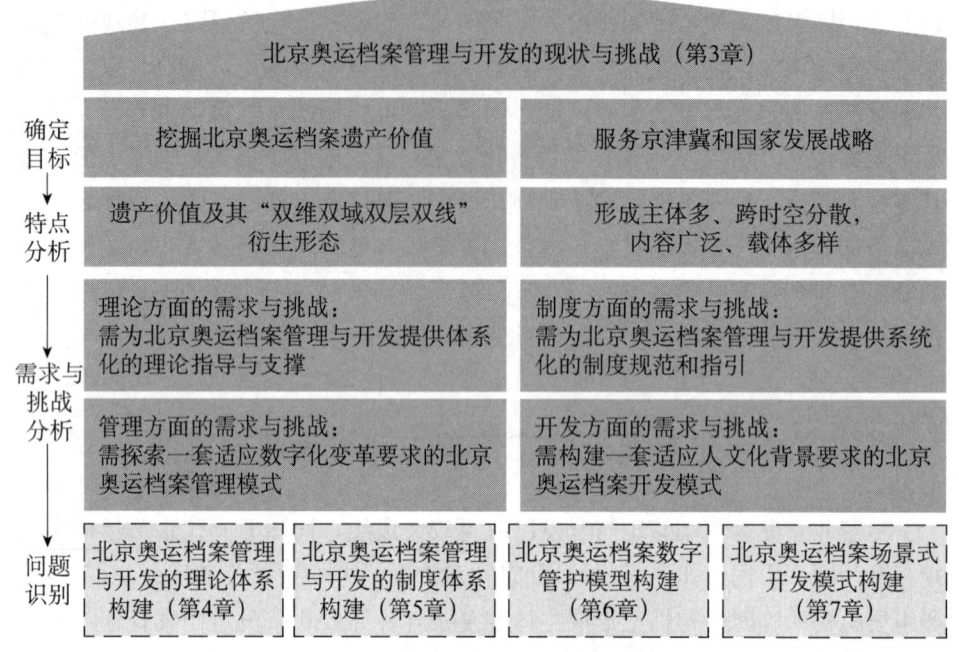

图3-3　北京奥运档案管理与开发面临的需求与挑战

产基本理论，将北京奥运档案置于奥运遗产的宏观愿景框架之中。那么，北京奥运档案如何融入整个奥运遗产的概念体系、内容体系之中，奥运遗产的方法论、实践论如何更好地支持、指导北京奥运档案的管理与开发，需要对奥运遗产基本理论进一步深入探讨。其次，要求进一步创新相对成熟的传统档案学基本理论。例如，全宗理论、来源原则是传统档案学最重要的基础理论，强调尊重来源，按照既有来源对档案进行分类整理。然而，北京奥运档案形成主体众多，若按照档案形成主体这一来源进行分类整理，将导致作为有机整体的有关这一重大活动的档案被分散。如何对传统档案学基础理论进行有效拓展以适应北京奥运档案管理与开发特点，需要对相对成熟的传统档案学基本理论进一步创新。再次，要求进一步深化后现代档案学理论。北京奥运档案作为北京奥运之路的"见证者"，承载奥运记忆、传承奥运精神、彰显奥运正义，更蕴含国民深厚的奥运情感，与后现代档案学理论中的档案记忆观、档案与身份认同、档案情感价值等理论与研究主题相契合，北京奥运档案为后现代档案学理论提供了研究需求和应用领域。最后，要求进一步借鉴、拓展其他学科理论。2008年夏奥会和2022年冬奥会的申办、筹办、举办，围绕区域和国家发展战略（如北京"四个中心"功能建设、京津冀协同发展、体育强国战略、文化强国战略等）实施，涉及世界和平与发展，如何挖掘北京奥运档案的遗产价值服务区域治理和国家治理，需要综合运用多学科理论开展研究。总之，需要为北京奥运档案管理与开发提供体系化的理论指导与支撑。

第二，制度方面的需求与挑战。首先，要求构建北京奥运档案管理与开发制度体系框架。现有国内外官方文件中，专门针对奥运档案管理与开发的法规、政策、制度、标准缺口较大。如何设计科学合理的制度体系框架，以保障北京奥运档案的有效管理和高效开发，需要进一步进行制度梳理和供需分析，设计科学合理的档案管理与开发制度体系框架，明确档案管理与开发的目标、原则和政策，建立相关的管理规范和流程，确保档案资源的整理、保护、利用等方面工作的有序进行。其次，要求创新北京奥运档案管理与开发的工作机制。宏观上，如何加强跨部门协调、如何开展各项业务协同、如何实现资源共享、如何促进社会参与等，需要对北京奥运档案管理与开发工作机制进一步创新。最后，要求优化北京奥运档案管理与开发的业务制度。微观上，如何确保北京奥运文件归档、档案收集、鉴定开放、开发利用等一系列业务环节的规范有序，需要对业务制度进一步优化，保证北京奥运档案管理与开发工作的有序进行，提高工作效率和质量。总之，需要为北京奥运档案管理与开发提供系统化的制度规范与指引。

第三，管理方面的需求与挑战。首先，要求创新北京奥运档案数字管理模式。随着数字化浪潮的涌现，北京奥运档案逐渐呈现出跨时空分散、数量庞大、载体多样化的特点，其中包括大量的电子记录，如网页、社交媒体、电子邮件、数码照片和视频等，传统的实体档案管理模式难以应对这种变化。因此，建立数字档案管理模式势在必行，通过采用数字化技术和工具来管理、存储、检索和保护档案资源，以确保其安全性和可持续性，同时，还需要建立相应的数字档案管理制度和规范，确保数字档案的完整度和可信度。其次，要求构建北京奥运档案专题数据库。每一个人都是奥运会的参与者、贡献者，北京奥运档案理应为全民共享，这也是深入贯彻"共享办奥"的具体行动。因此，亟须对北京奥运档案进行跨时空、跨部门整合，构建北京奥运专题数据库，涵盖全面的奥运档案资源，包括文字、图片、音视频等多种形式的档案资料，并提供灵活的检索和浏览功能，方便用户快速获取所需信息，为研究、教育、文化传承等领域提供重要的参考和支持。总之，需要探索一套适应数字化变革要求的北京奥运档案管理模式。

第四，开发方面的需求与挑战。首先，要求转变北京奥运档案开发的观念。作为奥运遗产的重要组成部分，奥运档案理应开展社会化利用，供全民共享。但传统档案工作中的"重藏轻用"观念、严格的开放审核程序与之相悖。因此，首先需树立"以人为本""共享办奥""开放办奥"的理念，将档案资源视为社会共享的财富，积极推动档案的开放和利用，让更多的人能够参与其中，从中受益。其次，要求创新北京奥运档案开发模式。北京奥运档案涉及体育、经济、文化、社会等多个领域，高效开发方可充分发挥北京奥运档案"双维双域双层双线"延展的遗产价值，适应多领域、多层次的需求。这不仅需要相关部门的支持和配合，也需要档案工作者的专业能力和创新意识，以共同推动北京奥运档案的管理与开发工作取得更加优异的成果。总之，需要构建一套适应人文化背景要求的北京奥运档案开发模式。

综上，首先，2022年冬奥会继承2008年夏奥会档案管理的成功经验，提前介入、主动出击，强化奥运档案的前端控制，为全面、立体、系统收集奥运档案打下坚实基础；其次，2022年冬奥会将档案管理置于奥运遗产的宏观框架之下，各项奥运遗产的"档案化保存"可在连续、扩展的时空中维系2008年夏奥会、2022年冬奥会遗产可存续、可开发、可传承，是北京"双奥"遗产得以促进奥林匹克运动可持续发展的重要基础；再次，与国际奥委会签订档案资产协议，这一首创有力保障了后奥运时代北京奥运档案在主办国家和城市开发利用的合法性，有利于奥运教育、奥运科研、奥运文化推广等专题活动的开展。诚然，北京奥运档案管理与开发的"中国模式"并非尽善尽美，还存在理论、制度、管理与开发等各个环节流程的挑战，如档案收集"重行政轻业务"[①]、档案开发利用中可供执行的政策或制度相对缺失等问题，但如同2022年冬奥会档案管理经验继承发展于2008年夏奥会档案管理，北京奥运档案管理与开发的"中国模式"也终将会被其他重大活动档案管理或今后的奥运档案管理所继承和创新，臻于完善。后续章节将分别针对北京奥运档案管理与开发提出的理论、制度、管理与开发等4个方面的挑战进行——分析，并提出相应对策。

---

① 王佐臣，李俊哲. 奥运记忆｜独家专访：对话冬奥媒体运行专家，从业务视角看冬奥档案管理……[EB/OL]. (2022-02-05) [2023-06-05]. https://mp.weixin.qq.com/s/cCvUOhrsXf3or0ZzVAZodw.

第 4 章
北京奥运档案管理与开发的理论体系构建

思想是行动的先导，伟大的实践需要科学的理论支撑。本章旨在为北京奥运档案管理与开发提供思想指导和理论支撑，拟解决如下主要问题：目前国内外奥运档案管理的理论来源和实践依据是什么？从奥运遗产可持续发展和档案全周期管理双向视角出发，北京奥运档案管理与开发实践中存在哪些理论缺口？如何针对性地构建科学的北京奥运档案管理与开发的理论体系？围绕北京奥运档案管理与开发的内在逻辑与外在机制，怎样对既有的奥运遗产理论、传统档案学理论（全宗理论、文件生命周期理论、文件连续体理论和档案价值理论）、后现代档案学理论、治理理论、数字人文等跨学科理论与方法进行深化、拓展、创新？以上述问题为导向，本章旨在构建北京奥运档案管理与开发的理论体系，以期为后续研究奠定理论基础。

4.1 北京奥运档案管理与开发的理论溯源

正在兴起的奥运遗产理论和相对成熟的传统档案学理论，是目前国内外奥运档案管理与开发的直接理论基础。奥运档案是在奥运会申办、筹办、举办与后奥运时期内所形成的与奥运相关的一系列活动记录，是奥运会整个周期与档案全生命周期管理的综合产物，对奥运档案的管理与开发需要综合运用奥运遗产和档案管理的理论成果。故本部分从理论回溯着手，重点梳理国内外奥运遗产理论和档案学理论的发展脉络，结合国内外奥运档案管理与开发的实践发展，提取目前国内外代表性的理论成果，并辅之以最新的研究进展。

4.1.1 奥运遗产理论

奥林匹克运动是呈现和传递奥林匹克精神的重要载体，对推动社会全面发展意义重大。奥运遗产将对体育、经济、社会、文化、环境、城市发展和区域发展等多领域产生多层次、全方位、系统性的深远影响，以实现奥林匹克运动与城市发展的双赢。对奥运遗产的理论问题进行研究，是将奥林匹克运动积极影响因素提升为系统性理论的基础支点，更是深刻认识和理性评价奥林匹克运动的重要起点。奥运遗产理论研究最早可以追溯到 20 世纪 70 年代。有学者研究了 1980 年莫斯科奥运会的后社会效应，即对国民认识以及国际外交政策等方面的影响力。由于当时的科学研究范式较为单一，因此研究也仅从历史学、体育学等有限的角度研究奥运会的阶段效应。20 世纪 90 年代，随着学科发展的积累，学科间的交叉与综合越来越多，由此诞生的综合学科、交叉学科也为构建奥运遗产研究体系提供了更加广阔的空间。21 世纪初，奥林匹克运动在谋求创新发展的进程中，逐渐明确了奥运遗产的长期规划和可持续发展，形成了现阶段国际上对奥运遗产研究多学科交叉的局面。我国在取得 2008 年夏奥会举办权后，开始关注奥运遗产理论。国内学者多借鉴文化遗产学，对遗产价值评估、遗产保护、有形遗产与无形遗产沉淀积累等进行相应的理论探索。

4.1.2 档案学理论

相较于奥运遗产理论，档案学理论研究的历史更为久远，也较为成熟。但以档案学理论指导奥运档案管理与开发的研究多为照搬现有理论成果，很少针对奥运档案的特点和特殊要求有所创新。例如，2008 年夏奥会和 2022 年冬奥会申办、筹办、举办及赛后等全过程涉及众多机构、人员，传统按照档案形成者进行分类整理的来源原则将导致作为有机整体的有关这一盛会的档案被分散。那么面对新需求，传统的全宗理论该如何创新？又如，作为奥运遗产的重要组成部分，奥运档案理应尽快社会化利用，为全民共享，但传统档案工作中的"重藏轻用"观念、严格的开放审核程序与之相悖，而且部分奥运档案内容涉及国家秘密、知识产权、个人隐私等问题。那么面对新需求，传统的档案价值鉴定理论该如何创新？

由此，本章通过梳理传统的奥运遗产理论和档案学理论，结合第 3 章提出的北京奥运档案管理与开发在理论层面的需求与挑战，在为北京奥运档案管理与开发提供重要理论来源的同时，重点找出目前存在的理论缺口，如现有理论内容单薄、不成体系、指导力弱、创新性不足等问题，为北京奥运档案管理与开发理论体系的构建提供前期基础。

4.2 北京奥运档案管理与开发理论体系的构建

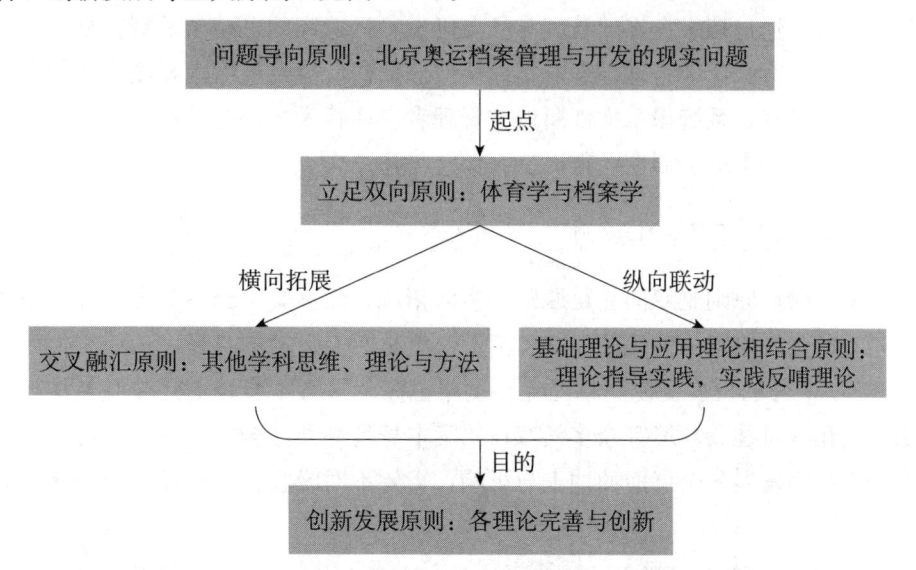

北京奥运档案管理与开发理论体系的构建系本部分的研究难点，旨在为北京奥运档案管理与开发提供有力的理论支撑。本部分将以实践问题为导向，在既有理论回溯的基础上，基于科学合理的构建原则和方法，扩展奥运遗产理论、创新传统档案学理论、深化后现代档案学理论、运用治理理论、应用数字人文技术、融入其他学科知识，丰富北京奥运档案管理与开发理论内涵，为实践提供视角多元、连贯融合的理论体系。

4.2.1 构建原则

北京奥运档案管理与开发理论体系构建原则是确立该理论体系的依据、准则和指导思想，对深入研究北京奥运档案管理与开发具有重要的学术价值与理论意义。北京奥运档案管理与开发理论体系的构建原则，应结合现实社会发展需求，兼顾体育学与档案学双向学科视角予以确立。各原则之间相辅相成，构成一个联动有机整体。从北京奥运档案管理与开发的特性与需求出发，该理论体系构建应遵循问题导向、立足双向、交叉融汇、基础理论与应用理论相结合、创新发展等五大原则（见图 4-1）。

图 4-1 北京奥运档案管理与开发理论体系的构建原则

4.2.1.1 问题导向原则

"问题是创新的起点,也是创新的动力源。"[①] 北京奥运档案管理与开发理论体系的构建要坚持以问题为导向,一切从实际出发。"问题导向"中的"问题",来自现实社会发展需求,即面向北京奥运档案管理与开发的现实需求和特殊挑战,发掘众多现实问题,如从北京奥运档案形成机构的临时性导致开放鉴定困难,北京奥运档案数量庞大、种类多样、载体不一导致档案传统著录规则、鉴定方法面临巨大挑战等类似的现实问题出发,对传统档案学理论进行针对性的有效创新与扩展以适应北京奥运档案管理与开发的新特点、新要求。

4.2.1.2 立足双向原则

北京奥运档案管理与开发,是档案学相关的学术理念与方法论融入重大体育赛事而形成的一项重要实践活动。立足双向原则即要兼顾北京奥运档案管理与开发所涉及的体育学、档案学双学科视角,进行"双向度"审视。北京奥运档案管理与开发基础理论的研究,既能服务于奥运会全周期内档案工作的有序开展(包括归档、收集、整理、鉴定、开发等各环节),又可服务于奥运遗产的可持续性开发(如以档案为载体呈现奥运遗产的文化内涵和历史价值)。体育学方面,立足奥运遗产的可持续发展理念,作为一项重要的奥运遗产,北京奥运档案管理与开发应与奥运遗产规划、治理与评估乃至后期传承的全周期工作相契合,通过档案良好的管理与开发确保奥运遗产的可持续发展。档案学方面,立足档案全周期管理理念,指导从文件最初形成到最终销毁或永久保存的整个运动过程,系统揭示文件属性与管理者主体行为之间的关系,确保北京奥运档案在整个奥运会周期内得以良好保管与开发。

4.2.1.3 交叉融汇原则

交叉融汇原则是双向立足原则的横向拓展。北京奥运档案管理与开发是奥林匹克运动、档案两大领域的交叉活动。奥林匹克运动本身是一项综合性体育赛事,130年的发展促使奥林匹克运动早已超越体育本身,更是涉及经济、政治、文化、科技、环境等众多领域;档案本身是一种社会实践活动,会受到来自现实社会发展各个层面的冲击与影响,需要不断吸收各个层面发展成果、完

---

① 竭长光. 推进学术理论创新应坚持问题导向 [N]. 光明日报,2022-11-04 (11).

善充实自身，才得以适应时代需求。二者均不是"独善其身"式的发展，必然要受到其他社会领域的影响。因此，交叉融汇原则立足双向原则基础之上，除了兼顾体育学与档案学的基础理论之外，还需要跨学科的视角，将遗产学、文化学、社会学、管理学、经济学、法学、统计学、艺术学、数字人文等多学科思维、理论、方法或工具有效融合进北京奥运档案管理与开发的理论体系构建之中，找出其中的契合点，才能达成对北京奥运档案管理与开发的全面认知、科学实践。特别是在数字化、人文化环境下，寻求北京奥运档案管理与开发的理念与模式创新。

4.2.1.4 基础理论与应用理论相结合原则

基础理论与应用理论相结合原则是立足双向原则的纵向联动。理论指导实践，实践反哺理论。理论与实践相联系，"'联系'是沟通理论和实际的中介。掌握了理论，了解了实际，只是为理论联系实际提供了现实的可能性。而要把可能性转化为现实，仍然有一个思想认识和操作方法是否正确的问题"[1]。北京奥运档案管理与开发作为一项社会实践活动，其理论体系应注重基础理论与应用理论相结合，注重协调好它们之间的联系：以北京奥运档案管理与开发现实需求与挑战为观照，既需要实践层面的方法指导与制度应用，也需要来自形而上层面的理论支撑，以确保理论与实践相互呼应、共同指引北京奥运档案管理好、开发好；既注重对相关理论内涵和内容的解析，也注重对相关理论应用价值和实践意义的探索，以期实现理论在实践中的"落地"。此外，该理论体系的构建还应注重北京奥运档案管理与开发理论体系应用价值的延展，从而为其他大型体育赛事和重大活动档案管理与开发提供理论指引和思想借鉴。

4.2.1.5 创新发展原则

创新发展原则是北京奥运档案管理与开发理论体系构建的最终目的。北京奥运档案作为重大活动档案的重要组成部分，除具有一般性重大活动档案的价值特殊性、形成阶段性、来源广泛性、载体多样性[2]、形成主体临时性等特点之外，其自身还具有与奥林匹克运动相关的知识性、遗产性、文化性、教育

---

[1] 陈永生．档案学论衡［M］//《档案学通讯》杂志社．档案学经典著作：第4卷．上海：上海世界图书出版公司，2016：125.

[2] 薛晓军，梁家甄．重大活动和重要事件档案管理的难点及对策［J］．档案与建设，2020（4）：47-49.

性、政治性、经济性等价值特点。最大力度发挥北京奥运档案价值特点亟须对其管理好、开发好，而良好的管理与开发离不开理论创新的发展与支持。这其中就包括对奥运遗产理论的创新，如，从档案学视角审视与研究奥运遗产理论，突破单一体育学层面的本体论研究等；对传统档案学理论的创新，如，上面所述全宗理论、来源原则、档案价值鉴定理论的创新，传统档案分类方法、著录规则的创新等。

4.2.2 构建方法

北京奥运档案管理与开发理论体系的构建是管理与开发好北京奥运档案、发挥北京奥运档案遗产价值的理论基础，除了遵循问题导向、立足双向、交叉融汇、基础理论与应用理论相结合、创新发展等五大原则外，还需一定的指导方法，并以服务北京奥运档案管理与开发为终极目标。科学的北京奥运档案管理与开发理论体系构建方法的选取，一则需要了解一般理论体系构建的常用方法，并熟练操作各种方法，二则需要知晓构建理论对象的基本内涵，并将基本内涵贯穿始终，三则需要适应理论对象的属性特点，并与构建原则相辅相成。关于北京奥运档案管理与开发理论体系的构建，本部分在遵循常用的理论建构方法，如演绎逻辑法、归纳逻辑法、类比法、联系法等的基础上，也重点结合了北京奥运档案管理与开发的特殊需求与挑战，具体运用概念操作化、批判与建构两种方法。

一是概念操作化。概念操作化，也称具体化或分解化，即"将抽象概念和命题逐步分解为可测量的指标与可被实际调查资料检验命题的过程"[1]。核心概念解读有助于从定性、定量两个角度分析理论内涵。首先，需明确理解"北京奥运档案"的内涵与外延、价值与特征、内容体系和管理要求。其次，进行探索性研究，即对北京（冬）奥组委、北京市档案馆、张家口市档案馆等单位进行社会现状调查，确定北京奥运档案管理与开发的框架。再次，对北京奥运档案管理与开发这一活动进行分解。所谓分解，就是将北京奥运档案管理与开发这一整体性活动分解为若干个部分，将管理与开发分解为收集征集、整理、鉴定、保管、编目与检索、编辑与研究、统计与利用等单一环节，然后对北京奥运档案管理与开发理论体系进行流程化操作。最后，确定该理论体系的评价。

---

[1] 荆玲玲. 社会研究方法 [M]. 哈尔滨：哈尔滨工程大学出版社，2016：101.

在设计北京奥运档案管理与开发理论体系框架时，确定各流程对应的理论与现实情况之间的差距，理论与现实不符时则对理论进行相应的创新，理论与现实相符时则对现实进行相应的指导。

二是批判与建构。"新思潮的优点就恰恰在于我们不想教条式地预料未来，而只是希望在批判旧世界中发现新世界。"[①] 对于奥运遗产理论、档案学理论的批判式发展，并非教条式、形而上学的批判，而是批判基础上的建构，即观照社会现实中北京奥运档案这一重大活动档案的管理与开发活动，对既有理论进行更新、完善、补充与发展，展现唯物辩证法中普遍性与特殊性的统一。批判与建构这一方法主要应用在概念操作化的第四步——对该理论体系的评价。具体做法是：首先，在对已有相关文献的阅读与分析基础上，解析其文本背后的结构要素、文化脉络或话语暗示，从而对标我国社会发展现状，对有关理论进行古今批判、中西批判；其次，根据北京奥运档案管理与开发的实践活动特点，着重分析理论与实践之间存在矛盾的、不充分的、模糊的理论内容，加以改进，尤其是在综合考虑各个利益相关方的诉求及相互关系的基础上，构建科学的、具有现实指导意义的北京奥运档案管理与开发的理论体系。

4.2.3 构建层次

以上述原则和方法为指导，遵循遗产融合共生的文化生态环境理念，将奥运档案置于奥运遗产生态可持续发展框架内，基于复杂文化载体的动态性关联和多学科互动的属性，构建一个融合多学科视角的、从内向外、从核心层到外围层、从奥运遗产可持续发展和档案全生命周期管理出发的北京奥运档案管理与开发理论体系圈层，如图4-2所示。

第一，内在核心圈层，主要从奥运遗产和档案管理双向视角出发，以两者共同的内在逻辑为构建依据，即可持续发展要求和全生命周期管理。其中，奥运遗产理论从文化遗产理论（含遗产申报、遗产保护、遗产利用等）、文化生态学（含奥运文化动态性演变、奥运文化与生态环境的互动关系、奥运文化价值链的全方位解析等）等出发进行阐释。档案学理论主要从传统档案学理论（全宗理论、文件生命周期和文件连续体理论、档案价值论）的创新、后现代档案学理论（含档案记忆观、档案与身份认同、档案正义论、档案情感价值

---

① 马克思, 恩格斯. 马克思恩格斯全集：第1卷 [M]. 北京：人民出版社，1956：416.

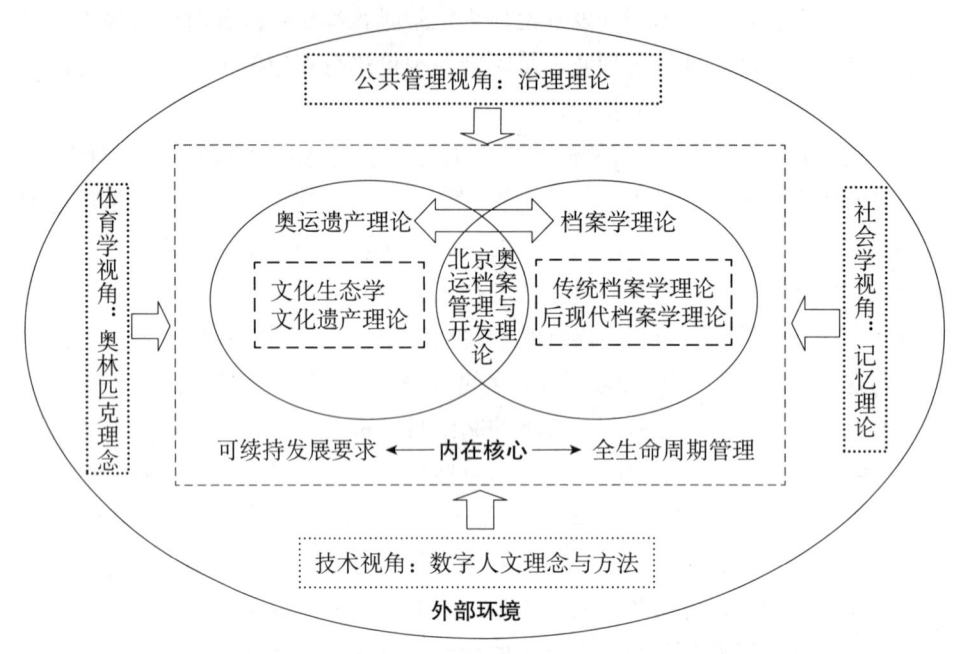

图 4-2　北京奥运档案管理与开发理论体系圈层示意图

等)的深化两个维度进行阐释。上述奥运遗产理论和档案学理论的系统整合、深度融合、有机结合,即构成北京奥运档案管理与开发的理论体系核心。

第二,外部环境圈层,主要是从社会发展需求和跨学科交叉视角出发,对北京奥运档案管理与开发理论体系进行系统梳理,包括公共管理视角的治理理论(尤其是社会治理、协同治理和档案治理)、体育学视角的奥林匹克理念(强调奥林匹克运动的可持续发展)、技术视角的数字人文理念与方法(强调技术手段赋能奥运档案管理、人文内涵赋能奥运档案开发)、社会学视角的记忆理论(强调奥运档案遗产价值及其延伸的知识价值、记忆价值、认同价值与情感价值)等。

可以说,整个理论体系能够满足北京奥运档案管理与开发各个环节的理论需求。

4.3　北京奥运档案管理与开发理论的主要内容及学理内涵

北京奥运档案管理与开发理论的主要内容及学理内涵是本部分的研究重点之一,旨在对其理论体系中内在核心圈层和外部环境圈层的代表性理论的产生背景、主要内容和学理内涵进行重点阐释，为后续总结提炼该理论对北京奥运档案管理与开发的理论应用价值和实践指导意义提供基础。根据北京奥运档案管理与开发的需求与挑战，此部分将重点研究奥运遗产理论在北京奥运档案管理与开发中的领域拓展、传统档案学理论在北京奥运档案管理与开发中的创新发展、后现代档案学理论在北京奥运档案管理与开发中的遗产价值呈现，以及治理理论和数字人文在北京奥运档案管理与开发中的结合与深化。

4.3.1 奥运遗产理论

"奥运遗产"一词的提出与内涵演变过程漫长、复杂，它既是奥运会历经危机之后国际奥委会主动开展改革的成果，也是每一届奥运会实践创新发展的结晶。目前，学界对奥运遗产理论的研究较多停留在本体论层面，即奥运遗产的内涵、概念体系、特点与价值等，较少运用其他学科理论视角丰富奥运遗产理论研究。奥林匹克运动本质上是人类活动特有的一场文化性活动。因此，本部分引入文化遗产理论、文化生态学等文化学、遗产学领域的理论，以丰富、创新其发展。

4.3.1.1 文化生态学

文化生态学属于文化学和生态学的交叉研究，二者的交叉不仅是文化学研究的结果，也是文化自身形成、发展演变的"天性"使然。该理论主要在20世纪中叶由美国学者朱利安·斯图尔德（Julian Haynes Steward）创立，并在《文化变迁论》（*Theory of Culture Change：The Methodology of Multilinear Evolution*）一书中得到完整论述[1]。自此，文化生态学在人类学、社会学、哲学、地理学、社会学、工程学、传播学等多个交叉学科领域都获得了广泛运用与深入发展[2]，并与它们彼此相互完善与补充。根据《文化变迁论》，生态学主要是指"对环境的适应"。达尔文时代以后，环境被视为一个生命之网，在这个网内所有动植物都彼此互动，而且都与特定环境的自然特征相互作用、相互影响[3]。随时间流逝，彼此互动逐渐达成一种自适应状态，从而揭示了自然、生物以及文化之间的良性互动的可持续发展过程。文化生态学是基于遗产融合

---

[1] 张丹. 北京奥运档案的遗产价值建构研究［D］. 北京：中国人民大学，2023：51.
[2] 江金波. 论文化生态学的理论发展与新构架［J］. 人文地理，2005（4）：119-124.
[3] 斯图尔德. 文化变迁论［M］. 谭卫华，罗康隆，译. 贵阳：贵州人民出版社，2013：20.

共生的文化生态环境理念,以生态可持续发展构建遗产保护与传承的创新模式。生态可持续发展理念与奥运遗产的可持续发展目标相吻合,其中,奥运遗产的可持续发展是北京奥运档案管理与开发的理论前提,北京奥运档案管理与开发应在奥运遗产可持续框架内进行理论创新。因此,北京奥运档案管理与开发,需要以一种"整体观视角"(holistic view)将遗产融合共生的文化生态环境理念所倡导的可持续发展要求、生态场域维度对北京奥运档案遗产价值的延展能力、体系构建涉及的多维变量和复杂因素予以统筹考虑,以最大限度实现北京奥运档案遗产价值。

4.3.1.2 文化遗产理论

奥运遗产本质上属于文化遗产的重要组成部分,可分为物质文化遗产和非物质文化遗产。文化遗产工作主要包括遗产价值辨识、遗产保护、遗产利用等内容,也是遗产申报、评估及环境整治的重要依据。"文化遗产具有可反映、证实、补全、传承历史文化的历史价值、审美感知、审美体验和审美理想、艺术价值,科学和技术兼容的科技价值。"[①] 基于文化遗产理论的北京奥运档案的遗产价值认知及其收集、整理、保管、开发、利用,是奥运遗产活态化保护与传承的重要基础。通过对北京奥运档案的管理与开发,以确保奥运遗产的可持续发展,属于一种奥运遗产的"档案化"管理与开发,即"建档保护"。文化遗产理论中的"建档保护"主要研究非物质文化遗产的内涵与作用、接收与征集、整理与分类、鉴定与保管、开发与利用、管理体制与动力机制、建档与法律保障以及信息化建设等内容[②],并相继提出"保护式开发、开发式保护、以利用促传承、以传承带利用"以及数字化保护、项目化保护等理念和途径。应结合奥运遗产理论的基本内容,基于北京奥运档案的遗产价值和管理挑战,将上述理念、方法移植至北京奥运档案的管理与开发之中,丰富原有的奥运档案管理与开发手段和方法,从而构建出一体化、系统化的管理与开发体系。

4.3.2 传统档案学理论

传统档案学理论主要包括全宗理论(来源原则)、文件生命周期与文件连

---

① 徐拥军,等. 北京奥运遗产传承研究[M]. 北京:中国人民大学出版社,2021:41.
② 陈建,高宁. 我国非物质文化遗产建档保护研究回顾与前瞻[J]. 档案学研究,2013(5):58-62.

续体理论、档案价值论等。传统档案学理论的创新与发展主要是从一般走向特殊，适应时代发展、重大活动档案管理的特殊性需求。

4.3.2.1 全宗理论（来源原则）

面对北京奥运档案来源复杂、结构分散、载体不一的特点，传统以全宗为基础分类整理的来源原则有待重新审视和优化。尤其是北京 2008 年夏奥会和 2022 年冬奥会档案保存于多个地区、多个单位，这种"实体分散"的状况带来了档案资源管控的难题，对传统单一集中的档案保管方法提出了挑战。为此，可参考澳大利亚联邦政府提出的"档案分布式保管和管理模型"（models for the distributed custody and management of government archival records）① 创新传统的来源原则，该模型旨在为集中保管之下提供分布保管的方法，即"实体分散、虚拟集中"的混合式保管方案。尤其是在确保数字奥运档案的"四性"（真实性、完整性、可用性和安全性）要求下，可对全宗理论和来源原则的适用条件作出调整②。

就北京奥运档案管理与开发实践活动来讲，"实体分散、虚拟集中"理念已初步成形，但还需进一步落实。以 2022 年冬奥会档案为例：2022 年冬奥会在北京、张家口两地举办，以北京冬奥组委为主导，下设张家口市筹办冬奥会工作领导小组办公室（以下简称"张家口冬奥办"）协助 2022 年冬奥会筹办。按照属地管理原则，"北京奥运档案保管在多个不同单位，各馆奥运档案信息资源相互独立，形成'烟囱式'奥运档案管理架构"③。为确保北京冬奥会档案在北京市档案馆、张家口市档案馆等档案保管机构收集、整理与保管得全面、系统，北京冬奥组委、北京市档案馆、张家口市档案馆等相关单位协议采用"电子备份"的形式进行冬奥档案资源数字共享。目前，张家口市档案馆已经向北京冬奥组委拷回所有涉及张家口赛区的档案，但与北京市档案馆的奥运档案资源数字共享仍然在协商具体的整合方式④。虽然对北京冬奥会档案尚未完全实现"实体分散、虚拟集中"的混合式保管方案，但基于"数字共享"的北京奥运档案资源整合理念已经成形。

---

① 王宁，刘越男. 集中与分布的博弈：数字时代澳大利亚档案保管模式的发展及启示 [J]. 档案学研究，2019（6）：108-114.

② National Archives of Australia. Distributed Custody Policy [R/OL]. [2023-04-18]. https://www.naa.gov.au/sites/default/files/2019-09/Policy-distributed-custody.pdf.

③ 白洁. 北京奥运档案资源开发利用策略分析 [J]. 中国档案，2023（3）：64-65.

④ 据课题组于 2023 年 3 月 28 日前往张家口市档案馆实地调研资料整理所得。

4.3.2.2 文件生命周期与文件连续体理论

考虑到北京奥运档案形成过程的阶段性和集中性，以及北京奥运档案的成套性，需创新性遵循奥林匹克运动周期和文件生命周期"双重叠加"视角来审视北京奥运档案管理与开发实践。文件生命周期与文件连续体理论均阐明档案（文件）的动态运动过程，并揭示不同过程阶段档案（文件）之间以及档案（文件）与其形成背景、运动过程之间的关系。文件生命周期理论认为，文件从其形成到销毁或永久保存，是一个完整的运动过程，现行文件和历史档案只是同一事物的不同运动阶段①。而就北京奥运档案管理实践来讲，奥林匹克运动周期与文件生命周期的"双重叠加"效应已将档案生命周期前端扩展，模糊了文件生命周期所描述的分明的文件运动阶段性，故应实行连续性而非阶段式管理。例如，在北京奥运档案管理与开发中，档案部门均将监督指导职责前移，参与到前期档案形成甚至是文件归档之前的工作中。这样可确保北京奥运档案"随产随归"，档案收集全面、系统，提升文化归档质量与行政管理效能。

此外，文件连续体理论启示，对北京奥运档案（文件）实体的保管，特别是对于原生数字奥运档案，尤其需要思考如何将其置于"形成维、捕获维、组织维、聚合维"中进行有效管理、高效开发。例如，2022年冬奥会筹办时期，北京冬奥组委就已建成数字档案室。该数字档案室包括综合档案管理系统与档案数字化系统2个子系统，功能覆盖到档案收、管、用各环节和档案数字化各流程，实现了以电子档案为对象，以信息技术为手段，基于网络环境开展档案收集、整理、保管、保护、共享利用的档案管理模式②。北京冬奥组委借助这一信息化档案管理模式加强了对北京奥运档案尤其是电子档案的全程管理与前端控制。

4.3.2.3 档案价值论

北京奥运档案兼有模拟态、数字态、数据态三种形式（如数据库、数码照片、视频、电子邮件、网页、社交媒体信息等），其管理与开发模式对传统的档案双重价值时序性假设和方便利用假设等假设产生了冲击。同时，奥林匹克运动工程繁杂，涉及政治、经济、文化、科技、环境等多项领域，涉及运动

---

① 冯惠玲. 档案学概论[M]. 3版. 北京：中国人民大学出版社，2023：224-225.
② 田雷. 探索"简约、安全、精彩"的北京冬奥组委档案工作新模式[J]. 中国档案，2022（1）：22-24.

员、各国官员、业务人员、一般民众等多个主体。奥林匹克运动举办的多因性、复杂性赋予了档案更具时代性的多样价值。这一价值已不单单是档案的凭证价值、参考价值这两种传统价值形态所能概括。档案需求愈加多元、隐含，档案价值越发多样、变化，使得奥运档案的价值变化规律更加复杂，档案价值理论亦需不断更新、补充与完善。

价值哲学认为，"主体对客体的作用总是存在着扩大和深化的可能性"[①]。档案也是同样如此。伴随着社会实践活动向多个层次、视角、领域的延伸发展，以及档案自身实体及活动的演变，应动态把握档案价值，遵从"相对性"[②]原理，避免机械主义和教条主义。基于社会实践发展活动，档案与不同利用主体之间构成多种多样的价值关系，这是档案作用于社会各领域而形成的价值表现形式在空间扩散的结果，扩散至各个点的集合就形成了"一元多态"的档案价值体系[③]。因此，档案价值并非唯一、静止，而是不断生长、变换着的多态，即"档案价值进化"[④]。北京奥运档案的遗产价值，就是档案价值融入奥林匹克领域后表现形式上的进化，且更符合奥林匹克领域的研究表述。此外，档案价值是一种特定的主体与客体在社会实践活动中发生的关系现象，是档案客体属性与主体尺度之间的统一[⑤]。借用"宏观鉴定论"思想，档案价值鉴定要"根据文件形成者的职能和结构来鉴定文件形成背景或文件来源的重要性"[⑥]。因此，对于北京奥运档案价值的鉴定与评估，既需要从奥林匹克运动这一重大活动的特有价值出发进行判断，如从"超体育性""世界性"等视角予以考虑；也要立足我国本土特色，如中华优秀传统文化、城市建设规划、社会整体发展情况等。

4.3.3 后现代档案学理论

后现代档案学理论泛指自20世纪90年代以来，受后现代主义思潮影响，档案学界提出的新的研究领域、主题，产生的新的档案观念、思想。目前正在兴起的后现代档案学理论主要包括档案记忆观、档案与身份认同、档案正义

---

① 李德顺. 价值论：一种主体性的研究［M］. 3版. 北京：中国人民大学出版社，2020：45.
② 王英玮，史习人. 档案价值相对论［J］. 档案学研究，2013（2）：4-8.
③ 徐拥军，张丹. 论北京奥运档案的遗产价值［J］. 档案学通讯，2022（1）：4-14.
④ 张丹. 北京奥运档案的遗产价值建构研究［D］. 北京：中国人民大学，2023：48.
⑤ 张斌. 档案价值论［M］. 北京：中央文献出版社，2000：10.
⑥ 冯惠玲. 档案学概论［M］. 3版. 北京：中国人民大学出版社，2023：233-234.

论、档案情感价值等。后现代档案学理论的部分研究成果在北京奥运档案管理与开发中具有理论指导和创新应用价值。

4.3.3.1 档案记忆观

档案记忆观，是20世纪末兴起的档案学新观点、新理论[①]，强调了档案的记忆属性。"档案记忆观，即从集体记忆、社会记忆视角对档案、档案工作及档案工作者的系统认知，以及从档案学视角对集体记忆、社会记忆及其建构的独特观念。"[②] 档案记忆观蕴含着丰富的思想内涵：一是档案是建构社会记忆的不可替代要素，二是档案工作是建构社会记忆的受控选择机制，三是档案工作者是建构社会记忆的能动主体，四是档案记忆促进身份认同[③]。北京奥运档案是北京奥运记忆、北京记忆乃至中华民族集体记忆和人类共同记忆的重要组成部分。将北京奥运档案管理与开发的理论体系引入档案记忆观：一是可从档案学视角建构奥运记忆，并丰富奥运遗产与传承的理论内涵；二是从理论上对档案、档案工作与奥运会这一国际盛事的关系给予新的定位，并从实践上促使北京奥运档案管理与开发与奥运遗产传承工作相协同，使得北京奥运档案从社会重大活动的"旁观者""承载者"转变为积极的"参与者""记录者"；三是为北京奥运档案管理与开发提供了可资借鉴的项目化管理模式与数字化手段，如各类记忆工程与数字资源库的构建等[④]。

4.3.3.2 档案与身份认同

身份认同即个体在社会中确认自己的身份与位置，主要是指"主体对某一社会范畴或类型的身份归属的认可，其基本内涵为确定'身份'以及追寻具有归属意义的'认同'，其本质在于确认个体或集体在社会上的身份感、地位感、归属感和价值感"[⑤]。档案经由集体记忆与身份认同相连，并在身份认同中具有重要的价值体现。"档案是身份认同的判据，也是身份认同的结构，它构建了社会存在的逻辑性和合法性，从档案中可以透视当代认同的历史线索和现实凭据，获得心灵深处同其所同、异其所异，纵有源流、横有所属的信息基础。"[⑥]

---

① 丁华东. 档案记忆观的兴起及其理论影响 [J]. 档案管理，2009 (1)：16-20.
② 徐拥军，等. 北京奥运遗产传承研究 [M]. 北京：中国人民大学出版社，2021：44.
③ 徐拥军. 档案记忆观：社会学与档案学的双向审视 [J]. 求索，2017 (7)：159-166.
④ 徐拥军，等. 北京奥运遗产传承研究 [M]. 北京：中国人民大学出版社，2021：44-46.
⑤ 加小双. 当代身份认同中家族档案的价值及开发研究 [D]. 北京：中国人民大学，2014：22.
⑥ 加小双. 当代身份认同中家族档案的价值及开发研究 [D]. 北京：中国人民大学，2014：23.

作为中华民族集体记忆载体的北京奥运档案，既是中华民族身份认同的原始"证据"，又是中华民族身份认同的本真叙事。北京奥运档案融合了"社会性"和"人文性"的双重属性，具有奥林匹克运动这一国家大型"仪式"特有的凝聚力和感召力。在北京奥运档案中寻找民族自信、民族认同和民族自豪感、归属感，积极推动北京奥运档案管理与开发实践，其所架构的时空场域可通过建构北京"双奥"记忆增强中华民族的身份认同，进而形塑从身份认同到民族认同、国家认同的有效链接，促使档案事业从社会重大活动的"旁观者""承载者"转变为积极的"参与者""建构者"。

4.3.3.3 档案正义论

档案正义是指，"通过把握人类档案活动的各种规律，而对人类档案观念、档案制度、档案行为所进行的正义性评价，其目的是使人类在档案活动过程中能各司其职、各守其序、各得其所"[①]。而档案正义论就是围绕档案正义问题，通过整体性、系统性讨论来建构的一种理论。档案正义论研究认为，档案能够推动社会正义的实现，档案工作者是实现社会正义的有机力量。"档案是一个国家、一个民族的记录系统，既清晰映照着一个国家和民族的发展轨迹和根脉传承，也强有力地证明着一个国家和民族所拥有的主权、领土及各种利益。"[②] 例如 2008 年夏奥会期间，发生了"藏独"分裂势力在法国干扰北京奥运圣火传递事件。2008 年 4 月 7 日，国家档案局在官方网站上公布了 15 件藏事档案，有力驳斥了"藏独"谎言[③]。北京奥运档案作为现实中的一种记录方式和可信证明，与国家利益、国家正义、国家历史息息相关，可以成为捍卫奥林匹克运动神圣性的证据，成为社会公平与正义的守护者。如，其记录并倡导的"减少政治因素对奥林匹克精神的干预"，体现了奥运档案对社会正义的守护。此外，奥运档案记录视角不局限在组织者、运动员，还涵盖了包括赞助商、媒体、志愿者、普通民众等在内的所有参与者，折射了全社会对和平与和谐世界的心愿期许。

4.3.3.4 档案情感价值

档案承载的事实活动多与人类需求相关，而人类需求往往伴随着某种情

---

① 熊文景．档案正义论［J］．档案学通讯，2021（6）：109-112．
② 熊文景．档案正义论［D］．北京：中国人民大学，2021：39．
③ 白水．西藏自古以来就是中国领土不可分割的一部分：国家档案局公布 15 件珍贵的藏事档案［J］．中国档案，2008（5）：7-8．

感,如喜悦的、悲伤的、积极的、消极的、神秘的、落寞的、激进的等①。档案情感价值更多指向档案之于主体的情感价值判断,是档案对于主体情感的有用性与意义。档案情感价值是档案事实经验之心理体验功能,是档案作为人们感觉对象的价值,当档案主体在社会文化情境影响下接触原始记录事实经验时,事实经验与主题情感产生某种心理上的联系,触发主体情感,进而产生建构主题情感世界的情感力量②。档案情感价值研究认为,人们在社会实践活动中接触档案时,由于档案内容或载体的独特性,在外在社会文化情境的影响下,档案触发人们的情感变化,引起人们的情感共鸣,成为激发人们社会行动的情感力量。包括档案在内的"文化文本"是"情感的仓库",也是存储与其形成和接收相关情感活动的仓库。北京奥运档案中的历史记录,无论是"双奥"场馆富有中华传统历史文化的建筑设计理念,还是围绕北京"双奥"筹办我国采取的社会无障碍、京张体育文化旅游带的建设等众多衍生活动,皆蕴含着社会公众对奥林匹克运动的愿景、对国家和民族的情感,展现着国家对建设"体育强国""健康中国"的决心、对公共体育事业的关心与支持,凝结着14亿中华儿女"胸怀大局、自信开放、迎难而上、追求卓越、共创未来"③的北京冬奥精神。

4.3.4 治理理论

治理理论是现代社会理论中最为重要的理论之一,其理论体系庞大。自20世纪90年代在西方国家兴起至今,关于治理理论及其内核"治理"已有众多不同国别、不同学科背景、不同领域的人士对其进行解读与阐释,内容丰富且具有极强的包容性④。无论是奥运遗产还是北京奥运档案,二者都与"治理"具有较强的契合性。奥运遗产工作关涉众多领域业务部门,依赖于不同部门主体间的协调与合作。治理既是奥运遗产工作的主要业务环节,也是奥运遗产走向善治的必经之路。至于北京奥运档案的治理,则是涉及档案工作质量及其社会功能有效发挥的问题⑤。因此,本部分引入治理理论,以"治理"为系,联

---

① 丁海斌.论档案的价值与基本作用[J].档案,2012(4):10-13.
② 李晶伟.档案情感价值的内涵与特征[J].北京档案,2018(11):9-12.
③ 习近平.在北京冬奥会、冬残奥会总结表彰大会上的讲话[N].人民日报,2022-04-09(2).
④ 杨文.档案与国家治理研究[D].北京:中国人民大学,2021:152.
⑤ 倪丽娟.档案治理问题思考[J].档案学研究,2021(1):58-63.

结奥运遗产与北京奥运档案，高效发挥北京奥运档案效能。

4.3.4.1 社会治理

社会治理即"特定的治理主体对社会实施的管理"①。社会治理观念的变革不仅影响治理主体的价值判断，也制约治理主体的行为规范。中西方国家社会治理逻辑不同。我国遵循"人民政治逻辑"②的社会治理观念，即整个社会形成一种"国家观"，国家作为人民利益的化身，代表着社会的整体利益和长远利益。这种社会治理理念，与"共建、共治、共享"高度契合，能够在短时间内调度、协调各部门力量共同办好奥林匹克运动会。北京奥运档案形成分散，并涉及多个主体。例如，北京冬奥组委下设秘书行政部、体育部、市场开发部、运动会服务部、残奥会部、媒体运行部、张家口运行中心等28个职能部门③；除此之外，还有市场合作伙伴、卫生医疗、城市规划建设等其他公私机构、民间团体和社会公众参与其中。整合管理北京奥运档案资源，发挥北京奥运档案的社会效能，还需要以社会治理思维引导各方力量整合、资源整合、思维创新与规则重塑，促使个人、政府、社会均致力于通过治理实现秩序、效率、公平等多元价值，以适应北京奥运档案管理与开发带来的诸多挑战。

4.3.4.2 协同治理

协同治理是涉及治理体系上下、左右、内外的协同行为，如果把档案治理看成一个系统，那么北京奥运档案管理与开发就是一个子系统，需要多方面的协调和配合。协同治理强调协商合作，创造平等、互助互利的治理环境。各类治理主体要通过集体合作的方式，降低治理系统的复杂性和不确定性。协同治理理论为解决涉及北京奥运档案管理与开发的跨地域、跨领域、跨机构、跨平台的协同性问题提供理论基础。以跨机构为例，可通过体育部门（如国家体育总局、中国奥委会、北京奥促会等）、档案部门（包括各级档案局、档案馆和机关档案室）、文化部门（如图书馆、博物馆等）、教育部门（如高校、中小学校）、宣传部门、企业、社会组织、学者、普通民众等多元主体间的合作衔接，

---

① 王浦劬. 国家治理、政府治理和社会治理的含义及其相互关系[J]. 国家行政学院学报，2014(3)：11-17.

② 冯仕政. 人民政治逻辑与社会冲突治理：两类矛盾学说的历史实践[J]. 学海，2014(3)：46-68.

③ 北京2022年冬奥会和冬残奥会组织委员会. 组织机构[EB/OL]. [2022-06-19]. https://www.beijing2022.cn/cn/aboutus/organisation.htm.

达成北京奥运档案管理与开发的共同目标和协同意愿。其中，档案部门可以负责北京奥运档案资源的数字化管理，文化部门、宣传部门负责北京奥运档案的人文化传播，学者、普通民众可以从北京奥运档案利用角度表达意愿与需求等。同时，为解决北京奥运档案共建共享问题，亦需协同多方利益主体，秉承"求同存异"原则来制定符合集体利益的行动方案，从而优化北京奥运档案管理与开发的经济环境、法律环境、文化环境和社会环境。

4.3.4.3 档案治理

档案治理是由档案工作实践发展提出的新命题，强调三方面内容：一是档案治理是档案管理或档案行政管理发展的新阶段，由档案部门主导，其他相关主体（包括社会组织、个人）参与协同，通过一定的规则和制度安排，共同对档案及其相关的一切事务进行科学管理，从而实现档案事业发展和提升档案支撑国家发展大局的活动与过程的能力[①]。二是档案是公共治理功能发挥的场域，将"档案"视为治理工具，"即用'档案'治理，重视档案在国家治理中的价值和作用"[②]。三是档案治理体系是国家治理体系、社会治理体系的重要组成部分和基础性支撑。尤其是《"十四五"全国档案事业发展规划》[③]中直接将"档案治理体系"纳入我国档案工作体系，积极适应推进国家治理体系和治理能力现代化的新要求、新目标。档案治理强调档案价值导向调整优先于档案治理技术革新，着重关注档案事业和档案工作的治理能力提升。北京奥运档案管理与开发是档案治理的重要环节，它不仅丰富了档案工作业务的实践层次，也为奥运会各阶段、各环节管理活动提供了"场域"。同时，北京 2008 年夏奥会和 2022 年冬奥会是中华民族"伟大斗争、伟大工程、伟大事业、伟大梦想"的重要组成，做好北京奥运档案管理与开发不仅能维系档案治理与国家治理的有机关联，也是新时代赋予档案工作者的庄严使命。

4.3.5 数字人文

数字人文（digital humanities）起源于人文计算（humanities computing 或

---

① 杨文. 档案与国家治理研究 [D]. 北京：中国人民大学，2021：16.
② 杨文. 档案与国家治理研究 [D]. 北京：中国人民大学，2021：17.
③ 中办国办印发《"十四五"全国档案事业发展规划》[EB/OL]．（2021-06-08）[2023-05-01]. https://www.saac.gov.cn/daj/yaow/202106/899650c1b1ec4c0e9ad3c2ca7310eca4.shtml.

computing in the humanities)①，最初着眼于文本资料的数字化和计算语言学领域，随后逐渐演变为将现代计算机和网络技术应用于人文学科的跨学科研究领域。数字人文是信息科学技术及其研究成果在人文学科领域的渗透，目的在于促进人文学科研究方法和研究理论的革新，通过技术与人文的合流、技术逻辑与人文逻辑的耦合，拓展新型的人文学科，并以传统的人文技巧、人文学科研究方法与思维赋予当代的数字化人工制品和信息化技术工具相应的文化意蕴和价值理性。数字人文打破了人文与自然的隔阂，使得人文学科与自然学科共享方法论，通过建立描述学术活动方法和功能的框架，拓展传统人文学科的研究视角，并以文化思维赋予冰冷的信息技术以价值理性，从而在北京奥运档案管理与开发中实现"数字技术与人文学科张力性结合与双向联动"②。数字人文是以人文理念为驱动，以信息技术为工具的新型领域。本书建立以人为本、具有人文关怀、嵌入生活的北京奥运档案管理与开发体系，是实现北京奥运档案"数字化管理"与"人文化开发"的重要理念。具体而言，本书先引入数字技术，构建融合式的、特色化的"北京奥运档案主题数据库"，确保北京奥运档案资源的"数字集中"管理；后引入人文理念，构建适用于各种"场域"的档案利用模式，确保北京奥运档案开发利用符合"共享办奥""开放办奥"理念。

4.4 北京奥运档案管理与开发理论的应用价值与指导意义

北京奥运档案管理与开发理论的应用价值与指导意义系本部分的研究重点之二，旨在基于第三部分代表性理论的内涵解析，结合北京奥运档案管理与开发的实践需求，分析每种理论的应用价值与指导意义。

4.4.1 奥运遗产理论的应用价值与指导意义

一是充分挖掘北京奥运档案的遗产价值。北京奥运档案见证了国家和民族"申办—筹办—举办—后奥运时期"的各项决议与举措，是我国对奥林匹克文化、精神、价值观诠释的最原始、最直观、最准确、最生动的关键证据。"奥

---

① 2004 年，由于技术对人文研究的全面渗透，数字人文取代了人文计算。HOCKEY S. The History of Humanities Computing [M] //A Companion to Digital Humanities. Malden：Blackwell Publishing Ltd，2004：1-19.

② 徐拥军，等. 北京奥运遗产传承研究 [M]. 北京：中国人民大学出版社，2021：47.

运档案作为一种北京'双奥'记忆形态，不仅是'双奥'盛况的历史记录、各项奥运遗产工作的原始记载，更是新时代中华民族伟大复兴的历史见证。"① 北京奥运档案蕴含的遗产价值，归结为要素维（内容—载体）的记录保存、地区域（中国—世界）的层级渗透、领域层（体育—超体育）的衍生发展和时间线（夏奥—冬奥）的传承创新，是全球文化多样性的重要呈现载体。奥运遗产理论的文化遗产观、遗产批判观和文化生态观，赋予北京奥运档案"以文化为系、以话语为绳"深化不同民众、领域以及国家之间的文化交流，消解文化隔阂、文化冲突等特有功能，实现全球间的文化共存。北京奥运档案通过对奥林匹克运动的记录，贯彻"通过体育构建一个更好的世界"理念，折射世界人民共同的价值观，为世界和平发展贡献力量。

二是强调奥运遗产的可持续发展。"如果说，传统意义上的'遗产'是指基于'现在的'需要而创造性地挑选、命名、重组'过去的'文化资源的创造性活动，即以当下为中心选择过去；那奥运遗产则是基于'未来的'规划需要而创造性地建造、设计、组织、积累、评估'当下的'各类资源的创造性活动，即以未来为中心建设当下，如运动场馆、吉祥物、火炬、特许商品、奥林匹克教育等。"② 这强调了奥运遗产可持续发展理念的重要性。奥运遗产是人类创造力的源泉之一，主办城市和国家不仅要对本民族文化进行传承和扬弃，也需要对其他民族文化予以接纳和借鉴。正如《世界文化多样性宣言》(*UNESCO Universal Declaration on Cultural Diversity*)所言，"它是发展的源泉之一，它不仅是促进经济增长的因素，而且还是享有令人满意的智力、情感、道德精神生活的手段"③。北京奥运档案的管理与开发，通过数字化管理，确保奥运遗产以"档案化"形式永久保存得以实现；通过人文化开发，确保北京奥运档案遗产价值的"活态化呈现"，也为各种文化之间的对话交流贡献"档案力量"。

4.4.2 传统档案学理论的应用价值与指导意义

一是深化北京奥运档案多来源的背景分析。由于奥运档案来源分散、主体

---

① 张丹. 北京奥运档案的遗产价值建构研究 [D]. 北京：中国人民大学, 2023：59.
② 张丹. 北京奥运档案的遗产价值建构研究 [D]. 北京：中国人民大学, 2023：43.
③ UNESCO Universal Declaration on Cultural Diversity [EB/OL]. (2001 - 11 - 02)[2023 - 05 - 02]. https://www.unesco.org/en/legal-affairs/unesco-universal-declaration-cultural-diversity.

多元、内容丰富、形式多样，管理环节与传统档案略有差异。因此在分析奥运档案来源或划分全宗时，需要加强对其来源背景（context）信息的分析，特别对于数字态、数据态的奥运档案，还需要加强对其上下文进行语境分析。除此之外，我国坚持"统一领导、分级管理"的档案工作原则，面对来源分散的北京奥运档案，需要加强对实体档案形态和虚拟数据形态的管控，实行统一的监督指导，为开发利用提供基础。

二是探索北京奥运档案的连续性。在文件生命周期和文件连续体理论的基础上，创新性提炼出"北京奥运档案资源体"理念，用于指导北京奥运档案管理与开发的可持续发展问题。北京奥运档案管理与开发是一种"闭环型"和"循环式"发展模式，因此要从奥运档案（文件）的产生、捕获、保管、处置、开放到利用各个环节，展开全生命周期的管控，保障奥运档案在全生命周期的可获取、可读取、可理解、可利用，从而实现北京奥运档案管理与开发的可持续发展。

三是促进北京奥运档案遗产价值的充分挖掘。档案鉴定包括价值鉴定和开放鉴定。北京奥运档案的价值鉴定除了要对档案的凭证价值和参考价值进行鉴定，还需要对其记忆、认同、情感等方面的价值进行更全面的解析。北京奥运档案的开放鉴定需摒除传统的封闭式鉴定思路，立足北京奥运档案的文化性与现实性，开阔、开放审核与档案解密思路，促进北京奥运档案遗产价值的充分挖掘与及时实现。

4.4.3 后现代档案学理论的应用价值与指导意义

一是促进北京"双奥"记忆传承。在档案记忆观的指导下，管理与开发北京奥运档案能为保护和传承中华民族集体记忆提供新思路。北京奥运档案是奥运记忆乃至社会记忆的不可替代要素，对北京奥运档案进行有效管理与高效开发是社会记忆留存不可或缺的系统化机制，参与北京奥运档案管理与开发的档案工作者是建构完整"双奥"记忆的能动主体。

二是增强社会民众国家认同。对奥运举办国而言，北京奥运档案记录了全民参与体育盛事的事迹，对北京奥运档案的开发能够激活公民的身份认同感和集体荣誉感。将社会各利益相关者融入北京奥运档案管理与开发之中，能够深化阐释生活在社会中的个体与集体的关系，增强公民的身份认同、民族的凝聚力。

三是探索讲好中国"双奥"故事。运用北京奥运档案展开叙事研究，指导北京奥运档案开发实践，通过奥运档案从不同的奥运事件、利益主体视角多维度还原奥运赛事全过程，反映国家的组织力与号召力，进一步提升国家文化软实力和国际影响力。在北京奥运档案的开发模式选择和文化内涵表达方面，应侧重从媒介选择、空间拓展、语言风格等方面提升叙事技巧。

四是推动奥林匹克运动公平与正义。奥运会对和平的追求既是人类对奥林匹克精神的向往，也是"扬善抑恶""神圣休战"意识觉醒的表征。北京奥运档案是中国人民追求与向往和平的真实写照。此外，反对使用兴奋剂事件的档案，记载了国际社会对公平正义的捍卫。由难民联合奥运代表团产生的档案，亦体现了人性关怀和对战争的强烈控诉。管理与开发北京奥运档案是弘扬公平与正义的手段之一。

4.4.4 治理理论的应用价值与指导意义

一是体现治理理论的互动性。治理理论是在弥补传统公共管理理论和新公共管理理论缺陷的基础上形成的一种新型理论形态，它所倡导的"善治"预设了一个确定的社会宏观治理框架。北京奥运档案管理与开发中体现的治理问题是对该框架的微观性互动，它关注到北京奥运档案遗产价值的特殊性，关注到北京奥运档案管理与开发制度设计中的多元诉求，关注到北京奥运档案管理与开发模式选择中不同利益相关者的参与度。

二是诠释档案治理的合理性。加强北京奥运档案管理与开发是"着力推动档案工作走向依法治理、走向开放、走向现代化"的微观写照。做好北京奥运档案的管理与开发有助于盘活整个档案事业，从而使档案工作在推进国家治理体系和治理能力现代化中的基础性、支撑性作用更加凸显。

三是提高协同治理的适应性。协同治理是促进档案资源整合、共享、开放，推动档案事业建设的时代需求与发展要义。在北京奥运档案管理与开发的制度体系设计、管理模式探索和开发手段创新等方面都需要协同治理理论的灵活运用。协同治理所强调的多元主体通过相互协调、深度合作等方式发挥各方优势，能够为奥运档案管理与开发提供新思路，如强调不同机构、平台档案资源共建、共享、共用的重要性，发挥多方主体参与的积极性，弥合跨地域、跨系统、跨部门开展北京奥运档案管理与开发的"鸿沟壁垒"。

4.4.5 数字人文的应用价值与指导意义

一是提供北京"双奥"记忆传承的新理念。数字人文不是数字化技术与人文学科的简单加和关系，而是强调如何以技术手段更好地赋能人文内涵的挖掘。2008年夏奥会和2022年冬奥会，对于中华民族的意义早已超过赛事本身，成为一个民族的符号，成为一代人的集体记忆，成为中华文化传播的媒介。在北京奥运档案管理中恰当融入数字化技术，将有助于北京奥运档案管理的数字化升级，如北京奥运场馆虚拟建模、北京奥运档案专题数据库建设；在北京奥运档案开发中灵活应用数字化技术，将有助于北京奥运档案创意化开发，如北京奥运知识图谱挖掘、北京奥运"时光机"设计等，从而充分挖掘北京奥运档案遗产价值。

二是提供数字人文应用的新领域。数字人文是数字技术深度融入人文多元视域的全新范式，应用于北京奥运档案管理与开发，将产生"北京奥运档案＋信息技术"的新增长点。除了上述以数字人文为工具，通过知识挖掘和信息发现深度开发北京奥运档案、提升北京奥运档案的利用价值和传播效果之外，数字人文在北京奥运档案管理与开发中既可实践性应用也可以研究性应用，强调数字人文的方法论指导意义，更好地实现数字人文在奥运遗产领域未来研究中的前景。

综上，北京奥运档案管理与开发是一项庞大、复杂的系统工程，并非一朝一夕就可取得良好结果的。这就要求在北京奥运档案的管理与开发工作中做好理论准备，寻求多学科理论与方法的全面指导与方向支撑。其中，奥运遗产理论、传统档案学理论、后现代档案学理论、治理理论、数字人文理论等为北京奥运档案的管理与开发提供了充分的理论依据，为北京奥运档案收集征集、整理保管、开发利用等一系列活动环节及其制度建立奠定了坚实的学理基础；同时，相关理论也能随着北京奥运档案管理与开发的工作实践，进行相应补充、完善与创新。

第 5 章
北京奥运档案管理与开发的制度体系构建

基于北京奥运档案的遗产价值、管理与开发现状与挑战提出的现实问题，以及北京奥运档案管理与开发的理论体系提供的理论指导，本章旨在为北京奥运档案管理与开发提供制度规范与指引。拟解决的主要问题包括：北京奥运档案管理与开发相关的政策、法律、法规、规章、规范性文件、标准等各种制度建设的现状如何？面对《档案法》贯彻实施、档案工作数字化变革以及档案、体育、文化、信息多领域制度协同等现实需求，北京奥运档案管理与开发的制度供给存在哪些缺漏与不足？如何针对北京奥运档案管理与开发的挑战设计制度体系的总体框架？如何创新北京奥运档案管理与开发的宏观工作机制，如何优化其微观业务制度？

5.1 北京奥运档案管理与开发制度的供给与需求分析

本书从奥林匹克运动、档案、遗产、文化、信息等多个领域着手，系统梳理与北京奥运档案管理与开发相关的政策、法律、法规、规章、规范性文件、标准等各种制度。现有主要制度如表 5-1 所示：

表 5-1 现有与北京奥运档案管理与开发相关的主要制度一览表

类别	具体范围	主要制度
国际组织政策文件	国际上与档案管理、奥运遗产相关的政策	1. 国际奥委会颁行的《奥林匹克宪章》《奥林匹克 2020 议程》《奥林匹克 2020+5 议程》《奥林匹克遗产手册》《奥运遗产指南》《遗产战略方针》《奥运会可持续发展报告》等。 2. 联合国教科文组织颁布的《保护和促进文化表现形式多样性公约》(Convention on the Protection and Promotion of the Diversity of Cultural Expressions)、《世界记忆项目：保护文献遗产的总方

续表

类别	具体范围	主要制度
国际组织政策文件	国际上与档案管理、奥运遗产相关的政策	针》（Memory of the World：General Guidelines to Safeguard Documentary Heritage）、《保护非物质文化遗产公约》（Convention for the Safeguarding of the Intangible Cultural Heritage）、《保存数字遗产宪章》（Charter on the Preservation of the Digital Heritage）、《数字遗产长期保存鉴选指南》（The UNESCO/PERSIST Guidelines for the Selection of Digital Heritage for Long-Term Preservation）、《发展与促进开放获取政策准则》（Open Access Policy）、《关于保存和获取包括数字遗产在内的文献遗产的建议书》（Recommendation on the Preservation of, and access to, Documentary Heritage including in Digital Form）等。 3. 国际档案理事会（ICA）发起并颁布的《档案共同宣言》（Universal Declaration on Archives）、《档案术语共同宣言》（Universal Declaration on Archives Terminology）等。
国内政策文件	我国体育、档案、文化等方面的相关政策文件	1.《"健康中国2030"规划纲要》（中共中央、国务院2016年印发）、《体育强国建设纲要》（国办发〔2019〕40号）、《国务院关于实施健康中国行动的意见》（国发〔2019〕13号）。 2. 中共中央办公厅、国务院办公厅《关于加强和改进新形势下档案工作的意见》（中办发〔2014〕15号）、《关于加强文物保护利用改革的若干意见》（中办发〔2018〕54号）、《关于实施中华优秀传统文化传承发展工程的意见》（中办、国办2017年印发）、《关于进一步加强非物质文化遗产保护工作的意见》（中办、国办2021年印发）等。 3.《中华人民共和国国民经济和社会发展第十四个五年规划和2035年远景目标纲要》《"十四五"全国档案事业发展规划》《"十四五"文化和旅游发展规划》《北京市"十四五"时期档案事业发展规划》等。
法律法规规章	体育、档案、文化、文物、信息、知识产权等方面的法律法规规章	1.《中华人民共和国体育法》《中华人民共和国档案法》《中华人民共和国非物质文化遗产保护法》《中华人民共和国文物保护法》《中华人民共和国保守国家秘密法》《中华人民共和国著作权法》《中华人民共和国专利法》等法律。 2.《奥林匹克标志保护条例》《公共文化体育设施条例》《国务院关于在线政务服务的若干规定》《政府信息公开条例》《中华人民共和国档案法实施条例》《科学技术档案工作条例》等行政法规。 3.《重大活动和突发事件档案管理办法》（国家档案局令第16号）、《各级各类档案馆收集档案范围的规定》（国家档案局令第9号）、《电子公文归档管理暂行办法》（国家档案局令第6号）、《大型运动会档案管理办法》（1999年）、《国家档案馆档案开放办法》（国家档案局令第19号）等部门规章。 4.《机关档案工作条例》（中办、国办1983年印发）、《电子文件管理暂行办法》（中办、国办厅字〔2009〕39号）、《党政机关公文处理工作条例》（中办发〔2012〕14号）、《党政机关电子公文处理工作办法》（厅字〔2019〕7号）等党内法规。

续表

类别	具体范围	主要制度
规范性文件	北京奥运遗产、档案相关规范性文件	1. 2022年冬奥会遗产相关规范性文件：《北京2022年冬奥会和冬残奥会遗产战略计划》《北京2022年冬奥会和冬残奥会遗产报告（2020）》《北京2022年冬奥会和冬残奥会可持续性计划》《北京2022年冬奥会和冬残奥会可持续性与遗产赛时宣传手册》《北京2022年冬奥会和冬残奥会遗产案例报告集（2022）》《北京2022年冬奥会和冬残奥会遗产报告（赛后）》《可持续·向未来——北京冬奥会可持续发展报告（赛前）》《可持续·向未来——北京冬奥会可持续发展报告（赛后）》《北京冬奥会低碳管理报告（赛前）》《2022北京冬奥会和冬残奥会可持续性与遗产》《大型活动可持续性评价指南》等。 2. 2022年冬奥会档案相关规范性文件：《北京2022年冬奥会和冬残奥会组织委员会档案管理办法》《北京2022年冬奥会和冬残奥会组织委员会档案工作规划（2017—2022）》《冬奥组委各部门文件材料归档范围管理规定》《北京2022年冬奥会和冬残奥会信息系统总体规划》《关于进一步做好2022年冬奥会和冬残奥会（张家口赛区）档案工作的实施方案》《北京2022年冬奥会和冬残奥会档案资产协议》《北京2022年冬奥会和冬残奥会组织委员会数字档案室应用系统应急响应方案》《关于做好申办冬奥会档案工作的通知》《河北省申奥办归档范围和保管期限表》《关于做好全市冬奥档案工作的通知》《张家口市档案馆冬奥档案管理实施办法》《关于进一步做好冬奥档案收尾工作的通知》等。 3. 2008年夏奥会档案相关规范性文件：《第29届奥运会组委会筹办和举办奥运会期间有关文物和档案管理意见的通知》《第29届奥运会组委会秘书行政部关于印发北京奥运会档案工作管理意见的通知》《第29届奥林匹克运动会组织委员会文物档案管理暂行规定》《第29届奥林匹克运动会组织委员会各类载体档案管理办法》《北京奥运会文件材料归档范围和保管期限规定》《第29届奥林匹克运动会组织委员会公文管理制度》《第29届奥林匹克运动会组织委员会专项档案管理办法》《第29届奥林匹克运动会组织委员会文献资料暂行管理办法》《第29届奥林匹克运动会组织委员会部门文书档案归档操作标准》《第29届奥林匹克运动会组织委员会国家秘密和内部事项分级管理办法》等。 4. 北京奥运工程档案相关规范性文件：《关于加强北京市2022年冬奥会工程建设档案管理工作的指导意见》《北京市档案局关于做好奥运会残奥会赛时赛后档案工作的通知》《北京市档案局北京市"2008"环境建设指挥部办公室关于加强奥运环境建设档案工作的通知》《关于印发〈北京市奥运工程档案工作检查标准〉的通知》《关于进一步加强奥运工程档案工作的通知》《关于加强奥运场馆建设项目档案管理工作的通知》《关于加强"2008"工程竣工档案管理工作的通知》《关于印发〈北京市奥运场馆建设指挥部办公室档案工作制度〉的通知》《北京市奥运工程建设档案管理指南的通知》等。

续表

类别	具体范围	主要制度
标准	档案管理相关标准	1. 主要的国际标准：《信息与文献—档案与图书资料的文献保存要求》(ISO 11799：2015)、《信息与文献—数字档案转换与迁移流程》(ISO 13008：2012)、《信息与文献—档案数字化实施指南》(ISO/TR 13028：2010)、《电子归档—第1部分：用于电子信息保存的信息系统设计与操作规范》(ISO 14641—1：2012)、《航天数据和信息传输系统 开放式档案信息系统 参考模式》(ISO 14721—2003)、《信息与文献—文件管理—第1部分：概念与原则》(ISO 15489—1：2016)、《信息与文献—文件管理软件的过程和功能要求—第1部分：电子文件管理应用程序的功能要求和相关指南》(ISO 16175—1：2020)、《文件管理—电子存储的信息—可信性与可靠性推荐规范》(ISO/TR 15801：2017)、《电子文献信息的长期保存》(ISO/TR 18492：2005)、《信息与文献—文件管理过程—文件元数据—第1部分：原则》(ISO 23081—1：2006)、《信息与文献—文件管理元数据—第2部分：概念与实施问题》(ISO 23081—2：2009)、《信息与文献—文件管理元数据—第3部分：自评估方法》(ISO/TR 23081—3：2011)、《信息与文献—文件工作流程分析》(ISO/TR 26122：2008)、《国际档案规范记录(机构团体、个人与家族)著录规则》(ISAAR (CPF))、《国际档案通用著录标准》(ISAD (G))、《国际档案保管机构著录标准》(ISDIAH)、《档案编码著录标准》(EAD)、《档案背景信息编码著录规则》(EAC)、《元数据置标和交换标准》(METS)。 2. 主要的国家标准：《文书档案案卷格式》(GB/T 9705—2008)、《电子档案管理系统通用功能要求》(GB/T 39784—2021)、《电子文件管理系统建设指南》(GB/T 31914—2015)、《信息与文献 参考文献著录规则》(GB/T 7714—2015)、《照片档案管理规范》(GB/T 11821—2002)、《全宗单》(GB/T 13967—2008)、《档案分类标引规则》(GB/T 15418—2009)、《电子文件归档与电子档案管理规范》(GB/T 18894—2016)、《信息与文献文件管理第1部分：通则》(GB/T 26162.1—2010)、《信息与文献 文件管理 文件元数据 第1部分：原则》(GB/T 26163.1—2010)、《电子文件存储与交换格式 版式文档》(GB/T 33190—2016)、"党政机关电子公文系列标准"(GB/T 33476~33483—2016)、《党政机关电子公文归档规范》(GB/T 39362—2020)《政务服务事项电子文件归档规范》(GB/T42727—2023)。 3. 主要的行业标准：《全宗卷规范》(DA/T 12—2012)、《档案著录规则》(DA/T 18—2022)、《归档文件整理规则》(DA/T 22—2015)、《建设项目档案管理规范》(DA/T 28—2018)、《纸质档案数字化规范》(DA/T 31—2017)、《公务电子邮件归档与管理规则》(DA/T 32—2021)、《国家档案馆爱国主义教育基地工作规范》(DA/T 34—2019)、《印章档案整理规则》(DA/T 40—2008)、《文书类电子文件元数据方案》(DA/T 46—2009)、《版式电子文件长期保存格式需求》(DA/T 47—2009)、《基于XML的电子文件封装规范》(DA/T 48—2009)、《数码照片归档与管理规范》(DA/T 50—2014)、《照片类电子档案元数据方案》(DA/T 54—2014)、《录音录像类电子档案元数据方案》(DA/T 63—2017)、《档案服务外包工作规范》(DA/T 68—2020)、《档案移动服务平台建设指南》(DA/T 73—2019)、《录音录像档案管理规范》(DA/T 78—2019)、《政府网站网页归档指南》(DA/T 80—2019)等。

本部分结合"绿色办奥、共享办奥、开放办奥、廉洁办奥"理念,从"筹办知识转移"项目(TOK)、2008年夏奥会整体影响评估项目、2022年冬奥会遗产战略计划以及北京奥运档案管理与开发的现实需求出发,通过表5-1所列主要制度文本重点分析当前北京奥运档案管理与开发制度的缺漏与不足,找准制度供给中的痛点和难点,主要包括以下6点。

5.1.1 北京奥运档案征集制度亟待制定

北京奥运档案收集不同于其他档案收集,除了接收自官方机构之外,其更多来源于面向社会公众的档案征集。目前,相比官方机构形成的北京奥运档案,对非官方机构(如非国有企业、社会组织)、个人(如运动员、志愿者、普通民众)形成的北京奥运档案的征集制度亟待制定。据调研,北京冬奥组委对档案接收有相应的制度要求,但对档案征集并无制度要求。因此,档案保管机构仅在电视台、报纸、微信公众号等新闻媒体渠道发布北京奥运档案征集公告,但征集方面尚无制度依据,缺少征集内容、范围、形式、流程、结果等规范性内容[1]。首先,关于北京"双奥"这一重大活动,除官方机构形成档案外,更多的档案来自社会团体、体育爱好者、收藏家或一般社会公众。加强北京奥运档案征集规范化,有助于建构全面、立体的北京"双奥"记忆,增强社会民众的参与感、获得感、认同感与归属感。其次,强化北京奥运档案征集规范化建设,有助于强化北京奥运档案管理前端控制、征集流程规范化,确保档案机构对其收集、保管完整。

5.1.2 北京奥运档案保管制度较为单一

与繁复多样的北京奥运档案内容与载体相比,其保管制度则较为单一。就内容而言,奥运遗产涉及体育、经济、文化、科技、社会、城市建设、区域发展等多个方面,其所形成的北京奥运档案也会覆盖各项领域。就载体而言,北京奥运档案有纸质、音视频、照片、图纸、电子、实物等多类载体。尤其是实物档案,既包括奖牌、门票、工作证、奥运火炬、绶带、演出服、玩偶服等不同材质的物品,也有从小到几厘米的徽章或印章到大到十几米的颁奖台或工作

---

[1] 据课题组于2023年3月28日前往张家口市档案馆调研资料整理所得。

台等大小相异的物品。2022年冬奥会采用"8+2"实物档案保管方案①，不同机构的保管理念不一、条件不一、方式不一，极易造成某些实物档案的损毁。这些对于北京奥运档案的全面良好保管是一大挑战。2008年夏奥会期间，对于材料成分复杂的实物档案，北京市档案馆工作人员曾特地联系首都博物馆的相关专家，针对实物特性逐一落实保管方案②。但最终尚未形成专门针对各类奥运实物档案的保管方案。课题组调研③得知，多数档案保管机构如北京市海淀区档案馆、张家口市档案馆、中国石油档案馆等，将重要的北京奥运实物档案放在特藏室内，确保实物档案的"展存合一"；不重要的实物档案，则是放置在密集架，与纸质档案保存在同样的环境中。然而，非档案保管机构如高校等，则是将实物档案放置在校博物馆或者仓库内，未经过科学的整理、分类与编目工作，整体保管条件相对较差。

5.1.3　北京奥运档案开放鉴定制度亟须制定

档案开放鉴定一般遵循"谁定密、谁解密"的原则。《档案法》第二十七条规定，"经济、教育、科技、文化等类档案，可以少于二十五年向社会开放"。但就北京"双奥"来讲，北京（冬）奥组委承担奥林匹克运动会各项筹办、举办任务的组织工作，该组织因为筹奥、办奥而成立，在办奥完毕、业务职能结束之后可自行解散。某些北京奥运档案虽可少于二十五年年限直接开放，但碍于无法找到当时的定密者，直接导致北京奥运档案的开放鉴定工作严重受阻④。这是北京奥运档案开放难、开发少、利用少的主要原因之一。

此外，北京奥运档案开放鉴定直接关系着后续的开发利用活动。北京奥运档案与北京"双奥"遗产息息相关。依据《奥运遗产指南》，奥运遗产更强调后奥运时代的长期性、广泛性效应。2022年4月8日，在北京冬奥会冬残奥会

---

①　"8+2"北京冬奥实物档案保管方案是指，由北京冬奥组委指定10家保管单位，分别保存一套重要的北京冬奥实物档案。其中："8"是指国家体育总局、北京奥运城市发展促进中心（及下属北京奥运博物馆）、首都体育学院等8家单位；"2"是指北京市档案馆、张家口市档案馆。数量较少且较为重要的实物档案，则以北京市档案馆和张家口市档案馆保管为主，如2个冬奥会火种台。

②　出自中央电视台中文国际频道推出的国史节目《国家记忆》中的《档案背后的秘密——特殊使命》这一集视频内容。

③　据课题组于2022年9月至2023年4月间通过电话、问卷、线下、线上等方式对北京市档案馆、北京市海淀区档案馆、河北省档案馆、张家口市档案馆、北京冬奥组委、首都体育学院、国家体育总局、中国石油等单位调研资料整理所得。

④　张丹. 北京奥运档案的遗产价值建构研究 [D]. 北京：中国人民大学，2023：163.

总结表彰大会上，习近平总书记强调，"我们要积极谋划、接续奋斗，管理好、运用好北京冬奥遗产。北京冬奥会、冬残奥会既有场馆设施等物质遗产，也有文化和人才遗产，这些都是宝贵财富，要充分运用好"①。2022 年冬奥会之后，我国拥有了世界上第三所国际奥林匹克学院，联合北京奥运城市发展促进会，成为宣传奥林匹克文化、普及奥林匹克教育的又一主要阵地；且 2022 年冬奥会战略与国家战略息息相关，2022 年冬奥会愿景的实现将很大程度上推动我国社会长远战略规划发展。因此，应尽快制定北京奥运档案开放鉴定制度，加快开放与解密，促进北京奥运档案高效开发与利用，确保奥运遗产在后奥运时代广泛发挥效益、实现奥运愿景，惠及广大社会民众。

5.1.4 涉及北京奥运档案管理与开发的制度衔接较难

北京奥运档案管理与开发所涉领域较多，制度间的良性对接较难实现。北京奥运档案管理与开发涉及档案、体育、文化、教育、保密、知识产权、信息化等多个领域制度。然而从表 5-1 所列重要制度文本来看，多数制度文本仅涉及单一领域，并未就其他制度的相关规定予以无缝衔接与有机协调，这是北京奥运档案开发少、利用少的主要原因之一。以北京奥运档案的开发利用所涉及的知识产权问题为例，有关于北京奥运档案在开发利用过程中的知识产权、个人隐私保护的制度较少。国际奥委会曾本着奥运知识流转、惠及下届奥组委的宗旨，设立"奥运知识转让"项目，确保奥运知识遗产的可持续发展。在该项目中，国际奥委会明确要求各主办城市必须将奥运会期间奥组委形成的全部文件档案收集齐全并移交于国际奥委会，以便其通过奥运会知识管理项目的形式传递给下一届奥运会组委会②。为此，国际奥委会还通过《主办城市合同》对此加以规定。如《主办城市合同：2022 年第 24 届冬奥会》第 28 条"奥运会信息和知识管理"中规定："奥组委应设立专门的知识管理部门，确保所有奥运会信息知识和专业知识在任何时候都按照最先进的流程和技术进行安全保存和管理，并确保国际奥委会可以自由使用这些专业知识。"③

---

① 北京冬奥会冬残奥会总结表彰大会隆重举行 习近平发表重要讲话 [EB/OL]. (2022-02-04) [2022-03-10]. https://www.beijing2022.cn/wog.htm?cmsid=20220408011964.

② 王润斌，肖丽斌. 奥运档案的届际传承问题探析 [J]. 兰台世界，2015 (10)：55-56.

③ IOC. Host city contract：XXIV Olympic Winter Games in 2022 [R/OL]. [2022-04-07]. https://stillmed.olympics.com/media/Document%20Library/OlympicOrg/Documents/Host-City-Elections/XXIV-OWG-2022/Host-City-Contract-for-the-XXIV-Olympic-Winter-Games-in-2022.pdf?_ga=2.232923166.1601256250.1649339978-1885919078.1641198064.

这些均表明北京奥运档案的知识产权属于国际奥委会，在一定程度上对北京奥运档案的开发利用活动造成阻碍。基于此类知识产权问题，2008年夏奥会档案至今也没有进行较多的开发利用活动，在北京市档案馆"北京数字档案馆系统"中，无法检索到奥运档案，"编研成果"栏目中也没有与奥运相关的内容。这也导致我国关于奥运档案的研究成果少之又少，亟待大规模、常态化开展研究。

5.1.5 北京奥运档案管理与开发体制机制亟待创新

北京奥运档案管理与开发跨地域、跨系统、跨层级，资源共享整合、机构协调合作等亟待体制机制创新。北京奥运档案形成主体众多，属地管理原则导致北京奥运档案形成分散。譬如，2008年夏奥会采用的"1+6"举办模式，2022年冬奥会采用的两地联办模式，使北京奥运档案资源分布于北京市档案馆、北京市城建档案馆、北京奥运城市发展促进中心、国家体育总局、中国残联体育部，以及北京市各区、沈阳、青岛等赛事承办地的档案馆等，造成北京奥运档案实体分散保管。

除举办城市之外，还有众多训练场馆所在省市均会形成北京奥运档案。例如，位于河北省秦皇岛市的国家体育总局秦皇岛训练基地，主要用于自由式滑雪空中技巧的夏训与冬训，2022年冬奥会冠军徐梦桃、齐广璞就曾在此训练。因此，秦皇岛市档案馆通过主动联系、紧密跟踪等多种方式，征集了冬奥会冠军徐梦桃、齐广璞在秦训练照片，冬奥官员及志愿者工作证，志愿服务日志等1 200件档案，为收集好、留存好北京奥运档案资源作出了应有的贡献[①]。此外，"实体分散、虚拟集中"的保管方式虽在技术上可以解决北京奥运档案资源的有机整合，但是在制度上，就哪些资源进行共享与整合、如何共享与整合，目前尚未形成可操作的制度性文本。因此，分散保存的北京奥运档案实体资源如何实现机构协调、业务协同和资源共享，还需体制机制上的创新。

5.1.6 北京奥运档案管理与开发制度较少触及电子层面

据调研，2008年夏奥会期间，北京奥组委未制定相应的电子奥运档案管理

---

① 郑国凡.秦皇岛市档案馆征集冬奥（冬残奥）档案千余件[J].档案天地，2022（6）：6.

制度。2008年夏奥会没有建立档案管理系统,电子文件以简单拷贝至光盘、硬盘的方式归档,缺乏完整的元数据,只能作为一般资料使用。其中,还有一些电子文件因失去相应的运行环境而无法打开[①]。2022年冬奥会期间,北京冬奥组委及其各个北京冬奥档案管理机构均更注重电子档案管理。例如,张家口市档案馆建立冬奥档案专题数据库(内部使用),对馆藏文书类、音视频类冬奥档案已完成数字化扫描,共4.1万件,并探索尝试对100件冬奥实物档案进行3D建模保存[②]。但这主要限于电子公文、数码照片、音视频等普通格式的电子文件。对于社交媒体(如微信公众号、微博、抖音等)信息、网站网页、电子邮件等特殊类型的电子文件,各地方、各部门尚未重视,其制度效力层级也不高。例如,北京冬奥组委的官方网站自2022年9月1日起由于北京冬奥组委这一机构的解散而停止服务,官方网站上本对外开放的有关于北京冬奥会的新闻、文件、图片、视频等现无从查找与利用,缺少相应制度的约束,造成资源浪费。

5.2 北京奥运档案管理与开发制度体系构建的目标与原则

5.2.1 北京奥运档案管理与开发制度体系构建的目标

北京奥运档案是世界唯一的"双奥"记忆,是我国重大历史活动的真实反映,是中国和世界奥运遗产的重要组成部分。根据北京奥运档案的遗产价值、现实考察及其管理与开发所面临的挑战,北京奥运档案管理与开发的最终目标是:有效管理与高效开发北京奥运档案资源,充分挖掘北京奥运档案的遗产价值,以传承奥运记忆、贡献北京智慧、讲好中国故事、服务京津冀和国家发展战略。

5.2.2 北京奥运档案管理与开发制度体系构建的原则

根据北京奥运档案管理与开发制度供给与需求分析,尤其是北京奥运档案形成时空分散、涉及领域众多、管理与开发主体跨区域层级、档案开放鉴定严

---

① 据课题组于2019年1月18日前往北京市档案馆实地调研资料整理所得。
② 据课题组于2023年3月28日前往张家口市档案馆实地调研资料整理所得。

重滞后、档案开发利用存在法律性障碍等困难,明确北京奥运档案管理与开发在制度体系框架构建上遵循 4 项原则。

5.2.2.1 党政主导、多元参与

一是坚持党政主导。党政军民学,东西南北中,党是领导一切的。"中国共产党是最高政治领导力量,是实现中华民族伟大复兴的根本保证。"① 习近平总书记指出,"我们推进各方面制度建设、推动各项事业发展、加强和改进各方面工作,都必须坚持党的领导"②。档案工作自不例外。"档案工作承担着为党管档、为国守史、为民服务的重要职责,政治定位、政治特质、政治功能鲜明。"③ 早在 2014 年,中共中央办公厅、国务院办公厅印发的《关于加强和改进新形势下档案工作的意见》④ 中就指出,"坚持并不断完善党委和政府领导、档案部门归口负责、各方面共同参与的档案工作体制"。《档案法》第三条规定"坚持中国共产党对档案工作的领导",更是从法律层面进一步确立了党对档案工作的领导地位。北京"双奥"作为党和国家在重要发展阶段举办的重大活动,更应加强党对北京奥运档案工作的领导。鉴于我国遵循"人民政治逻辑"的社会治理理念,北京奥运档案遗产价值的充分发挥,北京奥运档案管理与开发的高效运行,只有置于党和政府的领导之下才能得以有效达成。

二是坚持多元参与。北京奥运档案管理与开发在突出党委、政府的主导作用外,更应坚持"共享办奥""开放办奥"理念,积极引导和鼓励各类企事业单位、社会组织、普通民众乃至国际人士参与北京奥运档案的管理与开发,充分共享和利用北京奥运档案遗产。"奥运遗产涉及社会、经济、环境、国家形象、文化、体育、政治、信息与教育、城市发展、纪念活动等方面,这些方面均与民众的生活直接或间接相关。"⑤ "北京'双奥',是每一个中国人的盛会,给中华民族留下了珍贵的物质财富和美好的集体记忆。"⑥ 因此,档案机构除了收

---

① 本报评论员. 加强党对档案工作的领导:论学习贯彻习近平总书记对档案工作重要批示 [N]. 中国档案报,2021-08-02 (1).
② 习近平. 习近平谈治国理政:第 3 卷 [M]. 北京:外文出版社,2020:125-126.
③ 陆国强. 新时代档案事业高质量发展的根本遵循 [J]. 档案学研究,2021 (6):4-5.
④ 中共中央办公厅 国务院办公厅印发《关于加强和改进新形势下档案工作的意见》[EB/OL]. (2014-05-04) [2023-05-04]. https://www.saac.gov.cn/daj/xxgk/201405/1d90cb6f5efd42c0b81f1f76d7253085.shtml.
⑤ 徐拥军,张丹,闫静. 北京 2022 年冬奥会和冬残奥会遗产价值及其评估研究 [J]. 武汉体育学院学报,2020,54 (10):15-22.
⑥ 张丹. 北京奥运档案的遗产价值建构研究 [D]. 北京:中国人民大学,2023:95.

集法律规定意义上的官方机构形成的北京奥运档案外,也应强化对非官方机构的北京奥运档案征集的制度化、规范化。档案机构应协同相关部门管理好、开发好北京奥运档案,讲述好中国"双奥"故事,使之成为北京"双奥"的"记忆之场"。

5.2.2.2 统筹推进、协调发展

基于对新公共管理的日渐式微及治理实践"碎片化"的深刻审视,以佩里·希克斯(Perri Six)、帕特里克·邓利维(Patrick Dunleavy)等为代表的学者推动"整体性治理"成为21世纪公共治理的一种全新范式。深受多中心治理、组织网络理论等不同写作理论的影响,整体性治理理论将"以问题的解决"作为逻辑起点,强调发挥"扩大授权"权力运作模式的应有作用,其关键性功能要素是在包括政府在内的网络治理结构中构建"协调、整合和信任机制"[①]。这种机制在北京奥运档案的管理与开发工作中同样适用,即坚持统筹推进,以促进协调发展。例如,2012年伦敦奥运会的"The Record"项目,系统地实现奥运赛事档案工作的全面规划和布局,具有突出的连贯性和持续性[②]。

一是坚持统筹推进。统筹即通盘筹划,需从顶层设计,开展跨领域、跨层级、跨地域的北京奥运档案管理与开发工作,针对北京奥运档案的形成、内容、形式特点,逐一对其"收、管、存、用"的整个管理与开发环节进行制度化、规范化约束,坚持有据可依、有章可循。例如,北京冬奥组委吸收2008年夏奥会档案管理经验,逐步形成"1+1+16"制度体系,实现了冬奥档案管理科学化、系统化、制度化、规范化的目标,建成了与奥运会发展趋势、档案事业发展要求相适应、有效服务北京冬奥会筹办的档案工作制度体系[③]。就北京奥运档案管理与开发而言,应充分吸收这一制度体系的构建经验,重点将针对冬奥档案转向"双奥"整合后的档案资源,将前端控制的收集与整理转向"收、管、存、用"全流程,将针对北京冬奥组委这一官方机构转向官方与非官方兼顾,统筹推进构建北京奥运档案管理与开发的制度体系。此外,还应注重北京奥运档案管理与开发的靶向性,体现为北京奥运档案不同内容、载体差异性保管与保护的有效察觉与精准回应,凸显行动层面"落细""落实""落

[①] 王兴广. 我国档案出境安全监管研究[D]. 北京:中国人民大学,2023:88.
[②] 陈洁. 大型体育赛事档案管理策略研究[D]. 北京:中国人民大学,2020:42.
[③] 田雷. 探索"简约、安全、精彩"的北京冬奥组委档案工作新模式[J]. 中国档案,2022(1):22-24.

准"的施策艺术①。因地、因需、因情施策，实现北京奥运档案资源的优化配置，最大限度提升管理与开发效益。

二是坚持协调发展。首先，北京奥运档案管理与开发涉及收集征集、数字化扫描、3D建模、数据库建设、档案策展等多项领域，应加强业务系统与监管协同，提升北京奥运档案管理与开发的质量。其次，北京奥运档案的管理与开发也是京津冀档案工作协同发展的应有之义。强化北京奥运档案资源整合、数字化副本共享、协同开发与共享利用，有利于推进京津冀档案工作协调发展。最后，北京奥运档案涉及体育、社会、文化、教育、科技、城建、知识产权等多项内容，其管理与开发应强化档案与保密、法律、信息化等相关领域制度的协调衔接。

5.2.2.3 开放共享、创新引领

2015年，北京成功申办冬奥会后，习近平总书记对办好北京冬奥会作出重要指示，提出"绿色办奥、共享办奥、开放办奥、廉洁办奥"。四大办奥理念提出后，习近平总书记又在多次调研中强调并逐渐丰富四大办奥理念内涵，为北京冬奥会的筹办工作指明方向②。为适应新时代发展步伐，落实习近平总书记提出的"共享办奥""开放办奥"的理念和档案工作"三个走向"的要求，相关工作应：坚持北京"双奥"遗产开放共享、北京奥运档案为人民服务；突出创新引领，适应数字中国建设、档案数字化变革的要求。

一是坚持开放共享。"北京奥运档案对有形奥运遗产的文献转化与无形奥运遗产的文献固化，恰恰可借助信息传播、文化演进的特性，为人类社会寻求一个超越或消弭物质性奥运遗产独占造成的人与人、城市与城市、国家与国家之间的'代沟'，弥补遗产共享、传承可能性之间的差别，有效突破仅主办城市范围内享受奥运遗产红利的空间瓶颈。"③ 因此，秉持"共同参与、共同尽力、共同享有"的开放共享原则，北京奥运档案的管理与开发成果理应向社会民众开放，由社会民众共享北京"双奥"红利。

二是坚持创新引领。运用新兴技术，借助北京奥运档案将"双奥"从"申办—筹办—举办—后奥运时代"全周期数据化，构建一个全感知、全联接、全

---

① 赵泉民. 论全面深化改革战略推进中的精准思维［J］. 湘潮论坛，2017，30（4）：5-10，2.
② 北京冬奥会｜徐拥军：从2008到2022：北京双奥理念的发展及贡献［EB/OL］.（2022-02-21）［2023-05-09］. https：//www.163.com/dy/article/H0OCGHID0516R4QO.html.
③ 张丹. 北京奥运档案的遗产价值建构研究［D］. 北京：中国人民大学，2023：83.

场景、全智能的数字奥运世界。进而通过增强现实技术（AR）、虚拟现实技术（VR）提升人们对奥林匹克运动会发展周期、运行逻辑与各项活动的认知深度，有利于优化北京奥运档案的意向明喻与功能再造，也为各类奥运遗产治理、评估与传承工作提供有力的数据支撑，帮助北京"双奥之城"建设更为科学与合理。

例如，2021年2月1日，北京冬奥组委推出"冬奥云端学习平台"①。据悉，整个平台存储了21部竞赛项目知识介绍片、5集9分钟的冬奥大讲堂、15个英文精品视频课件。在整个运行周期中，共支持3万办赛人员完成了线上学习，其中对公众开放的资源点击量过亿。目前，该平台由首都体育学院接手管理，首都体育学院将进一步整合资源，强化该平台管理，提升数字运营效果。

5.2.2.4 高点定位、急用先行

一是坚持高点定位。我国两次在重要的历史坐标上点燃奥运火炬的意义，绝不限于奥林匹克运动会本身。党和政府更加注重的是，以这场奥林匹克运动会为契机，我国各项战略规划、事业发展能够迎来哪些机遇，它将怎样推进中国重大战略实施，或者举办奥运会能够倒逼中国哪些方面突破瓶颈、获得快速发展，这些是在规划、创造北京"双奥"遗产时的主要方向。北京"双奥"带给我国的收获与成就，即奥运遗产，其所覆盖的各个方面是彼此相互作用、相互关联的，绝不仅限于某单一领域，而是整体式、体系化的高质量发展。基于北京"双奥"举办背后的深意，这一"高点定位"原则同样应贯穿于北京奥运档案的管理与开发工作中。2022年冬奥会，将"档案管理"列入《北京2022年冬奥会和冬残奥会遗产战略计划》的重点筹办任务，这表明其管理工作能够得到相关领导的高度重视。再如，张家口市档案馆采取馆长负责制，直接高质量把关的北京奥运档案管理与开发工作，对我国奥运遗产传承、重大活动档案工作创新、区域协同治理都具有重要的典范意义和参考价值。

二是坚持急用先行。北京奥运档案管理与开发工作除需要站在高起点之外，还需要以"急用先行"为原则，把握好创新工作机制、优化业务制度，解决该工作的难点与痛点。首先，坚持"急用先行"原则，需要把握好北京奥运

---

① 陈杭. 北京冬奥组委多种方式将经验成果传给未来奥组委[EB/OL]. (2022-03-22)[2022-07-28]. http://www.chinanews.com.cn/ty/2022/03-22/9708706.shtml.

档案管理与开发工作目标,以其作为突破口,先行先试,将北京奥运档案资源征集、数字整合、协同管理、共享开发等纳入工作内容,规范北京奥运档案管理与开发行为。其次,"急用先行"不是"急就章",不能忽略后续的迭代升级。北京奥运档案管理与开发制度体系构建是逐步全面、完善、更新与补充的过程。例如,2008年夏奥会档案较少涉及电子档案管理层面,因此尚未构建安全性较为完备的奥运档案管理系统。然而,在2022年冬奥会时期,北京冬奥组委更为注重冬奥档案的虚拟安全,专设相应配套制度确保冬奥数字档案资源的安全与完备。只有迎合时代发展需求,根据实践活动不断优化制度架构,才可有效保障北京奥运档案管理与开发工作顺利开展。

5.3 北京奥运档案管理与开发制度的总体框架

北京奥运档案的跨时间、跨地域、跨系统、跨领域、多主体、多平台、多形态、多载体性质,决定了对其管理与开发是一个系统性工程。因此,北京奥运档案的管理与开发在制度体系构建层面必须有一个总体性的框架设计,以期提供顶层式的制度规划与指引。这一总体框架应包括目标与原则、宏观的工作机制、微观的业务制度,如图5-1所示。

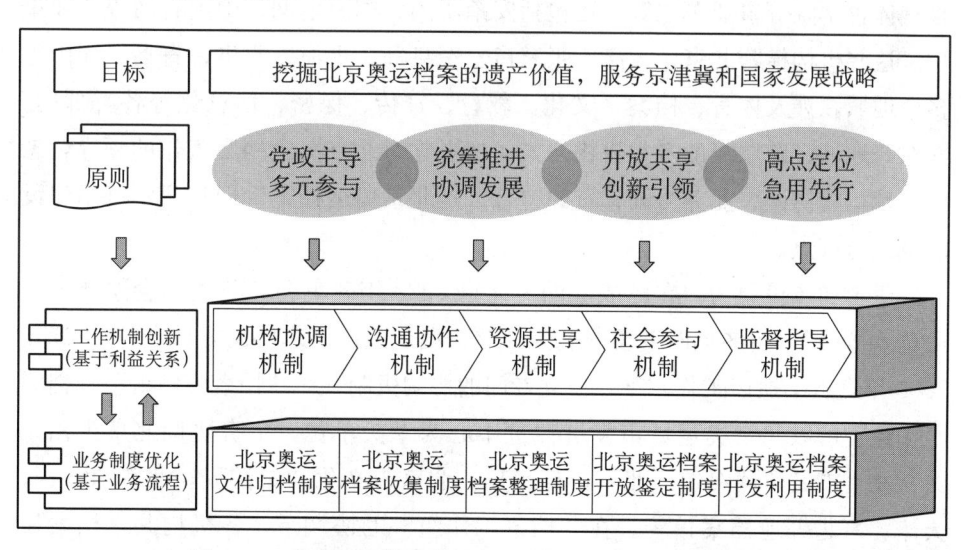

图5-1 北京奥运档案管理与开发制度体系的总体框架图

本章主要从协同治理视角,以北京奥运档案管理与开发的理论体系构建(第4章)的研究成果为指导,根据北京奥运档案管理与开发的目标与原则,以现实问题与需求为导向，在宏观层面基于各个利益主体的相互关系，提出创新机构协调、沟通协作、资源共享、社会参与、监督指导等方面工作机制的政策建议；在微观层面围绕业务流程，提出优化北京奥运文件归档、档案收集、档案整理、开放鉴定、开发利用等方面业务制度的对策建议。

5.3.1　北京奥运档案管理与开发的工作机制创新

本部分针对当前北京奥运档案管理与开发的现实问题与挑战，在明确各个利益相关方及其相互关系的基础上，提出北京奥运档案管理与开发机制创新的政策建议。

5.3.1.1　机构协调机制

北京奥运档案管理与开发机构，既包括国际奥委会、中国奥委会、北京（冬）奥组委等奥林匹克组织，国家体育总局、国家档案局、文化和旅游部、北京市体育局、北京市档案局、张家口市档案局、北京市文化和旅游局等党政机关，也包括北京奥运城市发展促进中心、北京市档案馆、张家口市档案馆、首都体育学院等事业单位等，还包括安踏集团、国家电网、中国石油等企业单位。这些机构横跨北京、天津、张家口、秦皇岛、上海、香港、青岛、沈阳等多个地域，涉及体育、档案、文化、教育、宣传、保密、信息化等各类部门。面对跨地域、跨层级的各类机构，如何加强党对北京奥运档案工作的领导，怎样实现机构协调、业务协同、资源整合，是北京奥运档案管理与开发机制建设的重点与难点。

笔者初步设想为：在已成立的"北京2022年冬奥会和冬残奥会遗产工作协调委员会"（后冬奥时期可改名为"北京奥运遗产工作协调委员会"，以涵盖2008年夏奥会遗产工作）下，设立专门的协调机制——"档案工作组"。"档案工作组"可以北京奥运城市发展促进中心为牵头单位，负责协调北京市档案馆、北京市城建档案馆、北京市体育局、北京市文化和旅游局、北京市各区、天津、河北等地档案馆等。在"档案工作组"的协调下，各机构共享档案目录，交换档案数字复制件，整合北京奥运档案资源，共同建设北京奥运档案专题数据库，按照"实体分散、虚拟集中"的方式，进行北京奥运档案资源共建、共治、共享。

5.3.1.2 沟通协作机制

北京奥运档案管理与开发是一个系统工程，涉及档案、体育、文化、教育、宣传、保密、信息化等各领域。实现档案工作与体育工作、文化工作、教育工作、宣传工作、保密工作、信息化工作等业务之间的协同，是北京奥运档案有效管理与高效开发的内在要求，也是现实工作的难点之一。这有赖于北京奥运档案管理与开发各相关业务的高度合作与协调。建立沟通协调机制，重点在于确认北京奥运档案管理与开发的合理性，尤其是涉及北京奥运档案开发利用的合法性与有效性。例如，张家口市档案馆的工作人员曾表示，本想在2022年冬奥会成功举办一周年之际，与国家跳台滑雪中心（"雪如意"）合作面向大众举办北京冬奥档案展览，然而考虑到国家跳台滑雪中心本身参观收费，社会民众前往观看冬奥档案展览有陷入知识产权纠纷之虞，最终导致此次活动无法成功开展[①]。无独有偶，2012年伦敦奥运会赛后，由于国际奥委会对档案的版权控制，且地方政府与小型创意组织沟通不畅，未能为小型创意组织提供一个具有包容性且有效的杠杆工具，最终导致奥林匹克公园文化遗产战略产生效益较小[②]。

北京奥运档案管理与开发的确有益于促进奥运遗产可持续发展，也能在一定程度上促进北京奥运档案管理与开发的多元参与。但是针对北京奥运档案管理与开发的方式、范围与时限等，需要建立良好的沟通协调机制。在确保北京奥运档案管理与开发的同时，该机制还应注重保障非官方机构或个人的合法权益以及奥运愿景的实现，促使北京奥运档案更好服务于社会各项事业发展，广泛吸引社会各界积极参与，大力促进奥林匹克运动文化普及与推广。鉴此，该机制的建立应遵循奥运遗产可持续发展，充分发挥北京"双奥"对广大社会民众，对中国乃至国际发展的后续效应原则。沟通协调内容应明确利益双方（国际奥委会和奥组委）关于奥运档案管理与开发的权责关系，重点包括：（1）中国应享有所有北京奥运档案的使用权，以确保中国在举办其他重大活动时可随时待查备用；（2）明确北京奥运档案知识产权归属范围，确定可开发利用的目的、主体、时间、面向对象、场景、形式等，并应支持中国党政机关、人民团

---

① 据课题组于2023年3月28日前往张家口市档案馆调研资料整理所得。
② PAPPALEPORE I, DUIGNAN M B. The London 2012 cultural programme: a consideration of Olympic impacts and legacies for small creative organisations in east London [J]. Tourism Management, 2016 (54): 344-355.

体或公民个人对北京奥运档案进行公益性开发、教育性普及、非商业性宣传；（3）明确规定北京奥运档案管理与开发可能涉及的服务外包或与企业合作等事宜，包括但不限于档案数字化、档案展览、档案文创等活动；（4）在北京奥运档案开发利用过程中，就某些双方均未规定的模糊地带，应尽可能遵从中国实际；（5）国际奥委会应对北京奥运档案数字化、编纂研究、数字出版等工作提供标准性、技术性、工具性支持与帮助；（6）国际奥委会应支持中国参与合作开发北京奥运档案，在展览、申遗、传播等多维开发与利用上贡献"中国智慧"，在推进国际体育文化交流、体育事业发展等事业中提供"中国方案"。

5.3.1.3 资源共享机制

据调研，北京奥运档案资源的形成与保管均极其分散，且北京市档案馆尚未为2008年夏奥会档案建立面向社会公众开放的系统平台和专题数据库，北京奥运档案资源整合与社会化利用无从开展。在档案工作数字化变革背景下，需要实施数字管护、建设专题数据库，实现北京奥运档案资源的共建共享。因而，建立资源共享机制极其必要。北京奥运档案保管的分散，易形成保管机构各自为政的分裂局面。例如，各个档案保管机构间关于北京奥运档案元数据著录、专题数据库建设标准不统一等。这不利于后期的资源共享，且易造成重复性建设等资源浪费。"北京奥运档案资源体系建设应遵循'人文奥运''共享办奥''开放办奥'"等理念，秉承全面性、针对性、多样性、真实性、完整性、可用性原则，坚持官方和非官方形成档案并重，北京奥运档案资源由全民共建共享。"[①] 建立资源共享机制，是北京奥运档案"实体分散、虚拟集中"保管方式的实现保障，可最大化发挥北京奥运档案的遗产价值。只有"多地合一"才能实现北京奥运档案资源的"双奥"整合与跨地共享，建构完整的北京"双奥"记忆。

5.3.1.4 社会参与机制

面对内容丰富、形式多样、数量庞大、价值珍贵的北京奥运档案，官方机构仅凭自身有限的人力资源与技术水平，难以实现北京奥运档案的全面收集、有效管理与高效开发。《档案法》第七条规定，"国家鼓励社会力量参与和支持档案事业的发展。对在档案收集、整理、保护、利用等方面做出突出贡献的单

---

① 张丹. 北京奥运档案的遗产价值建构研究[D]. 北京：中国人民大学，2023：95.

位和个人，按照国家有关规定给予表彰、奖励"。虽然"《档案法》赋予了各级综合档案馆向机关、团体、企事业单位和其他组织收集档案的神圣职权，确保各机关、团体、企事业单位和其他组织业务活动得以真实、完整记录和留存"①，然而，收集民间团体或个人形成的档案的规定不具有法律强制性，北京（冬）奥组委因此并未制定任何关于北京奥运档案征集的制度性文件，档案保管机构一般以通告、通知形式在社交媒体、新闻网站发布。因此，应创建社会参与机制，将北京奥运档案社会化管理与开发流程化、规范化与制度化。社会参与机制的创建重点应围绕民间档案征集、档案开放优先级确定、涉及知识产权和个人隐私档案的开放审核、档案文创产品开发等重点环节，研究如何鼓励亲身经历、见证和关注2008年夏奥会和2022年冬奥会的档案界、体育界、文化界、教育界、学术界等各界人士广泛参与，针对如何发挥各类社会组织和普通民众的作用提出创新建议，实现北京奥运档案为"广大人民群众所共享"。

5.3.1.5　监督指导机制

《档案法》设置专章对档案"监督检查"提出了更新更高要求，要求档案主管部门依照法律、行政法规有关档案管理的规定，可以对档案馆和机关、团体、企业事业单位以及其他组织进行列项检查。《法治政府建设实施纲要（2021—2025年）》第十三条也相应提出"大力推进跨领域跨部门联合执法，实现违法线索互联、执法标准互通、处理结果互认"。2018年党政机构改革后，地方档案局、馆分立，各地各级档案主管部门行政执法面临人力不足的情况。为此，应遵循法律要求，建立监督指导机制，推动档案主管部门、体育主管部门、文化主管部门、教育主管部门、保密主管部门等的协调联动，促使各利益相关方主动配合并接受监督检查与业务指导，有效避免北京奥运档案管理与开发工作的诸多问题，从制度层面给予充分保障。例如，河北省档案馆在2022冬奥会申办阶段，第一时间选派档案工作人员进驻到河北省申奥办和北京冬奥申委，对50多家涉奥单位开展一对一业务指导服务，全程跟进冬奥档案收集、整理、移交工作，保证了河北省冬奥档案工作的标准化、专业化、规范化②。

5.3.2　北京奥运档案管理与开发的业务制度优化

本部分针对当前北京奥运档案管理与开发的现实问题与需求，围绕档案业

---

① 张丹. 北京奥运档案的遗产价值建构研究［D］. 北京：中国人民大学，2023：95.
② 吕芳. 河北省档案馆完成首批冬奥档案接收进馆工作［N］. 中国档案报，2022-08-29（1）.

务流程的关键环节，提出北京奥运档案管理与开发业务制度的优化对策。

5.3.2.1 北京奥运文件归档制度

文件归档是北京奥运档案管理与开发的首要环节。虽然 2008 年夏运会档案管理是以纸质文件归档为主、电子文件归档为辅，但随着互联网快速发展、数字中国建设、国家大数据战略实施，电子文件已成为执政兴国、政府管理、经济运行、社会运转和历史传承的重要工具和载体。《档案法》第三十七条规定，"电子档案应当来源可靠、程序规范、要素合规。电子档案与传统载体档案具有同等效力，可以以电子形式作为凭证使用"。2019 年 4 月 26 日，国务院令第 716 号公布的《国务院关于在线政务服务的若干规定》第十二条规定"除法律、行政法规另有规定外，电子文件不再以纸质形式归档和移交"。但如何实现电子文件单套归档，还需要更具体的制度标准予以细化、明确。2017 年 3 月 1 日实施的《电子文件归档与电子档案管理规范》（GB/T 18894—2016）、2018 年 12 月 14 日经过修正的《电子公文归档管理暂行办法》（国家档案局第 14 号令）以及 2022 年 7 月 1 日实施的《电子档案单套管理一般要求》（DA/T 92—2022）均与电子档案管理直接相关，均强调了电子档案归档要维护电子公文的真实性、完整性、安全性和可识别性，而对电子文件归档和电子档案管理的普遍指导意义尚有待考察①。已有的《政务服务事项电子文件归档规范》（GB/T 42727—2023）、《政府网站网页归档指南》（DA/T 80—2019）等是否完全适应于非党政机关性质的北京冬奥组委等以及其他北京奥运档案保管机构，尚需研究。

实践层面，河北省档案馆已经编制印发了档案数字化工作指南、电子文件归档与电子档案管理工作指南、文书类电子文件归档技术指南等电子档案接收数据标准，为"涉奥档案"单位移交电子数据做好服务②。

5.3.2.2 北京奥运档案收集制度

档案收集是北京奥运档案管理与开发的基础工作。根据笔者前期研究成果，已有档案收集制度主要针对北京奥组委、北京冬奥组委、党政部门、事业

---

① 徐拥军，王兴广，郭若涵. 我国电子档案管理标准建设现状与推进策略 [J]. 图书情报工作，2022，66（13）：36-47.
② 宋玉红. 河北"涉奥档案"数字资源实现在线移交管理 [N]. 中国档案报，2022-12-22（1）.

单位、国有企业等官方机构的档案的移交接收提出要求，对于来自非国有企业、社会组织、运动员、志愿者、普通民众等民间档案的征集还缺乏专门制度。民间档案可以从侧面、微观，更鲜活、更生动地记录、反映北京奥运历史，与官方档案相互印证、交相辉映，共同形成多元立体的北京"双奥"记忆。《档案法》明确档案馆除按国家有关规定接收移交档案外，还"可以通过接受捐献、购买、代存等方式收集档案"，并规定档案主管部门对各单位"档案收集"等情况进行监督检查。《"十四五"全国档案事业发展规划》也将"拓展档案资源收集范围"作为主要任务之一，提出"加强国家重大发展战略和地方中心工作等重点领域档案收集工作""加大档案征集力度"等要求。因此，多数档案保管机构向各大新闻媒体制发北京奥运档案征集公告，如河北省档案馆的《关于向社会广泛征集2022年北京冬奥会档案资料的公告》、北京市延庆区档案史志馆接收科的《征集北京2022年冬奥会和冬残奥会档案资料倡议书》等。但调研可知，张家口市档案馆在发布《关于征集2022年冬奥会和冬残奥会档案资料的公告》后，征集所得冬奥档案数量仍较少，大概1 000余件，占所有实物档案的10%左右，主要来源于社会公众和涉奥人员[①]。因此，应尽快补齐档案征集制度短板、完善档案馆档案收集范围及其实施细则，参考《档案征集工作规范》（DA/T 96—2023），将征集档案范围、流程、方式、权属等问题规范化、形成制度性文本，鼓励民间团体或一般社会群众将档案交于专业保管机构，确保北京奥运档案"应收尽收、应归尽归"。

5.3.2.3 北京奥运档案整理制度

北京奥运档案是典型的重大活动档案，是各部门在履行职能活动中形成的关于奥运会申办、筹办、举办及后奥运时代相关活动的原始记录。北京奥运档案形成主体众多，既有北京冬奥组委、北京冬奥会遗产工作协调委员会等临时机构，也有档案局、体育局等常设机构。从责任部门看，既存在责任部门只有一个的情况，也存在有主办协办之分（或者不分主次）的多个部门等情况。在此背景下，北京奥运档案是否与责任部门履行其他职能形成的档案进行统一管理？若统一管理，是否设专题进行整理？如何纳入已有档案分类方案？若不设专题，如何在分类、整理时明确"北京奥运档案"属性？若不统一管理，如何设置档案全宗？

---

① 据课题组于2023年3月28日前往张家口市档案馆调研资料整理所得。

对于这些问题，虽然《重大活动和突发事件档案管理办法》（国家档案局令第16号）作了一般性规定，但其第十八条指出，"责任部门为临时机构的，形成的档案纳入新设全宗或临时机构的主管单位全宗进行管理"。但调研发现，当各级档案保管机构对北京奥运档案管理标准不统一时，易形成共享困难。如在接收北京市档案馆的数字复制件时，由于档号、卷内目录等整理方式不统一，张家口市档案馆在接收后还需对其进行"二次加工"，造成一定的资源浪费①。笔者认为，对北京奥运档案而言，责任部门即北京（冬）奥组委应在前期阶段制定好相应的整理制度，统一包括区分全宗、全宗内档案分类、立卷、案卷排列、编制案卷目录、档号以及档案盒制式等各项整理工作，保障各级档案接收机构之间的统一性，从而确保这一专题档案实体分散保管的集中性，更有利于推动专题数据库建设。

5.3.2.4　北京奥运档案开放鉴定制度

档案开放鉴定制度（包括档案解密审核与档案开放审核）是规范北京奥运档案开放鉴定、为开发利用提供保障的重要制度。根据笔者前期研究，2008年夏奥会档案主要限于官方机构查阅，普通民众无缘一睹其真容，北京奥运档案的遗产价值未能得到应有发挥。这其中一个重要原因，就是档案解密与档案开放审核制度供给存在不足。北京奥运档案形成部门多、临时设置机构多、原有形成机构变动大，解密与开放审核的责任划分、运行机制、流程管理等方面存在很大障碍。

按照《档案法》第二十七条要求，一般档案应"自形成之日起满二十五年向社会开放"，"经济、教育、科技、文化等类档案"可以少于二十五年向社会开放，涉及国家安全或者重大利益以及其他到期不宜开放的档案，可以多于二十五年向社会开放；而《中华人民共和国保守国家秘密法》规定，绝密级国家秘密的保密期限不超过三十年（除另有规定外）；此外，对于尚未移交进馆档案的开放审核，《档案法》明确"由档案形成单位或者保管单位负责，并在移交时附具意见"。然而，北京奥运档案内容庞杂，既有部分属于"经济、教育、科技、文化等类档案"，可少于二十五年开放；也有部分属于绝密级国家秘密，需经过保密期后再行降密、解密或多于二十五年开放。由于开放鉴定制度的不健全，前期开放鉴定意见缺失，北京奥运档案尤其是2008年夏奥会档案至今

---

① 据课题组于2023年3月28日前往张家口市档案馆调研资料整理所得。

尚未开放。因此，应尽快制定北京奥运档案开放鉴定制度：其一，明确北京（冬）奥组委解散后的档案解密权力与责任。这一般应由职能承继机构即北京市档案馆负责，明确派生定密档案的机密权力与责任、自行解密方式的具体程序和有关职责、解密权责划分以及免责条款等①，促使解密与开放审核的责任划分、运行机制、流程管理等方面有据可依、有章可循。其二，将属于"经济、教育、科技、文化等类"的北京奥运档案尽快开放，促进北京奥运档案开发利用，让北京"双奥"遗产红利尽可能快速回馈社会、赋能各项事业发展。

5.3.2.5 北京奥运档案开发利用制度

开发利用档案是档案工作的根本目的。当前，北京奥运档案的开发利用面临诸多制度困境。首先，北京奥运档案开发利用主体可能涉及国内国外各方面，但现行的《国家档案馆档案开放办法》（国家档案局令第19号）并未针对临时性且构成复杂的组织形成的档案做开放鉴定说明。此外，北京（冬）奥组委直接形成的部分档案知识产权归国际奥委会，且部分北京奥运档案可能涉及国家秘密、个人隐私，需要研究涉及知识产权、国家秘密、个人隐私等档案的开发利用规则。因此，北京奥运档案的利用规则、程序亟须完善。其次，北京奥运档案主要集中保管于北京市、天津市、河北省等各地各级综合档案馆、城市建设档案馆，保存在不同数据库、系统、平台中，如何加强跨地域跨层级跨平台的档案资源共享服务，还需加快标准制度供给。再次，北京奥运档案有文字、图片、音频、视频、网页、社交媒体信息、数据库、实物等多样化形态，且可能保存在档案馆、博物馆、图书馆、纪念馆等不同场所，多载体、跨平台档案数据共享等方面的标准还有待补齐短板。针对上述困境和挑战，笔者认为，建立北京奥运档案开发利用制度应注意以下要点：

第一，应明确北京奥运档案的权属问题，明晰其中的知识产权归属与规制等问题。根据国际奥委会发布的法规政策文本，并非所有北京奥运档案的知识产权均属于国际奥委会。其中由北京（冬）奥申委、北京（冬）奥组委等官方机构形成的活动记录、特许商品以及与奥运会密切相关的作品、专利及技术等的知识产权属于国际奥委会；由非官方机构尤其是个人创造性智力自发形成的与奥林匹克运动相关的成果如绘画、书信、学术论文、回忆录等，其知识产权属创作者所有。不同的知识产权归属，需依据不同的法规制度。因此，在对北

---

① 张臻. 我国涉密档案解密管理体系研究［M］. 北京：金城出版社，2020：217-220.

京奥运档案进行开发利用时，需明晰其知识产权归属，进而选择正确的法规制度依据，确保开发与利用限度的最大化。第二，鼓励北京奥运档案开发的多元参与，将社会民众参与职责、流程、方式等规范化。目前，北京奥运档案开发主体较为单一，秉着"参与奥运、得益奥运"的理念，这不利于北京奥运档案开发成果"由广大人民群众共享"。第三，提倡北京奥运档案共享利用，将共享范围、流程、方式等规范化，以及元数据、目录体系、共享接口、评价流程等标准化。据笔者调研，张家口市档案馆与北京冬奥组委已经实现了冬奥档案资源数字共享，所有涉及张家口赛区的冬奥档案已经全部拷回，但与北京市档案馆的档案资源数字共享仍然在协商具体的整合方案①。将共享利用置于北京奥运档案开发利用制度之列，不仅从制度上再次保障"实体分散、虚拟集中"的北京奥运档案管理与开发保管方式，还有效破除北京奥运档案资源壁垒，符合"共享办奥""开放办奥"理念。

综上，做好北京奥运档案管理与开发工作，需要全面的、可供执行与操作的制度予以规约。为充分贯彻"传承奥运记忆、贡献北京智慧、讲好中国故事、服务京津冀和国家发展战略"这一宏伟目标，针对北京奥运档案的复杂特性，宏观层面应建立健全机构协调机制、沟通协作机制、资源共享机制、社会参与机制、监督指导机制予以制约，微观层面则应对北京奥运档案管理与开发全流程工作包括归档、收集、整理、开放鉴定、开发利用等环节建立相应的制度规范，对后续的北京奥运档案数字管护与场景式开发提供制度保障，确保有效管理与高效开发北京奥运档案资源，充分挖掘北京奥运档案的遗产价值。

---

① 据课题组于 2023 年 3 月 28 日前往张家口市档案馆实地调研资料整理所得。

◀◀◀ 第 6 章 ▶▶▶

北京奥运档案数字管护模型构建

从 2008 年夏奥会到 2022 年冬奥会，北京奥运档案管理正处在数字转型期，从增量上来看，以数字形式生成并运行的北京奥运电子文件开始大量形成；从存量上来看，各机构馆藏的北京奥运档案的数字化和数据化程度越来越高。在上述背景下，传统的纸质保存和简单的数字保存已无法满足北京奥运档案在数字时代的管理需求，实行数字管护（digital curation）已势在必行。数字管护不仅包含对数字资源进行长期保存和科学管理，还要求对数字资源进行增值管理，实现其价值增长。数字管护具有管理活动主动持续、数据资源组织专业、方法技术先进等优势。本章针对北京奥运档案管理与开发面临的挑战，基于北京奥运档案管理与开发的理论体系和制度体系，提出数字管护模型。主要解决的问题包括：奥运档案资源的现有管理模式和建设趋势是什么？实施北京奥运档案数字管护包括哪些环境要素？北京奥运档案数字管护模型如何构建、如何实施？作为北京奥运档案数字管护的具体实践或重点工作，北京奥运档案专题数据库如何开展建设？总体来讲，本章旨在为北京奥运档案数字管护提供路径指引和方法指导。

6.1 数字管护及其研究进展

数字管护是国际数字资源长期保存领域的通用术语，伴随着数字保存和数字存档的演进，主要面向数字资源的存储、维护与内容增值[1]。在数据存档、发布、共享和复用过程中，其理念与方法对处于增量阶段的北京奥运电子档案

---

[1] 龙家庆. 论档案学理论对数字管护研究的支柱性贡献［J］. 北京档案，2023（2）：7-11.

管理来讲具有重要意义。

6.1.1 数字管护的概念演进

"'管护'（curation）词源可追溯至拉丁文词根 cūrāre，并演化为中世纪法语'curacion'和古英语'curacioun'，后以现代英语词根-cur-和-cure-固定。"① 1966年，"管护"一词正式写入美国的《国家历史保护法》（*National Preservation Act*）中，在36CFR第79节中将"管护"规定为对历史文献、考古遗迹、岩壁雕刻的专门化保护；1971年版的《牛津词典》（*Oxford Learner's Dictionaries*）将"管护"界定为"管护者在职权范围内进行选择、组织、监督并在展览中呈现馆藏"。随后，"管护"被冠以"数字"之名，即注重生成、保存、著录、连接、发现和复用动态的数字资源②。数字保存联盟（Digital Preservation Coalition，DPC）与英国国家空间中心（British National Space Centre，BNSC）于2001年联合举办的"数字管护：数字档案馆、图书馆与电子科学研讨会"（Digital Curation: Digital Archives, Libraries, and E-Science Seminar），首次提出"数字管护"是指"从获取和管理有价值的原始数据出发，进行资源价值增值"③。随后，"数字管护"一词的内涵开始引发学界广泛探讨。例如，尼尔·比格里（Neil Beagrie）认为，数字管护涉及"在数字研究数据和其他数字材料的整个生命周期内，为当前和未来几代用户长期维护它们所需的行动"④。伊丽莎白·亚克尔（Elizabeth Yakel）持相同意见，认为数字管护是一个"包括数字保存、数据管护、电子文件管理和数字资产管理的伞状概念"⑤。克里斯托夫·李（Christopher A. Lee）等将"数字管护"定义为"提供真实数字数据和其他数字资产重复利用的管理"⑥。莫琳·彭诺克

---

① 龙家庆. 数字管护研究中档案管理的既有探索与辩证思考 [J]. 档案与建设，2023（3）：31-36.
② LORD P, MACDONALD A. E-Science curation report: data curation for e-Science in the UK: an audit to establish requirements for future curation and provision [M]. London: Digital Archiving Consultancy Limited, 2003: 12.
③ FENG Y Y, RICHARDS L. A review of digital curation professional competencies: theory and current practices [J]. Records Management Journal, 2018, 28 (1): 62-78.
④ BEAGRIE N. The digital curation centre [J]. Learned Publishing, 2004, 17 (1): 7-9.
⑤ YAKEL E. Digital curation [J]. OCLC Systems & Services: International Digital Library Perspectives, 2007, 23 (4): 335-340.
⑥ LEE C A, TIBBO H R. Digital curation and trusted repositories: steps towards success [J]. Journal of Digital Information, 2007, 8 (2): 1-12.

(Maureen Pennock) 认为，广义上讲，数字管护是为了维护和增加值得信赖的数字资源，以供当下和未来使用。换句话说，它是对数字信息整个生命周期（包括文件创建、积极利用、鉴定与筛选、转移、存储与保管、检索与复用等六大流程）的积极管理和评估①。2004 年 3 月，国际数字管护中心（Digital Curation Centre，DCC）②成立，将"数字管护"定义为"涉及整个生命周期中数字研究数据的维护、保存和增值"。"为促进行业对话和专业研究，DCC 编制了配套术语表，对 90 余个核心术语进行解析，奠定了数字管护的研究基础。"③

6.1.2 数字管护的内涵解读与实践进展

内涵解读方面，基于上述学者以及专业机构对"数字管护"的界定，"数字管护"从数字对象创建到复用的全流程视角出发，"具体内涵包括：第一，数字管护关注资源维护和价值增值。在传统数字保存方法基础上，它尝试增强数字资产的完整性和未来用户的可复用性，从而增加馆藏资源的附加价值。第二，数字管护可视为系统工程，具有全生命周期管理特征。数字管护涵盖数字资源创建、收集、鉴定、存储、利用和销毁等完整环节，体现为数字管护生命周期模型。第三，数字管护依赖具体的数字实践环境。数字管护实施场景通常是档案馆、图书馆、数字存储库等保管场所，众多数字管护项目需依托 dSPACE、DataArchive、CONTENTdm、Omeka、Joomla 等数字仓储为基础架构"④。因此，数字管护是指"面向数字资源长期保存目标，具有生命周期特征的一项系统实践活动，涵盖数字对象的创建、收集、鉴定、存储、利用和复用等连续性环节"⑤。

实践进展方面，国内外多所高校、高校图书馆或科研机构以独立或与其他机构联合协作的形式陆续开展有关数字管护项目的研究。例如，2001

---

① PENNOCK M. Digital curation：a life-cycle approach to managing and preserving usable digital information [J]. Library & Archives，2007（1）：1-3.
② DCC. History of the DCC [EB/OL]. [2023-05-12]. https：//www.dcc.ac.uk/about/history-dcc.
③ 龙家庆. 数字管护研究中档案管理的既有探索与辩证思考 [J]. 档案与建设，2023（3）：31-36.
④ 龙家庆. 论档案学理论对数字管护研究的支柱性贡献 [J]. 北京档案，2023（2）：7-11.
⑤ 龙家庆. 数字管护研究中档案管理的既有探索与辩证思考 [J]. 档案与建设，2023（3）：31-36.

年欧盟委员会和瑞士政府启动的电子资源保存与接入网络（Electronic Resource Preservation and Access Network，ERPANET）项目，英国的数字保存（CAS-PRA）项目，美国加州数字图书馆数字保存（Digital Preservation Program of the California Digital Library，CDL）项目，英国工程和物理科学研究理事会（Engineering and Physical Sciences Research Council，EPSRC）和英国运输部共同资助的跨网络环境下的移动环境传感系统（Mobile Environmental Sensing System Across Grid Environments，MESSAGE），2009年美国约翰斯·霍普斯金大学的Sheridan图书馆的数据保存（Data Conservation）项目，美国博物馆和图书馆研究院共同资助，伊利诺伊大学、约翰斯·霍普斯金大学和黄石公园三方联合开展的基于站点的数据管护（Site-based Data Curation）项目，以及中科院建成的基于100多家研究所级机构知识库系统的服务网络平台等[1]。

6.1.3 数字管护模型构建

上述论及，数字管护重点强调对数字信息整个生命周期的积极管理与评估。由于数字管护和数据保存是动态持续的过程，因此必须在数字对象的整个生命周期中规划保存。这些保存措施将联合确保数字对象的真实性、可靠性、可用性和完整性[2]，与电子档案"四性检测"殊途同归。"以各类研究数据归档为焦点的数字管护实践，关注数据归档全流程和周期循环，被称为周期式数据培育。"[3] "数字管护很好地融入了文件生命周期理论，从数字对象创建前的设计准备，到运行阶段的数据收集、元数据捕获、再到移交档案部门永久保存或是销毁，均贯穿于数字管护的整体行为中。"[4]

英国DCC对数字管护的生命周期进行概念化操作，将其分为以下环节：（1）概念化（conceptualise）：构思和规划数字对象的创建，包括数据捕获方法

---

[1] 李甜. 数字管护（Digital Curation）视域下科研档案管理创新研究[J]. 档案学研究，2021（3）：113-120；王芳，纪雪梅，史海燕. 数字信息资源的管护、保存与网络归档[M] //中国国防科学技术信息学会. 情报学进展. 北京：国防工业出版社，2014：308-349.

[2] DCC. What is digital curation？[EB/OL]. [2023-05-19]. https://www.dcc.ac.uk/about/digital-curation.

[3] 龙家庆. 论档案学理论对数字管护研究的支柱性贡献[J]. 北京档案，2023（2）：7-11.

[4] 龙家庆. 论档案学理论对数字管护研究的支柱性贡献[J]. 北京档案，2023（2）：7-11.

和存储选项。(2) 创建（create）：生成数字对象，并配置管理、描述、结构和技术档案元数据。(3) 访问和利用（access and use）：确保指定用户可以在日常生活中轻松访问数字对象，一些数字对象可能是公开的，一些可能受权限保护。(4) 鉴定和筛选（appraise and select）：根据文件指南、政策和法律要求，对数字对象开展鉴定，并筛选出需要长期管理和保存的数字对象。(5) 销毁（dispose）：对于不需要长期管理和保存的数字对象进行安全销毁处置。(6) 移交（ingest）：将数字档案移交至档案馆、可信数据仓储、数据中心或类似机构。(7) 保存行动（preservation action）：采取行动确保数字对象长期保存及其权威性。(8) 重新鉴定（reappraise）：将没有通过验证程序的数字对象返回，以便进行进一步鉴定和重新筛选工作。(9) 存储（store）：按照相关标准规定安全保存数据。(10) 访问和复用（access and reuse）：确保指定用户可以首次使用和复用数据。(11) 转换（transform）：从原始数据中创建新的数字对象，例如，迁移到不同的格式等。目前学界提出的数据管护生命周期模型很多，其中，DCC 提出的数字管护生命周期模型影响最为广泛。该模型以高度概括的方式展现了成功的数字管护所需的生命周期阶段。它作为一种组织规划工具，广泛适用于各个领域，并容许在不同粒度层次上对管护和保存活动进行扩展。

　　王芳等通过 DCC 数据管护生命周期模型、开放档案信息系统（OAIS）参考模型、牛津大学的机构数据管理基础设施模型、美国数据保护项目（Data Conservancy）的概念框架以及美国加州大学嵌入式网络传感中心（CENS）的数据生命周期模型等提出了一个细化的数据（字）管护生命周期模型（见图 6-1），包括 6 个阶段，共 14 个具体步骤：战略规划（成立管护工作小组、需求调查、制定管护战略规划）、数据收集（数据采集、元数据管理、鉴定与选择）、数据处理（数据表示与可视化、数据关联与集成、数据导入）、数据保存（数据保存、数据存储）、数据利用（数据挖掘与分析、数据获取与复用）、服务评价（管护服务评价），以及两个外部支撑性因素——法规、标准与管护机构政策以及管护人才教育与培训[1]。

---

[1] 王芳，慎金花. 国外数据管护（Data Curation）研究与实践进展 [J]. 中国图书馆学报，2014，40（4）：116-128.

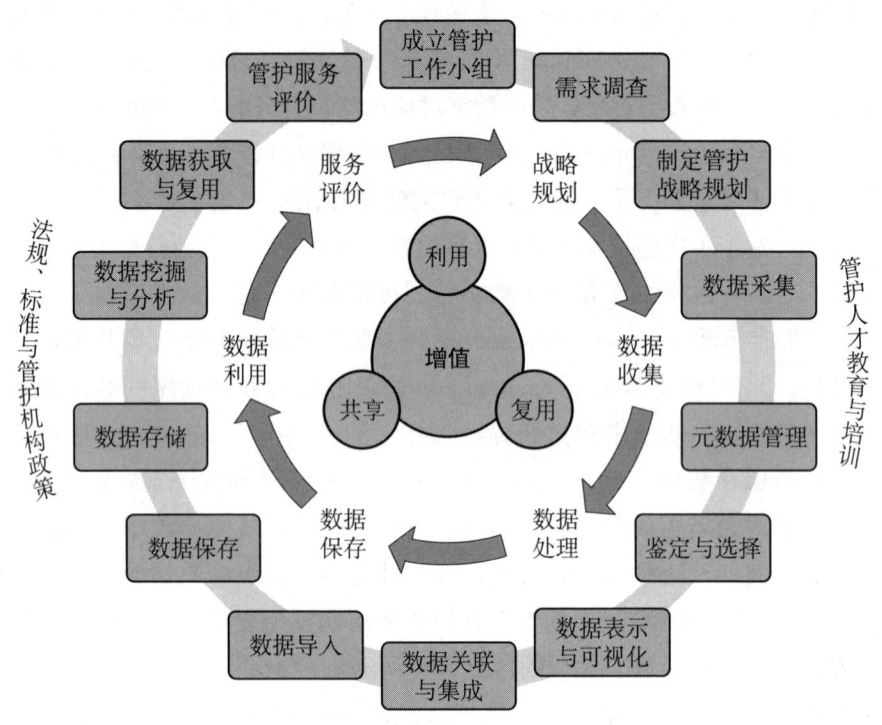

图 6-1 细化的数据（字）管护生命周期模型

6.2 奥运档案的现有管理模式与趋势分析

不同时代和不同奥运举办国家或城市对奥运档案管理采取了不同的策略，形成了不同的模式，如集中式管理、分布式管理和混合式管理等。其中，在数字化背景下，混合式管理获得新的势能，具体表现为：横向空间上的资源集成与纵向空间上的知识传承。

6.2.1 横向空间：资源集成

在横向空间上，分布于不同主体的奥运档案可以在虚拟空间集成，以便于利用。以 2012 年伦敦奥运会为例：早在 2007 年 7 月，伦敦在申办 2012 年奥运会时，英国博物馆、图书馆与档案馆委员会（Museums, Libraries and Archives，MLA）出版《树立榜样》（*Setting the Pace*）一书。该书提出以 2012

年伦敦奥运会为契机,文化遗产部门要致力于谋划文化奥运的愿景,改变人们在博物馆、图书馆与档案藏品中激发灵感、学习创造的方式[①]。这一愿景将通过 5 个项目实现,项目之一即是"The Olympic and Paralympic Record"[②],由英国国家档案馆(The National Archives,TNA)和 MLA 联合文化、媒体与体育部(Department of Culture,Media and Sport,DCMS)共同规划,旨在留存奥运档案作为奥运遗产的一部分,为未来奥组委保存文献记录提供新标准。该项目首次将奥运会这种国际大型体育活动进行专题档案化管理[③],收集包括纸质和电子文档、网站、模拟和数字化声像记录、照片和非正式文献及任何有助于记载奥运会和残奥会的事物[④],形成档案遗产。其中,英国国家档案馆经由此项目提供了多条 2012 年伦敦奥运会档案(Olympic and Paralympic Games and Sporting History)的访问渠道,实现了多个奥运档案保管机构的资源初步集成。

6.2.2 纵向空间:知识传承

在纵向空间上,不同历史时期的奥运档案可以在数据化的基础上实现更高级别的知识服务。以 2000 年悉尼奥运会为例。奥运会结束后,悉尼成立了专门的奥运知识咨询业,经营奥运知识和经验的出售,将专题知识数据库中的内容转化成网页、CD 形式,形成办奥知识遗产出售给国际奥委会,将规划和文件数据库中的相关内容转化为光盘格式的信息产品供公众查阅利用。尽管这种出售做法遭到了国际奥委会的禁止,但不可否认其在集聚、传承办奥知识并提供知识服务方面的价值[⑤]。例如,"在北京申办第 29 届奥运会之初就派出自己的代表团针对 2008 年将要举办奥运会的北京市制定、推出了一些计划,并且派出了曾经参与悉尼奥运会组织的人员和政府官员来到北京,此举给悉尼众多企业带回了大批订单"[⑥]。这些举措激活了奥运档案中蕴含的知识价值,并将其

---

① WILLIAMS C. On the record:towards a documentation strategy [J]. Journal of the Society of Archivists,2012,33(1):23-40.
② 该项目官方网站为"http://www.nationalarchives.gov.uk/olympics/"。
③ JARMAN E K. Showing Britain to itself:changes in collecting policy from the Festival of Britain to London 2012 [J]. Journal of the Society of Archivists,2012,33(1):41-55.
④ 林玲. 以 2012 年伦敦奥运会为例分析大型体育赛事档案工作策略 [J]. 湖北体育科技,2014,33(4):324-325.
⑤ 邵玉辉. 2008 年北京奥运会无形遗产保护和开发研究 [D]. 北京:北京体育大学,2011:75.
⑥ 邵玉辉. 2008 年北京奥运会无形遗产保护和开发研究 [D]. 北京:北京体育大学,2011:75.

活化式传承，惠及了北京奥组委，实现了奥林匹克运动的可持续发展。

然而，从趋势上来看，随着信息技术和融媒体的不断发展，各类数字形式的奥运档案不断形成，奥运档案管理手段也愈加先进，奥运档案管理的数字转型迫在眉睫。《奥林匹克2020+5议程》（*Olympic Agenda 2020+5*）① 指出："数字技术是一种强大的工具，让我们能够更直接地与人们交流，并推广奥林匹克价值观。"为充分贯彻该议程精神，应强化奥林匹克数字化战略发展。数字管护"可以促进科学数据共享，提高科学研究的质量"②。加强北京奥运档案数字管护，既是奥林匹克数字化战略发展的应有之义，也顺应档案"模拟态—数字态—数据态"③ 管理的发展趋势。因此，下文将运用文献研究法、实地调查法、案例研究法等，对历届奥运会的档案管理现状进行系统梳理，总结奥运档案管理现有的主要模式，剖析现存问题，为北京奥运档案数字管护提供实践参考。

6.3 北京奥运档案数字管护的环境与需求分析

6.3.1 北京奥运档案数字管护的环境分析

环境分析能够为北京奥运档案数字管护提供一个宏观视野，从整体上把握影响数字管护运作方式和最终效果的关键因素。本部分拟对北京奥运档案数字管护的政策法规、奥运遗产、档案资源、信息技术、利益相关者等环境要素进行全面解析（见图6-2），以期达到三个基本研究目标：第一，确立实施北京奥运档案数字管护的必要性和可行性；第二，识别北京奥运档案数字管护的基本结构要素；第三，为北京奥运档案数字管护的实施策略提供参考。五类环境要素的内涵和应分析的内容具体如下：

---

① IOC. Olympic agenda 2020+5 [R/OL]. [2022-11-24]. https://library.olympics.com/Default/digital-viewer/c-472511.

② 王芳，慎金花. 国外数据管护（Data Curation）研究与实践进展 [J]. 中国图书馆学报，2014，40（4）：116-128.

③ 钱毅. 从"数字化"到"数据化"：新技术环境下文件管理若干问题再认识 [J]. 档案学通讯，2018（5）：42-45.

第6章 北京奥运档案数字管护模型构建

```
        政策法规                  奥运遗产
     合法性和合规性            文化脉络与叙事方式

                    管护环境分析

   利益相关者                       档案资源
  协同创新与                      资源体构建与
  社会参与                         合理性评估

                     信息技术
                  管理方式与技术手段
```

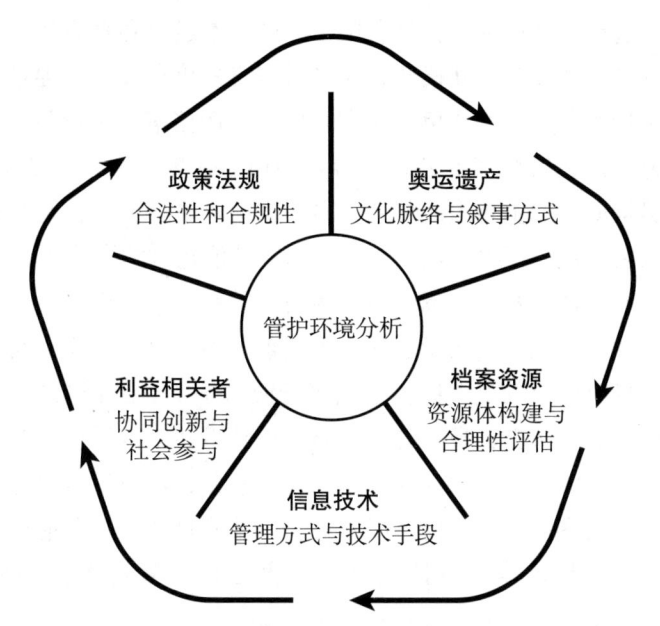

图 6-2　北京奥运档案数字管护环境分析框架图

一是政策法规。根据本书第5章，北京奥运档案管理涉及档案、体育、文化、教育、信息化、保密等多方面的政策法规，既包括国际奥委会制定的《奥林匹克宪章》《奥林匹克 2020 议程》《奥林匹克遗产手册》《奥运遗产指南》《遗产战略方针》《奥运会可持续发展报告》等政策，也包括北京冬奥组委制定的《北京 2022 年冬奥会和冬残奥会遗产战略计划》《北京 2022 年冬奥会和冬残奥会遗产报告（2020）》《北京 2022 年冬奥会和冬残奥会可持续性与遗产赛时宣传手册》《北京 2022 年冬奥会和冬残奥会遗产案例报告集（2022）》《北京 2022 年冬奥会和冬残奥会遗产报告（赛后）》《2022 北京冬奥会和冬残奥会可持续性与遗产》等报告，还包括我国的《档案法》和《重大活动和突发事件档案管理办法》(国家档案局令第 16 号)等法律法规。北京奥运档案数字管护要在现有的政策法规框架中运行，而在此过程中又会产生现行框架解决不了的新问题，如档案所有权归属、知识产权保护、保密解密、开放鉴定等问题，对现行框架提出了挑战。现有政策法规的供给缺失，构成了北京奥运档案数字管护的政策法规环境。政策法规环境规定了奥运档案数字管护的合法运作框架和可行发展方向。政策法规环境分析是从合法性和合规性角度出发，分析相关政策法规对北京奥运档案数字管护的规约性、指导性和局限性，以明确实施北京奥运档案数字管护的运行边界。

二是奥运遗产。历届奥运会承办国家和城市都通过各种方法突出自己的特色，借助新理念、新技术、新模式、新风格等丰富奥运文化，促进经济社会发展，留下了宝贵的奥运遗产。奥运遗产环境是奥运档案发挥价值的软环境。一方面，奥运遗产是奥运档案的外在方位，即档案在奥林匹克与活动中的定位，奥运档案是奥运遗产的重要组成部分；另一方面，奥运遗产也是影响奥运档案价值建构的内在机理，即奥运遗产对奥运档案价值建构的影响①。"通过奥运遗产探析奥运档案所述内容与范围的科学性与完整性，进而剖析奥运档案价值的全面性与体系性。如此便形成了这样一个逻辑线条：奥运会规划与治理了哪些奥运遗产，即相应地形成了哪些奥运档案，便赋予了奥运档案相应的价值。"②奥运遗产环境分析从历史、现在与未来的文化脉络视角以及从宏观与微观的叙事方式出发，涉及体育、经济、环境、社会、文化、城市发展等多项领域，赋予了奥运档案化内容与多样价值。因此，应找准北京"双奥"遗产传承与发展中的关键性、决定性因素，以便把握北京奥运档案管理的核心要旨和迫切需求。

三是档案资源。北京奥运档案是北京"双奥"的"档案式"记忆。"北京奥运档案通过直接、清晰、明确记录奥运遗产的关键内容而建构出北京奥运档案的价值意义，这些'关键内容'便形成了北京'双奥'的核心记忆，表现出原生性、真实性、可靠性、稳定性特征。同时，北京'双奥'遗产多主体、跨地域、跨周期等特性促使北京奥运档案呈现内容也随之丰富多样。"③这些丰富的北京奥运档案资源是数字管护的内容基础，也形成了档案资源环境。不同类型的北京奥运档案，因来源、内容主题、时间、载体形式等不同而具有不同的价值形式、管理模式和利用方式。笔者通过文献调查、案例分析、实地调研、深度访谈发现，2012年伦敦奥运会后，英国国家档案馆建成一个集成奥运档案信息资源、供公众在线利用的专题数据库网站，取得巨大成功，深受各方好评。遗憾的是，尽管2008年北京奥运档案管理取得巨大成绩，但是也存在一些突出问题：重纸质轻电子，导致档案类型单一；重接收轻征集，导致档案结构失衡；重收集轻开放，导致档案利用封闭；重保管轻开发，导致档案价值受限等④。这其中一个重要原因是未能建立专门的系统平台和专题数据库。北京

---

① 张丹. 北京奥运档案的遗产价值建构研究［D］. 北京：中国人民大学，2023：44-45.
② 张丹. 北京奥运档案的遗产价值建构研究［D］. 北京：中国人民大学，2023：45.
③ 张丹. 北京奥运档案的遗产价值建构研究［D］. 北京：中国人民大学，2023：66.
④ 据课题组于2019年1月18日前往北京市档案馆调研资料整理所得。

奥运档案来源广泛、数量庞大、内容丰富、类型多样、价值巨大，为有效管理和开发这些珍贵的档案，必须构建"北京奥运档案资源体"并对其合理性进行评估，以针对性制定北京奥运档案数字管护方案。

四是信息技术。随着信息技术的飞速发展，北京奥运档案拥有了更多的形态特征、管理手段和利用方式。2008年夏奥会档案，从管理制度到实际操作，均以纸质文件归档为主、电子文件归档为辅。而反观2012年伦敦奥运会，其档案管理的最大亮点就是勇于面对技术挑战、不畏信息风险，收集数字形式的奥运档案，并形成了目前最大规模的奥运网页归档信息集。当前，电子档案"单套制"管理已成必然趋势。例如，计算机技术可存储海量的档案资源，3D扫描、三维建模技术能够将实物档案的立体信息转换为数字信号，自动化技术可减少大量人工重复劳动，数字孪生技术可利用历史数据、遥感等进行模拟仿真、检测和预测，辅助人员决策，虚拟现实技术能赋予用户沉浸式的利用体验。运用于北京奥运档案数字管护中的信息技术，共同构成了信息技术环境。信息技术环境分析是从数字管护技术本身和数字化对象的关系出发，对数字管护技术的应用价值和局限性进行分析，以选取北京奥运档案数字管护的技术路径。因此，对于2022年冬奥会档案，应该坚持纸质文件归档和电子文件归档并重。凡有保存价值的电子文件一律归档，而且对非永久保存、非重要的电子文件，可仅以电子形式归档，无须打印成纸质文件。当然，除电子公文、数码照片、音视频档案之外，还应注意归档网站网页、电子邮件、微博、微信公众号和其他社交媒体信息。2022年北京冬奥组委采购档案管理系统，可实现与OA系统的对接。一方面要对该系统进行电子文件及其管理的标准符合性验证，另一方面北京市档案馆还需将"系统互操作""资源共享"等问题纳入考虑范围。

五是利益相关者。现如今，奥运会工程浩繁，已不再是单纯的体育竞技活动，其涉及行业领域广泛、组织团体庞杂，蕴含着社会、经济、人文、科技、环境等丰富元素的多维综合体[①]。首先，这种多维包括多类奥运遗产，也包括多个奥运利益相关方，更包括气候、医疗、电力、电网、运输、交通等各类支持保障部门。就冬奥会而言，冬奥遗产涉及体育、经济、社会、文化、环境、城市发展和区域发展等7大类遗产35项具体任务，奥运利益相关方涉及运动员、中国奥委会和中国残奥委会、国际单项体育联合会、奥林匹克/残奥大家

---

① 张丹. 北京奥运档案的遗产价值建构研究[D]. 北京：中国人民大学，2023：63.

庭、媒体、市场合作伙伴、观众、社区组织、场馆和基础设施建设方、场馆业主、志愿者和北京冬奥组委等11类主体①，北京冬奥组委下属秘书行政部、总体策划部、对外联络部、体育部、新闻宣传部、规划建设部等28个职能部门②，北京2022冬奥会和冬残奥会遗产协调工作委员会还涉及多个外部专业机构③，如第三方专业机构、各领域专家库等。这些利益相关者及其相互关系构成了北京奥运档案数字管护的利益相关者环境。利益相关者环境规定了北京奥运档案数字管护工作的主体框架。利益相关者环境分析是从协同式和参与式等角度出发，明晰数字管护工作的主导者、合作者、参与者、用户的诉求及相互关系。

6.3.2 北京奥运档案数字管护的需求分析

需求分析（needs analysis，NA）指通过内省、访谈、观察和问卷等手段对需求进行研究的技术和方法，已广泛应用于教育、经贸、制造和服务等方面④。需求分析的目的是准确地回答"系统必须做什么"这个问题，也就是对北京奥运档案数字管护的目标系统提出完整、准确、具体的要求⑤。本部分通过访谈、问卷对北京奥运档案的利益相关方进行需求调查，形成需求管理池；然后，进一步明确北京奥运档案管理的功能需求、准确定位目标用户及其诉求；进而，再通过数据分析、技术分析、成本分析、风险分析等，最终提出北京奥运档案数字管护的需求目标（见图6-3）。需求目标的提出可以为制定北京奥运档案数字管护实施策略和北京奥运档案专题数据库建设总体方案提供目标基础。

6.3.2.1 正确业务目标：实现北京奥运档案资源的数字化管理

正确业务目标旨在面向北京奥运档案数字管护模型本身，即北京奥运档案数字管护模型必须具备哪些功能、完成哪些目标、达到哪种效果，以及为了向

---

① 内容出自2021年12月16日下午李树旺在世界人文社会科学高校联盟年会暨"共享、教育与未来：2021奥林匹克教育国际论坛"上作的学术报告《北京冬奥会利益相关方体验愿景与愿景管理》。

② 北京2022年冬奥会和冬残奥会组织委员会. 组织机构 [EB/OL]. [2023-05-20]. https://www.beijing2022.cn/cn/aboutus/organisation.htm.

③ 北京冬奥会总体策划部. 北京2022年冬奥会和冬残奥会遗产战略计划 [R/OL]. (2019-02-19) [2023-05-20]. http://mat1.gtimg.com/bj2022/beijing2022/yichanzhanluejihua.pdf.

④ 陈冰冰. 国外需求分析研究述评 [J]. 外语教学与研究, 2009, 41 (2): 125-130, 6.

⑤ 王继成, 高珍. 软件需求分析的研究 [J]. 计算机工程与设计, 2002 (8): 18-21.

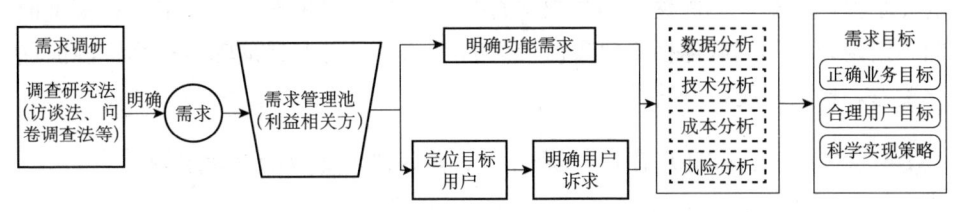

图 6-3　北京奥运档案数字管护需求分析流程图

哪些用户提供有用的功能所需执行的操作。北京奥运档案是 2008 年夏奥会档案与 2022 年冬奥会档案的集合，数字管护模型的构建需将二者资源整合，以统筹不同形成主体的利用选择与价值追求。据调研，北京市海淀区档案馆工作人员指出，该馆下一阶段工作将遵从《北京市"十四五"时期档案事业发展规划》指示，整合馆内 2008 年夏奥会和 2022 年冬奥会的音频类、视频类、数码照片类等电子档案，建立内部使用的专题数据库，构建"双奥之城"下的"海淀记忆"[1]。然而北京奥运档案涉及内容众多、形成载体多样、时间跨度较长，因此，数字管护模型构建在正确业务目标层面需注意以下三点。

第一，注重内容层面的资源组织。北京奥运档案资源整合并非单纯将 2008 年夏奥会档案与 2022 年冬奥会档案统一置于数字管护模型中，而是在掌握北京奥运档案资源来源、类型、内容、格式和特性的基础上，强调其资源整合应更偏向于内容组织层面，即基于某一主题的挖掘、抽取、关联，如夏季、冬季赛事档案与赛事规则、运动知识的整合，夏奥场馆与冬奥场馆设计、建设、运营与技术运用（如场馆夏冬转换、二氧化碳制冰、数字孪生）等方面的档案整合等[2]。第二，注重载体层面的精准管护。北京奥运档案包括纸质、音视频、实物等多种载体，其中实物档案的数字管护，是多数档案保管机构的首次尝试。例如，张家口市档案馆为了在数字平台上完美还原奥运实物档案（如服装、奖牌、火种台等），考虑到实物外形、比例、光线、阴影等多种因素，特聘请相关团队运用三维建模技术，尝试对 100 件实物档案进行数字建模，数字成品效果相比单纯的数字扫描技术更为逼真与还原[3]。载体类型众多，促使档案保管机构需运用更为先进、多样的技术进行精准化数字管护。第三，注重时间层面的可持续发展。北京奥运档案形成时间较长。北京奥运档案跨度长达 26 年，历经了多个不同的数字管护生命周期阶段，如何将处在不同生命周期阶段

---

[1] 据课题组于 2022 年 9 月 29 日前往北京市海淀区档案馆调研资料整理所得。
[2] 张丹. 北京奥运档案的遗产价值建构研究 [D]. 北京：中国人民大学，2023：97-98.
[3] 据课题组于 2023 年 3 月 28 日前往张家口市档案馆调研资料整理所得。

的北京奥运档案优化配置,凸显数字管护层面的精准艺术,是数字管护模型面向不同内容、不同载体档案对象需考虑的问题,以实现北京奥运档案资源的优化配置,最大限度提升管护效益。

6.3.2.2 合理用户目标:实现北京奥运档案资源的共建共享

合理用户目标主要面向用户层面。"北京'双奥',是每一个中国人的盛会,给中华民族留下了珍贵的物质财富和美好的集体记忆。这些财富和记忆由档案铭刻、记载、传承,泽及后世。"[①] 因此,合理用户目标层面旨在实现北京奥运档案资源共建共享,顺应北京"双奥"所提出的"人文奥运""共享办奥""开放办奥"理念。2008年夏奥会,中国在奥运史上首次提出了"人文奥运"理念。该理念主要是指"普及奥林匹克精神,弘扬中华民族优秀文化,展现北京历史文化名城风貌和市民的良好精神风貌,推动中外文化的交流与融合,加深各国人民之间的了解、信任与友谊;突出'以人为本',以运动员为中心,努力建设与奥运会相适应的自然、人文环境,提供优质服务;遵循奥林匹克宗旨,以举办奥运会为主线,开展丰富多彩的文化教育活动,丰富全体人民的精神文化生活、促进青少年的全面发展;以全国人民的广泛参与为基础,推进文化体育事业的繁荣发展,增强中华民族的凝聚力和自豪感"[②]。"共享办奥",一则推动冰雪运动快速进步,推动全民建设广泛开展,壮大冰雪运动产业发展,实现"带动三亿人参与冰雪运动"目标,建设体育强国、健康中国;二则把筹办冬奥会、冬残奥会作为推动京津冀区域协同发展、城市发展的重要抓手,推动交通、环境、产业等领域协同发展先行先试,进一步发挥北京对京津冀区域发展的辐射带动作用[③]。"开放办奥",一则主动同国际体育组织合作,借鉴2008年夏奥会和其他国家办赛经验;二则广泛开展对外人文交流,推动东西方文明交融,讲好中国故事,传播好中国声音;三则增强中国实现中华民族伟大复兴的信心,展示中国致力于推动构建人类命运共同体,阳光、富强、开放的良好形象[④]。鉴此,实现北京奥运档案资源的共建共享,不仅是制度层要建立相应的规章制度等予以规范,更要在技术上确保各类北京奥运档案资源能够虚拟集中,因此,数字管护模型构建在合理用户目标层面需注意以下几点:

---

① 张丹.北京奥运档案的遗产价值建构研究[D].北京:中国人民大学,2023:95.
② 第29届奥林匹克运动会组织委员会.北京奥运会残奥会重要文献汇编:北京奥组委奥运工作文献汇编(上)[M].北京:北京出版社,2010:51-52.
③ 李晓,方莉.共享办奥 踏雪上冰,同沐冬奥荣光[N].光明日报,2022-02-05(8).
④ 张胜.开放办奥 更宽广的胸怀,更自信的表达[N].光明日报,2022-02-06(8).

第一，支持系统互操作。这主要针对各个藏有北京奥运档案的保管机构内部数据库跨平台整合的架构技术和理念，强调突破北京奥运档案数据异构性、保管分散化的困境。"整合平台层技术主要有 SOA、Web Services 和中间件技术"①，着重解决不同数据库中北京奥运档案资源异构现象，促使不同独立的数据库系统之间的软件模块交互，实现不同奥运利益相关方之间奥运资源共享。此外，还需给予一般社会公众上传、分享自己所藏北京奥运档案的渠道，经专业人员审核，可直接对其进行数字化保护与管理，实现"数字征集"。第二，构建用户生态。这主要指调查了解包括国际奥委会、北京奥运城市发展促进中心、社会组织、学校、新闻媒体、运动员、志愿者和社会民众等在内的奥运利益相关方，了解各类用户需求，在利用模型帮助用户完成事务的基础上，充分描述外部行为，形成模型需求规格说明书。同时，注重不同类别用户的粒度、边界、优先级等，强调北京奥运档案资源对不同需求主体的支持，生成用户画像。通过系统自动甄别用户，即可实现用户利用奥运档案资源的广度和深度的提高②。第三，加强"双奥"知识服务。北京奥运档案是北京"双奥""申办—筹办—举办—后奥运时代"的知识库，凝结了北京办奥智慧。加强知识服务旨在强调提升对北京奥运档案资源中蕴藏的大量知识进行资源整合、按需提取、服务民众的能力。目前，北京奥运档案的开发利用多倾向于对体育赛事领域发挥辅助决策、服务筹办、传承经验等作用，而较少涉及经济、文化、科技、环境、城市建设与区域发展等非体育赛事领域，忽视了北京奥运档案的超体育价值③。例如，在区域发展方面，2022 年冬奥会双城联办可为推动京津冀区域协同发展提供抓手，推动两地政策制度创新、协同治理创新、体制机制创新，以交通、环境、医疗等行业为先行试点。这些具体经验、做法皆转化为北京奥运档案，分主题、有计划地凝结其中智慧，可为全面实施京津冀协同发展战略乃至其他区域协调创新发展起到引领作用。

此外，作为对北京奥运档案数字管护模型功能性需求的补充，模型需求分析的内容中还应该包括一些非功能需求。主要包括模型使用时对设备性能方面的要求和运行环境要求、模型研发与设计必须遵循的相关标准和规范、用户界面设计的具体细节、未来可能的扩充方案以及数字管护模型设计或构建的约束说明。例如，待构建模型应支持在 PC 端、移动端等多个常用终端

---

① 王上铭. 专题档案资源库建设研究 [D]. 南京：南京大学，2015：107.
② 张丹. 北京奥运档案的遗产价值建构研究 [D]. 北京：中国人民大学，2023：98.
③ 张丹. 北京奥运档案的遗产价值建构研究 [D]. 北京：中国人民大学，2023：98.

服务器皆可运行，或者基于 Windows、iMac、Linux 系统均可运行等，满足不同用户需求。

6.3.2.3 科学实现策略：构建北京奥运档案数字管护模型

数字管护是在数字信息的生命周期内，对数字信息进行管理并使其增值的活动，是主动的、持续的数据管理，能够促进数据发现和搜索、保持数据质量、增加数据价值并提供重复利用。就北京奥运档案而言，一方面，北京奥运档案数字管护模型构建原则主要包括：

（1）以挖掘北京奥运档案遗产价值为导向。构建北京奥运档案数字管护模型的最终目的是实现北京奥运档案资源的长久保存与科学管理，以深度挖掘、充分实现其遗产价值。价值实现既是数字管护构建的原动力，也是最终目标。

（2）以北京奥运档案资源为核心。北京奥运档案资源是数字管护模型构建主要面向的对象，也是数字管护构建的内容基础。数字管护模型在研发与构建过程中应契合北京奥运档案资源来源、类型、内容、载体等特性，满足北京奥运档案资源的长期保存需求。

（3）"价值阐释—资源管护—高效利用"三位一体。价值阐释即北京奥运档案的遗产价值认知与内容阐发，为资源管护提供意义与价值；资源管护是北京奥运档案资源长期良好保存的过程，为高效利用奠定内容基础；高效利用是北京奥运档案资源数字管护的最终目的，也是其遗产价值实现的最终归宿。三者构成了"何谓北京奥运档案数字管护模型构建—北京奥运档案数字管护模型构建为何"的逻辑链条。

（4）涵盖文件生命周期的主要环节。北京奥运档案资源历经形成、收集、整理、鉴定、保管、统计、编研、开发、利用等若干工作环节，同样契合数字管护的"周期式数据培育"。北京奥运档案数字管护模型由核心数据、全生命行为、连续行为和关键要素等四个重要圈层①组成，它反映着北京奥运档案资源的整体性运动规律，为北京奥运档案全程管理和前端控制提供技术工具。

（5）统合北京奥运档案数字管护的关键要素等。除了技术层面的数字操作，北京奥运档案数字管护同样需要多元共治理念、相关法规标准规范等予以支持、配合与保障。

---

① 龙家庆. 论档案学理论对数字管护研究的支柱性贡献［J］. 北京档案，2023（2）：7-11.

第6章 北京奥运档案数字管护模型构建

另一方面，本部分以 DCC 数字管护生命周期模型为基础，借鉴王芳等人构建的"细化的数字管护生命周期模型"，结合北京奥运档案相关特性，探究其数字管护模型结构。从总体上来看，该模型是一个以数字奥运档案资源为圆心的环形层次模型（见图6-4）。

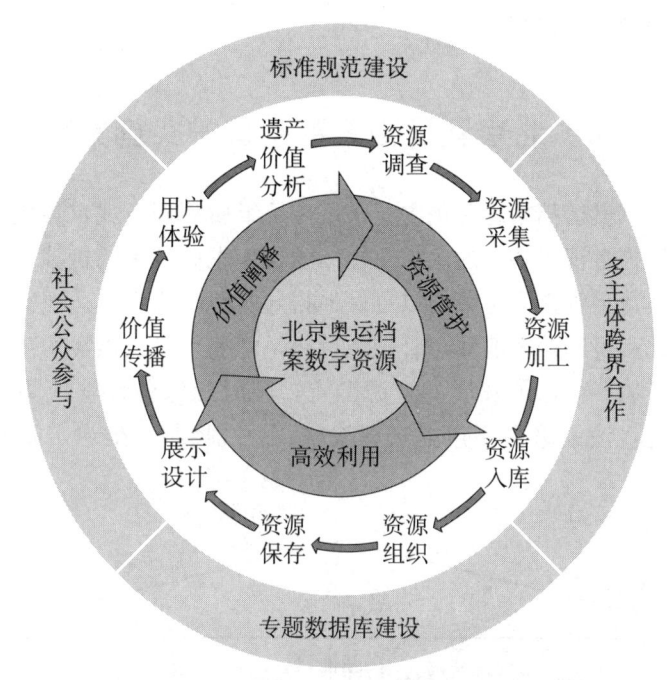

图6-4 北京奥运档案数字管护模型图

内部圈层是北京奥运档案数字管护的核心数据，即北京奥运档案数字资源，形成于北京"双奥"，保管于各级各类综合档案馆、博物馆、中国奥委会、国家体育总局、高校等机构，包括各类数字化文件和原生数字文件构成的数据集（库）。

第二圈层是北京奥运档案资源数字管护的全生命行为，即"价值阐释—资源管护—高效利用"，围绕北京奥运档案资源的学术价值与社会意义展开，三者相互依存、集为一体，强调档案工作者为党管档、为国守史、为民服务的社会责任。

第三圈层是北京奥运档案资源数字管护的连续业务行为，是数字管护核心活动的展开，即以北京奥运档案资源为内容基础，进行遗产价值分析—资源调查—资源采集—资源加工—资源入库—资源组织—资源保存—展示设计—价值传播—用户体验等若干环节活动。该活动是一个循环式的线性流程，与电子文件生命周期的多个环节一致。

第四圈层是北京奥运档案数字管护的关键要素，包括多主体跨界合作、标准规范建设、社会公众参与、专题数据库建设等。这主要由北京奥运档案的形成、内容、形式特点决定，应着重考虑北京奥运档案管理挑战与需求所映射的关键要素，与制度层相对应。

6.4　北京奥运档案数字管护实施策略

目前，北京奥运档案管理仍主要采用传统纸质管理模式，各机构对北京奥运档案数字管护重视不够，加之社交媒体的快速发展带来的挑战，有必要制定北京奥运档案数字管护实施策略以更好地指导实践。北京奥运档案数字管护实施策略是以北京奥运档案的数字管护为目标，将北京奥运档案的数字管护纳入北京"双奥"遗产可持续发展的资源配置，同时确保各种管理要素可持续供给。具体来说，该策略主要包括宏观战略、中观控制、微观实施等三个层面（见图6-5）。

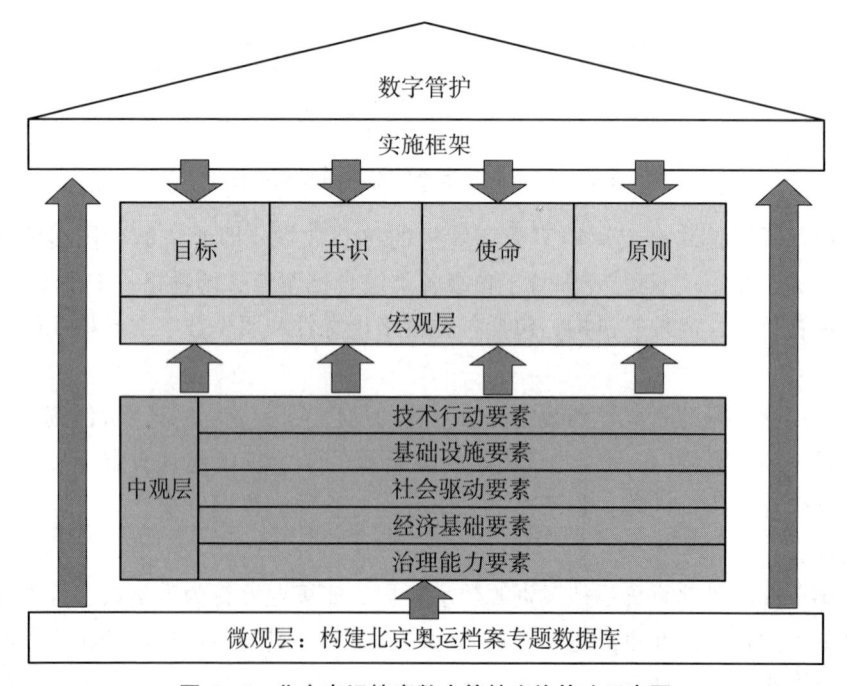

图6-5　北京奥运档案数字管护实施策略示意图

6.4.1 宏观战略层

宏观战略包括目标、共识、使命与原则等四个方面。目标上，确立北京奥运档案数字管护的总体目标，推动北京奥运数字档案的长期保存与科学管理。共识上，加强对数字管护模型的顶层统一设计，意识到北京奥运档案数字管护的必要性与重要性，通过各方有效沟通交流形成对北京奥运档案数字管护问题与挑战的共识。使命上，加深对国际奥委会、北京（冬）奥组委、北京"双奥"重大活动、北京"双奥"遗产的了解与研究，从而强化对北京奥运档案及其数字管护的理解和认知。原则上，以北京奥运数字档案应收尽收、开放共享为原则，最大限度实现北京奥运档案的遗产价值，讲好中国奥运故事。

6.4.2 中观控制层

北京奥运档案数字管护需要从技术行动、基础设施、社会驱动、经济基础、治理能力等五大行动要素方面综合开展部署与协作。技术行动上，需明确了解北京奥运档案数字管护这一行动的目标、期望与动机，需要采取怎样的技术能够阶段性达成对北京奥运档案的数字管理；基础设施上，主要指用于北京奥运档案数字管护所配备的硬件、机房等必备的基础设施，其性能需要匹配北京奥运档案数字管护要求；社会驱动上，从社会需求层面明晰北京奥运档案数字管护的目标，以反向驱动北京奥运档案高效的数字化管理；经济基础上，主要指用于构建这一套数字管护模型所需要的财力支持，与技术行动、基础设施等相对应；治理能力上，北京奥运档案数字管护模型构建涉及数据摄入、挖掘、分析、保存、流转等多个阶段，需要多方参与，共同管护好北京奥运档案数字资源。

6.4.3 微观实施层

北京奥运档案数字管护应做好基础设施建设、保存并整合高价值的数字档案、构建北京奥运档案专题数据库、建立授权和可信的访问机制等，确保北京奥运档案数字管护得到有效落实。本章将具体论述北京奥运档案专题数据库建设方案，详见 6.5 节。

总体来看，北京奥运档案数字管护实施策略是一个自上而下的"宏观战略设计—中观控制监管—微观具体实施"的整体框架设计，其目标的实现依赖于可持续的资源和行动支持，而这些资源和行动又涉及多个相关利益主体，是一个以协同、联动、合作为特征的综合性战略行动机制。

6.5 北京奥运档案专题数据库建设总体方案

档案专题数据库即根据用户对档案信息的需求特点，按照一定标准和规范，对某一学科或某一专题有利用价值的档案信息进行收集、组织、加工、存储，并提供检索、利用的数字档案资源库。《重大活动和突发事件档案管理办法》(国家档案局令第16号)、《"十四五"全国档案事业发展规划》均明确提出建设重大活动的专题档案数据库的要求。因此，建设北京奥运档案数据库势在必行，它对于北京奥运档案管理与开发具有非常重要的价值和意义。本部分将在系统构建北京奥运档案资源体的基础上，进一步明确北京奥运档案专题数据库建设的总体规划、原则理念、信息技术等，以供第5章提出的"北京奥运遗产工作协调委员会"下属"档案工作组"及各成员单位参考。不管是从2022年冬奥会遗产战略出发，还是从档案事业发展规划出发，建设北京奥运档案专题数据库都是一项需要尽快落实的重要工作。

遗憾的是，尽管2008年夏奥会档案管理取得巨大成绩，但是也存在一些诸如重纸质轻电子、重接收轻征集、重保管轻开发之类的突出问题[①]。这其中一个重要原因是未能建立专门的系统平台和专题数据库。北京奥运档案来源广泛、数量庞大、内容丰富、类型多样、价值巨大，为有效管理和开发这些珍贵的档案，必须建立专题数据库系统，按照专题进行收集整理、加强开发利用。为此，建议采取如下举措加快建设北京奥运档案专题数据库。

6.5.1 合理规划北京奥运档案专题数据库建设

北京奥运档案专题数据库是以各种各类北京奥运档案信息为主要数据来源的专题数据库，主要目标是从世界奥运遗产保护与中国奥运记忆构建的战略出发，实现2008年夏奥会和2022年冬奥会档案的全面收集、集中管理和长久保

---

① 据课题组前往北京市档案馆调研资料整理所得。

存，并提供开放利用以满足社会各方面对奥运档案信息的利用需求。具体来说，它是指针对用户对档案的需求特点，按照一定标准和规范，对申办、筹办和举办两届奥运会过程中及后奥运时期，各种组织、机构和个人形成的，与奥运相关的具有保存价值的历史记录，进行收集整理、开发利用，以满足用户个性化需求的档案信息资源库。

北京奥运档案专题数据库是一个体现多维档案特征的集成系统。其所管理的奥运档案在来源上既包括官方机构形成的档案，也包括非官方机构或个人形成的档案；在形成时间上既包括申办阶段档案、筹办阶段档案、举办阶段档案，也包括后奥运阶段档案；在内容上既包括奥运竞技比赛档案，也包括奥运经济档案、奥运社会档案、奥运文化档案、奥运环境卫生档案、奥运工程建设档案等；在载体上既包括纸质档案，也包括电子档案、实物档案、多媒体档案和其他载体类档案。

由于北京两届奥运会主要依托北京地区开展，且北京市档案馆在 2008 年夏奥会之后已经形成良好的档案资源基础，笔者建议宜由北京市档案馆牵头组织建设，联合其他奥运档案收藏机构，并实现全社会广泛参与。所建成的北京奥运档案专题数据库既可以整合于市档案馆数字档案馆系统，也可以独立运行；既可以集中保存市档案馆所藏北京奥运档案，也可以进而整合张家口市档案馆和北京市各区县档案馆，以及其他机构或个人收藏的奥运档案。基于该数据库还可以进一步构建"北京奥运记忆"，推动北京奥运档案申请"世界记忆名录"。

6.5.2 坚持与时俱进，推进北京奥运档案管理数字转型

2008 年夏奥会档案，从管理制度到实际操作，均以纸质文件归档为主、电子文件归档为辅，而反观 2012 年伦敦奥运会，其档案管理的最大亮点就是勇于面对技术挑战、不畏信息风险，收集数字形式的奥运档案，并形成了目前最大规模的奥运网页归档信息集。当前，电子档案"单套制"管理已成必然趋势。对于 2022 年冬奥会档案，应该坚持纸质文件归档和电子文件归档并重。凡有保存价值的电子文件一律归档，而且对非永久保存、非重要的电子文件，可仅以电子形式归档，无须打印成纸质文件。北京冬奥组委采购档案管理系统，可实现与 OA 系统的对接。一方面要对该系统进行电子文件及其管理的标准符合性验证，另一方面市档案馆需要考虑到未来移交进馆的数据接口建设。

当然，除电子公文、数码照片、音视频档案之外，还应注意归档网站网页、电子邮件、微博、微信公众号和其他社交媒体信息。

6.5.3 坚持全民共建，构建民众共同的北京奥运记忆

2022年冬奥会是每一个中国人的盛会，给中华民族留下了美好的集体记忆。因此，要从构建集体的"奥运记忆"角度，加强对非官方档案收集，增强普通民众的参与感、获得感、认同感和归属感。如英国国家档案馆将与2012年伦敦奥运会相关的个人社交媒体信息进行了归档，保留下许多原本不为人知的珍贵记忆[①]；温哥华市档案馆公开了2010年温哥华冬奥会中12 000名火炬手的照片和视频，让许多加拿大人民重温当年火炬传递时的热情[②]。因此，北京市档案馆及其他北京奥运档案保管机构即刻起就应注意归档、征集原先未列入进馆范围的企业、民间组织和普通民众的档案，包括与北京冬奥会相关的社交媒体信息、日记、照片、文艺作品、学术成果、口述史和实物档案等。

此外，北京奥运档案专题数据库应该面向全社会免费开放利用。每个人都是奥运会的参与者、贡献者，奥运遗产理应为全民共享，故奥运档案不应仅限于官方机构利用，应贯彻"共享办奥""开放办奥"的理念，实现向全民在线、免费开放利用。如1984年洛杉矶奥运会结束2年后，当地档案部门即将详细的奥运档案目录上传网上，方便民众查阅[③]；2012年伦敦奥运会的"The Record"网站面向公众开放后，访问量和影响力都很大[④]。因此，北京奥运档案专题数据库应根据建设情况，尽快有序面向社会开放利用，使之惠及广大人民群众。奥运档案中不涉及国家安全的部分，应尽早扫除法律障碍，面向普通民众开放。当然，开放之前应进行解密鉴定。

综上，数字管护理念及其方法论逐渐融入档案管理与开发的各项工作之中，有效维护着各类档案数据的可持续性，与北京奥运档案资源的全面收集、

---

① 黄霄羽. 2012年英国国家档案馆的奥运档案工作及简评 [J]. 四川档案，2013 (1)：54-55.

② PARENT M M, MACDONALD D, GOULET G. The theory and practice of knowledge management and transfer: the case of the Olympic Games [J]. Sport Management Review, 2014, 17 (2): 205-218.

③ 徐拥军，陈洁. 北京奥运档案管理的对策建议 [J]. 北京档案，2020 (7)：27-29.

④ 林玲，郑宇萌. 奥运会遗产的数字化收集整理与利用：以伦敦奥运会数字化档案为例 [J]. 湖北体育科技，2019, 38 (8)：664-669, 678.

集中整理与长期保存的管理目标有着较高的契合性。鉴此，本章针对北京奥运档案现有管理模式与趋势、数字管护的环境与需求，构建北京奥运档案数字管护模型，并以"宏观层—中观层—微观层"为逻辑提出北京奥运档案数字管护的实施策略。最后，强调开发建设北京奥运档案专题数据库，以整合"双奥"档案资源，推动北京奥运档案遗产价值的整体实现与有效利用，为推动人文背景下北京奥运档案的场景式开发奠定资源基础。

第 7 章

北京奥运档案场景式开发模式构建

本章旨在为人文化背景下的北京奥运档案开发提供路径指引和方法指导，围绕北京奥运档案各类用户的不同需求，构建安全、共享、开放、立体、和谐和可持续的奥运档案场景式开发模式，以更好地挖掘北京奥运档案的遗产价值，为京津冀一体化和国家各项发展战略、国际奥林匹克运动可持续发展服务。本章拟解决的主要问题包括：一是在提出问题方面，为何要在人文化背景下研究创新北京奥运档案开发模式？二是在分析问题方面，北京奥运档案场景式开发模式是什么？三是在横向解决问题方面，北京奥运档案场景式开发模式可以适用于哪些主要场景？四是在纵向解决问题方面，北京奥运档案的创新场景应当通过何种基本路径具体实现？

7.1 北京奥运档案开发利用的人文化背景与需求分析

7.1.1 人文化背景

人文作为人类文化中的先进部分和核心要素，具体是指人类或者一个国家、一个民族、一个群体共同具有的符号、价值观及其规范。"人文"一词最早见于《易经》："观乎天文，以察时变；观乎人文，以化成天下"。中国的人文精神渊源于中华优秀传统文化，其核心内涵伴随时代发展和文化进步而不断创新与优化，以强大的生命力为解决人与自然、人与社会诸多方面的问题提供智慧，现已成为社会各方面的重点关注视域与导向。由此，北京奥运档案开发应基于人文化背景与趋势，反映人文化特点与要求。即强调以人为中心，尊重人的文化需求，充分考虑人文理念、人文环境、人文素质等要素的渗透。这有助于解决北京奥运档案价值认知、利益相关者、开发利用流程与方法等方面涉及的复杂多元和不平衡发展的矛盾，以促进北京奥运档案资源跨区域和跨主体的共享利用，创新北京奥运档案的精准化与个性化服务形式，从而深度挖掘北京奥运档案的遗产价值。

7.1.2 北京奥运档案开发现存问题与需求分析

调研发现，2008年夏奥会档案、2022年冬奥会申奥档案目前主要限于官方机构查阅，尤以2010年广州亚组委、2022年北京冬奥组委、2022年杭州亚组委前来查阅较多。社会公众只得通过展览、电视节目、纪录片等一见真容，而大部分北京奥运档案基本处于封闭状态。2008年夏奥会作为一届"无与伦比"的奥运会，体现了中国人民的聪明才智，见证了中国人民的伟大精神。我们有必要通过深入研究北京奥运会档案，为世人总结北京经验，贡献北京智慧。但是，检阅各种科学文献数据库，直接基于奥运档案研究的中文成果相比外文成果少之又少。究其原因在于：普通学者无法利用奥运档案进行研究，而北京市档案馆自身又没有力量开展研究。于是一座知识"富矿"坐等发掘，实是浪费。进一步深入分析，当前北京奥运档案开发的问题与需求如下：

7.1.2.1 北京奥运档案开发理念落后

以北京冬奥组委、北京市档案馆为代表的北京奥运档案形成、保管部门延续以往"重藏轻用"的导向，北京奥运档案共享开放的主观能动性较为欠缺。档案部门对电子文件归档、民间档案征集和专题数据库建设的重视程度较低，难以从全面、宏观、系统的视角对北京奥运档案开发予以通盘考虑，导致无法将北京奥运档案与各个领域、各个层次、各个维度的利益相关者相对接。

7.1.2.2 北京奥运档案价值认知不深

一者，对北京奥运档案的价值定位不均衡。北京奥运档案的价值发挥和实现不同于其他类型档案，既具有周期性、阶段性演进特征，也具有空间性、场景性弥漫特征。档案部门过于注重北京奥运档案的凭证价值、参考价值等传统价值形态，而忽视其在记忆传承、国家认同、情感体验方面的人文价值。

二者，对北京奥运档案的价值规律未掌握。奥运档案形成于以"人"为主体参与的人文奥运现象，随着奥运会的申办、筹办、举办和后奥运等阶段的不同，表现出不同的人文价值形态。同时受到疫情等外部环境的影响，北京奥运档案的价值规律也发生变化。档案部门对北京奥运档案价值形态的动态演进、辐射认识不到位，未从奥运时期、后奥运时期的视角考量，设计与之相适应的开发形式，难以在人文化背景下深度挖掘北京奥运档案的遗产价值。

三者，低估北京奥运档案的价值效益。北京奥运档案的价值效益根据不同的划分依据，具体呈现不同形态：根据价值实现时间的不同，可分为现实价值与长远价值；根据价值作用对象的不同，可分为对形成者的价值和对社会的价值。当前，相关部门注重发挥北京奥运档案对自身各项业务工作的现行效用，而对北京奥运档案的多层多维长远价值认识不到位。

7.1.2.3　北京奥运档案利益关系复杂多变

一者，开发主体职能重叠、存在空白。北京奥运档案开发主体（提供档案利用服务的主体）是满足各类用户的多元利用需求的组织保障，是决定北京奥运档案供给与需求精确对接的能动性力量。当前，由于体制机制不健全、各责任主体之间缺乏良性互动和交流，致使出现开发主体职能重叠、具体责任内容存在交叉或陷入空白的窘境。需要进一步厘清不同开发主体的职能定位。

二者，用户分布广泛、需求多元。北京奥运档案具有形成来源、主题内容、载体形态、价值形态的多样性，导致用户的广泛性，主要用户包括奥林匹克运动组织、体育部门、教育部门、文化部门、宣传部门、其他政府部门、新闻媒体、企业、社会组织，以及研究学者、普通民众等利益相关方。而这些用户的需求也具有多元性。

三者，利益关系相互交织、动态变化。人文化背景要求北京奥运档案开发过程中尊重人、爱护人、重视人、关心人。然而，北京奥运档案开发主体和用户类型众多、数量庞大，其利益关系由于奥林匹克运动周期的阶段性、档案资源的集成性、需求的差异性而呈现出相互交织和动态变化的特征。因而，应充分考虑复杂利益关系带来的影响，聚焦用户不同层次、不同维度及不断变化的需求，建立起普遍性和特殊性、多样性与针对性相结合的北京奥运档案开发体系。

四者，间接利益相关者的需求被忽视。奥运档案利益相关者的需求与北京奥运档案的价值形态在一定程度上具有相关关系。一方面，大多数利益相关者（直接利益相关者）更关注奥运档案的一般价值形态（凭证价值、参考价值），应用场景多是为大型体育赛事筹办、相关部门管理决策提供参考和借鉴；另一方面，间接利益相关者更关注奥运档案的特殊价值形态（记忆传承、国家认同、民族情感、文化交流等方面的价值等），应用场景多是为满足广大人民群众的精神文化生活需求。而当前北京奥运档案开发工作侧重于满足前者需求，而忽视了后者需求。

7.1.2.4 北京奥运档案开发流程不畅

一者，各主体对北京奥运档案开发的参与度不高，协作性较低。北京奥运档案开发工作是一项系统性、复杂性较高的任务，单靠某一类主体或某一个部门的自身力量难以进行全面、深度开发，需要档案部门、体育部门、文化部门、教育部门、宣传部门、社会组织、企业、个人等的多方参与和协调配合。因此，需要在第5章提出的"北京奥运遗产工作协调委员会"（下设"档案工作组"）主导与协调下，形成北京奥运档案多方协同开发机制，克服部门壁垒和资源浪费，构建北京奥运档案开发利用共同体。

二者，北京奥运档案开发流程与场景的耦合度不佳，结构性较差。北京奥运档案开发流程与场景的耦合，要充分考虑国家战略、政策环境和制度体系的影响，凸显北京奥运档案的遗产价值，推进北京奥运档案由当前的"一次性开发"向"多次性开发"转变，由"表层参与"向"深度融合"演进，实现北京奥运档案资源"一源多用"的全方位开发效果，增强北京奥运档案的历史厚重感、文化感染力和体验吸引力。北京奥运档案的场景式开发和创新性转化，要以维护档案真实性为根本前提，在人文化与技术化两个维度之间形成合理张力，同时注重风险评估与控制，避免出现过分的粗浅式开发倾向致使北京奥运档案完整的开发结构反而受到削弱。

三者，北京奥运档案的管理端与开发端衔接不准，体系化较弱。北京奥运档案遗产价值的充分实现，取决于北京奥运档案的管理端与开发端是否精准化、体系化衔接。奥林匹克运动作为周期性的重大体育赛事活动，总体呈现出"提振期"和"低谷期"交替演进的态势，奥运会的申办、筹办、举办再到后奥运四个阶段实质为一个完整的赛事生命周期，加之奥运档案形成来源和时间的广泛性、主题内容和价值形态的多元性以及相关利益主体需求的多样性，为北京奥运档案管理端和开发端形成完整的"闭环"带来挑战。当前，北京奥运档案保管部门更多地将"管理端"视为任务驱动下局限于本单位内部的一个"闭环"，未将开发端的需求纳入其中，两端之间也缺乏一条双向互动的信息传输渠道。受此影响，北京奥运档案开发形式和成果自然大多呈现出单向、被动的特点，档案用户的多元需求也不能被全面、高效地满足。

7.1.2.5 北京奥运档案开发技术手段落后

当前北京奥运档案开发效果不尽如人意的重要原因：一是开发手段单一，仍以实体档案陈列、电视节目、纪录片为主，缺乏以融媒体为手段的全视角、高标准的创作、传播、表演、出版等；二是开发技术落后，未应用先进的信息技术，未将数字人文、现实虚拟（AR/VR/XR）、大数据、人工智能、区块链等新兴技术与北京奥运档案开发的迫切需要深度融合。这些导致北京奥运档案开发成果成效欠佳、影响较小，未能广泛引起社会公众共鸣。

7.2 北京奥运档案场景式开发模式的基本内涵

7.2.1 北京奥运档案场景式开发模式的含义

在人文化背景下，创新北京奥运档案开发模式必然离不开"人"这一核心概念，必须基于人的需求实现奥运档案的遗产价值。而互联网时代的到来将"人"的存在提高到前所未有的高度，由此孕育出来的"场景化"思维也成为开发者提供服务的聚焦点。在奥运档案开发利用过程中，"场景"无处不在，特定的赛期（时间）、场馆（地点）和运动员（人）就可以构成特定的奥运档案开发场景，无论是放大到大的活动赛事档案利用，还是缩微到小的档案系统服务界面设计，都需要从人文化背景出发，注重人的体验。北京奥运档案开发是一项需要跨地域、跨领域、跨部门合作的工作，尤其是在疫情时期，还是一项线上、线下同步的工作。场景式开发模式的多元化网络特征，使各个利益相关者以场景串联的形式，共同服务于挖掘北京奥运档案遗产价值的目标，北京奥运档案开发的跨越式融合与创新由此成为可能。因此，在人文化背景下，北京奥运档案场景式开发模式将北京奥运档案开发视为一种价值密集的"场"或者"空间"，与同样需求密集的用户相对接，从而实现北京奥运档案开发场景下价值最大化的过程。在开发过程中，所涉及的主体和所调动的资源都进出于一个多元立体的"场"或"空间"——北京奥运档案开发。在这个最大的密集场景中间，利益相关者即"人"站在中间位置，围绕人的体验设计相应的需求逻辑，使得具有相同需求特征的用户酝酿出社群效应，通过提高需求与价值的黏性关系，从而实现奥运档案开发场景的价值最大化。总体上，人文化背景是奥运档案场景式开发模式的逻辑起点，场景化设计为人文化背景下的奥运档案开发提供了先进、成熟的方法与体系。

7.2.2 场景式在北京奥运档案开发中的适用性

一是核心理念可印证。"场景式"开发理念的提出建立在"记忆之场""文化空间"的概念基础之上，"场"与"空间"都是对场景的理论隐喻。与系统、结构、网络等强调关系的概念相比，"场景"更加强调其中行为主体与客体的相互作用关系，更契合对北京奥运档案进行创新开发的目的性行动，而不仅仅是北京奥运档案的静态结构与纽带。一方面，"记忆之场"并非专指客观存在的场馆，而是泛指实在性的、象征性的和功能性的立体回忆环境。记忆诞生于空间环境，在回忆时也是以抽象空间为形式，因此，"记忆之场"是观念、情感等意识空间塑造起来的意义环境。奥林匹克运动各项活动发生在举办国、举办城市、举办场馆，与空间紧密相关，因此为记录奥运会而形成的档案就是意义丰富、所指多元的"记忆之场"。另一方面，"文化空间"是一个特定的概念。在一般文化遗产研究中，"文化空间"作为一种表述遗产传承空间的特殊概念，"可以用于任何一种遗产类型所处规定空间范围、结构、环境、变迁、保护等方面的研究，因而具有更为广泛的学术内涵"[①]。这一理念拓展到奥运档案领域，也肯定了奥运档案所蕴含的奥运文化、奥运精神、奥运价值观必然置于一定的空间、具有一定的结构、依赖一定的环境、存在时间的变迁、立足有意识的保护等。上述两个概念与"场景"相契合，印证了奥运档案场景式开发模式的核心内涵与理论价值。

二是基本路径可落地。除了核心概念得到验证之外，在方法成熟度上，场景式开发坚持以人为本的理念，关注人与环境的互动和反馈，已经形成了较为体系化、流程化的设计方法和通用环节，包括需求建模、用户画像和事件管理等，重点应用于营销、产品设计、文化旅游开发等场景之中。不同的场景可针对场景需求发挥北京奥运档案的不同作用，实现北京奥运档案的多维多层价值。也就是说，场景式开发模式可以为奥运遗产档案开发提供通用的方法指导和路径指引。

---

① 贺云翱. 文化遗产学初论［J］. 南京大学学报（哲学、人文科学、社会科学版），2007（3）：127-139.

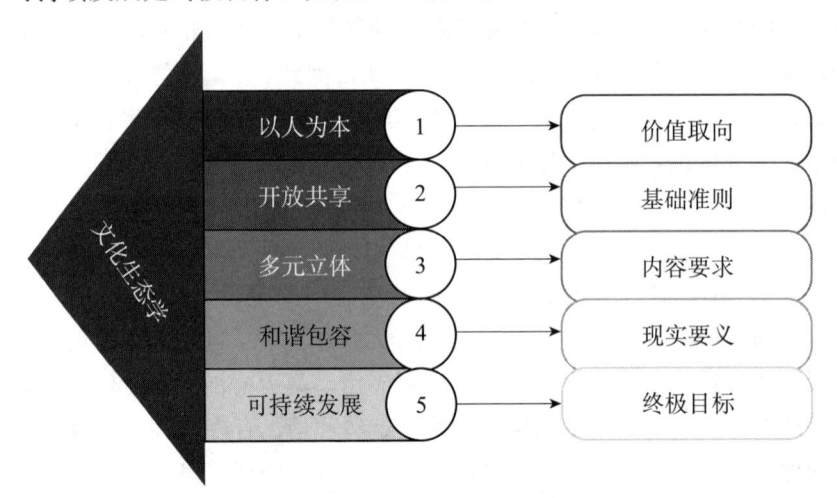

7.2.3　北京奥运档案场景式开发模式的核心理念

理念是行动的先导。北京奥运档案场景式开发模式须始终坚持人文主义，才可以聚集场景式开发的各种空间要素，更好地服务于北京奥运档案开发的目标。场景式开发模式理念源自第 4 章论及的文化生态学，该理论所强调的平等、融入、良性与多元等特征，为奥运档案场景式开发模式提供了理念起点。因此，人文化背景下北京奥运档案场景式开发模式的核心理念具体包括：以人为本、开放共享、多元立体、和谐包容、可持续发展。其中，以人为本是根本价值取向，开放共享是基础准则，多元立体是内容要求，和谐包容是现实要义，可持续发展是终极目标，如图 7-1 所示。

图 7-1　北京奥运档案场景式开发模式的核心理念示意图

一是以人为本。"以人为本"是人文化背景下北京奥运档案场景式开发模式的根本价值取向，是"以人民为中心"的发展思想应用于北京奥运档案开发的深刻体现，具体要建设好覆盖人民群众的奥运档案资源体系和方便人民群众的奥运档案利用体系，面向人民群众构建难忘、珍贵的"双奥"记忆。一方面，要充分发挥人民群众在奥运档案管理与开发过程中的重要作用，提高人民群众的参与度和获得感；另一方面，要拓宽为人民群众所喜闻乐见和易于理解接受的北京奥运档案开发形式，满足人民群众的多元利用需求。

二是开放共享。习近平总书记针对 2022 年冬奥会提出"共享办奥""开放办奥"理念，《"十四五"全国档案事业发展规划》也明确提出"加快推进档案开放"。作为"双奥"遗产的重要组成部分，北京奥运档案不能限于为官方机构利用，理应为广大人民群众共享。一方面，要实施北京奥运档案数字管护，加快北京奥运档案专题数据库建设，促进北京奥运档案资源联动共享。另一方面，要重视北京奥运档案开放鉴定工作法治化、规范化、常态化，定期通过网站或其他方式公布开放北京奥运档案目录，有序扩大北京奥运档案开放。

三是多元立体。多元立体是北京奥运档案场景式开发模式在内容方面的理念体现。北京奥运档案来源广泛、内容丰富、价值多元、需求多样，既包括赛事组织机构形成的官方档案，也涉及社会组织、个人形成的非官方档案；既具有凭证价值、参考价值，也蕴含记忆价值、认同价值、情感价值；既包含国际层面的人文交流、体育治理等方面的利用需求，也涉及国内层面的知识共享、国家认同等方面的利用需求。因此，要根据来源、内容、价值、需求的现实状况，尽可能多渠道、多角度、多层面地创新和拓展北京奥运档案开发形式，构建北京奥运档案多元立体的"记忆之场"与"文化空间"建设。

四是和谐包容。尊重差异、和谐包容不仅是奥林匹克文明观的集中体现，也是对奥林匹克新格言"together"的呼应与回答，更是北京奥运档案深层次价值的情感表达，体现着人与自然、社会环境的多重关联。北京奥运档案作为奥运遗产的重要组成部分，凝聚着深厚的人文精神与奥林匹克精神，蕴含诸如体育知识、奥运记忆、奥运人文、公民认同、公平正义、民族情感等多维度、多层面的遗产价值。北京奥运档案开发机构应以和谐包容作为基本价值观与现实要义，明确自身在北京奥运记忆"场域"和"空间"的中心位置，主动加强与其他利益相关方之间的良性互动、求同存异、优势互补，挖掘北京奥运档案的"双维双域双层双线"延展遗产价值，服务党和国家工作大局，服务人民群众。

五是可持续发展。可持续发展是当今世界的时代潮流，国际奥委会高度重视可持续性。《奥林匹克2020议程》将"可持续"列为三个基础性主题之一，要求将可持续性融入到奥运会举办的所有方面，融入到奥林匹克运动的日常运行中；《奥林匹克2020议程：奥运会新规范》（*Olympic Agenda 2020—The New Norm*）强调"将进一步提高奥运会交付的灵活度、效率和可持续性"；《国际奥委会可持续性战略》（*IOC Sustainability Strategy*）也明确了国际奥委会在可持续性方面的主题、目标和措施，对奥运会举办和奥林匹克运动发展提出可持续性要求①。档案开发利用作为奥运会举办的工作环节之一，自应摒弃

---

① 内容出自《北京2022年冬奥会和冬残奥会可持续性计划》前言。

短期效益，秉承奥运遗产的可持续发展理念。一方面，树立北京奥运档案"全周期"开发理念，引入档案管理的"前端控制"与"全程管理"思想，追求在城市规划建设与社会发展宏观视角下，实现北京奥运档案遗产的可持续发展；另一方面，树立北京奥运档案开发"战略性合作共治"理念，注重多区域、多部门的联合协作，遵循《奥运会可持续发展报告》（*Olympic Games Sustainability Report*）中提及的"搭建战略性伙伴关系"奥运遗产治理要求。

7.3 北京奥运档案场景式开发模式的主要场景

北京奥运档案因奥运遗产关涉广泛，其可开发利用的场景多种多样。本部分从宏观到微观、从实体到虚拟，依照《奥运遗产指南》要求，主要选取国家战略、行业发展、民众日常生活、网络环境等4个场景进行分析，以求覆盖奥运遗产从国际向奥运主办国、城市和地区至市民自上而下层级渗透的全部奥运愿景，考察北京奥运档案对不同层级、不同行业、不同域级的广泛且长期的正面效益。

7.3.1 与国家战略相融合，构建"北京奥运档案＋遗产"开发场景

7.3.1.1 "北京奥运档案＋申遗"：推动北京奥运档案申报"世界记忆名录"

筹办奥运会同"两个一百年"奋斗目标高度契合，可以立足于国家战略的宏观视角，将其延伸至档案领域寻求北京奥运档案开发的创新突破点。笔者在前期研究中提出，"世界记忆名录"是全球最具影响力的档案文献遗产名录，与"世界遗产名录""世界非物质文化遗产名录"并称为联合国教科文组织的三大遗产名录，且目前全球尚无与奥林匹克运动有关的档案入选"世界记忆名录"。首先，以申报"世界记忆名录"为抓手，系统整理、深入挖掘北京奥运档案，有利于更多国家、更多民众听到中国奥运故事，而且能从中国奥运故事出发，挖掘出中国更多其他方面的故事。其次，作为一种书写叙事，北京奥运档案是关于奥运文化、中华文化的显性记录。将北京奥运档案申报"世界记忆名录"，既表现出中国人民对中华文化的自信，又体现了中国人民主动拥抱世

界文化的自觉。最后，北京奥运档案入选"世界记忆名录"，将极大丰富北京文化资源，促进北京文化传播，对北京打造具有竞争力的文化品牌和具有影响力的国际交往平台，推动北京文化中心、国际交往中心建设，对其他奥运会举办国家和城市传播"中国智慧"、"中国方案"和"中国实践"具有较大的促进作用。这对于推进国际奥林匹克事业发展和我国档案事业发展具有十分重要的意义，也将会是构建人类命运共同体理念在体育领域、遗产领域的一次成功实践。

为此，笔者建议北京市档案局、北京市档案馆、北京冬奥组委等相关部门应该提前谋划、尽早行动，积极推动北京奥运档案入选"世界记忆名录"。主要对策包括：提高政治站位，将申报工作列入奥运遗产传承计划和档案事业发展规划；加强北京奥运档案理论研究与宣传，为申报"世界记忆名录"预热；组建跨部门工作组，整合各方资源与力量；全程介入，做好2022年冬奥会档案收集征集工作；构建北京奥运档案专题数据库，让全民共享北京"双奥"记忆；研究"世界记忆名录"评选要求，筛选精华档案；深入挖掘北京奥运档案，积极贡献北京智慧。

7.3.1.2 "北京奥运档案＋国家记忆工程"：开展"中国奥运记忆工程"项目

"奥林匹克运动从来都不只是一场单纯的体育竞赛，更是一种源于地域文明的文化碰撞与交流。这意味着北京奥运档案虽形成于中国，但也同时记录了国际奥林匹克运动规则、价值观、文化、精神与中国意识形态、物质基础、传统文化相博弈、协调、交融的整个过程。"[①] 这些使得北京奥运档案虽具有极强的地域性，也具有较为宽广的包容性，相较于其他重大活动档案来讲又具有中外兼收的独特性。

为此，笔者建议借助北京奥运档案，开展"中国奥运记忆工程"，具有鲜明的时代意义。《"十四五"全国档案事业发展规划》在档案资源体系建设方面要求"加强国家重大发展战略和地方中心工作等重点领域档案收集工作"，并在"专栏2 新时代新成就国家记忆工程"部分明确提出"开展脱贫攻坚、新冠肺炎疫情防控等档案记忆项目"，可为构建"北京奥运档案＋国家记忆工程"场景式开发模式提供参考。北京奥运档案作为北京"双奥""申办—筹办—举

---

① 张丹. 北京奥运档案的遗产价值建构研究［D］. 北京：中国人民大学，2023：134.

办"的全过程历史记录,见证了中国从实现百年奥运梦想到反哺奥林匹克运动发展的历史进程。应依法依规逐步开放北京奥运档案资源,积极推进信息资源共享,广泛有效地为社会公众提供档案信息服务。具体对策包括:在"6·9"国际档案日、"6·23"国际奥林匹克日、"8·8"全民健身日(2008年夏奥会举办纪念日)、"2·4"冬奥会举办纪念日等重大节日、节点制作推出北京奥运档案开发成果,可通过举办主题展览、制作专题片、编纂书籍等方式,全面记录并展示中国举办"双奥"的奋斗历程。

7.3.1.3 "北京奥运档案+塑造国家形象":提升北京奥运档案国际传播水平

奥运的符号价值、精神价值、文化价值要远远大于奥运赛事本身,而发挥这些价值的重要工具就是"讲好奥运故事"。尽管奥林匹克运动起源于西方,但是北京在主办2008年夏奥会和2022年冬奥会过程中,展现了具有中国特色的历史文化、国民精神、社会风貌、外交礼仪等,形成的档案也具有独特的历史价值和人文意义,是珍贵的档案资源和奥运遗产,具有"内容—载体""中国—世界""体育—超体育""夏奥—冬奥"的"双维双域双层双线"的遗产价值。

因此,笔者建议探索构建"奥运档案遗产影响力提升工程"。以北京奥运档案记录事实为本,运用事实的描述性、再现性话语呈现价值传播的中立性、客观性;以其遗产价值为用,运用事实的引导性、修辞性话语呈现显在或隐性主体的价值判断与价值导向,以获取国际社会的广泛确认[1]。具体对策包括:尽快有序开放、开发北京奥运档案资源,利用档案还原事实真相。实施北京奥运档案宣传推广计划,深入挖掘北京奥运档案中各方面的历史事实、数据与案例情节,进而设计好中国奥运故事。制定"一国一策"的北京奥运档案传播方案,融合当地的文化习俗和语言习惯将中国奥运故事娓娓道来。打造融媒体传播体系,通过文学、音乐、影视等多种媒体形式丰富外宣内容,挖掘对外传播新亮点[2]。通过面向国际奥委会、其他奥运申办国家提供北京奥运档案开发的"中国方案",促进北京奥运档案全球化、区域化、分众化传播,对于讲好中国故事,传播好中国声音,塑造可信、可爱、可敬的中国形象大有裨益。

---

[1] 张丹.北京奥运档案的遗产价值建构研究[D].北京:中国人民大学,2023:152.
[2] 张丹.北京奥运档案的遗产价值建构研究[D].北京:中国人民大学,2023:152-154.

7.3.2 与行业发展相融合，构建"北京奥运档案＋社会"开发场景

7.3.2.1 "北京奥运档案＋体育"：构建运动员竞技档案分析平台

运动员的个人竞赛成绩、训练数据、身体数据等也属于奥运档案的重要组成部分。研究北京奥运会运动员竞技档案开发，利用数据分析技术，帮助运动员把握自身的优势和对手的特点，制定更加有针对性的训练计划和比赛策略，从而服务于我国竞技体育水平提升。这点常见于国外研究成果。例如，通过利用电子靶系统 SCATT-USB[①] 提供的运动员训练数据，为运动员提供特定的训练计划，辅助运动员提升竞赛成绩。同时，国外学者还以多名运动员或多项赛事运动成绩为样本，探索人类体育运动中的极限。拉迪奇·菲利波（Radicchi Filippo）[②] 采用正态分布统计方式量化运动员在跑步、跳跃、投掷和游泳等项目中出现突破性进展的年份。与运动员个人形成的档案相同，某一赛事训练、比赛记录也是奥运档案的重要组成部分。赛事专业团队通过训练、比赛视频分析皮划艇、摔跤、帆船、挺举、网球等运动项目的运动技术[③]，发现最佳运动策略，以提升运动员成绩。

为此，笔者建议各地各级体育部门建立以运动员/运动项目为中心的数据库，记录并动态分析运动员训练数据，为合理定制训练计划提供决策，最大限度发掘运动员个人潜力。2022 年初，国家体育总局与浙江省人民政府签署了《关于支持浙江省体育领域高质量发展建设共同富裕示范区的合作协议》，其中提出了"建设皮划艇、赛艇项目冠军模型试点示范队，建立运动训练数据库"的要求。目前，浙江省体育局启动科技助力数字赋能竞技体育项目建设，以皮划艇、赛艇项目为试点建立《冠军模型数据分析平台》（1.0 版），以游泳、自行车项目为试点建立《运动员身体机能监控数据平台》（1.0 版）[④]。通过对运

---

① SERBAN C, TIFREA C. The importance of using electronic system for preparation shooters scatt the usb version, used by athletes who practice sport shooting, sample air rifle 10 m [C] // ROCEANU I, HOLOTESCU C, et al. eLearning and Software for Education, 2016: 389 - 395.

② RADICCHI F. Universality, limits and predictability of gold-medal performances at the Olympic Games [J]. Plos One, 2012, 7 (7): e40335.

③ ALACID F, LOPEZ-MINARRO P A, LSORNA M. Pacing strategy and cycle frequency in canoeing at Beijing Olympic Games [J]. Revista Internacional de Medicina y Ciencias de La Actividad Fisica y del Deporte, 2010, 10 (38): 203 - 217.

④ 科技助力应用将成浙江省运动员的"良师益友"[EB/OL]. (2022 - 10 - 28) [2023 - 05 - 30]. http://www.hangzhou.gov.cn/art/2022/10/28/art_1229633756_59067487.html.

动员各项生理生化指标的监测、对比分析，动态监控，从难从严从实战出发开展大运动量科学训练，调适形成最佳竞技状态，提升比赛竞争力。

7.3.2.2 "北京奥运档案＋教育"：实施北京奥运档案进学校、进课堂计划

北京"双奥"期间，我国尤其重视奥林匹克教育的推广与普及，北京市接连制订并发布多项计划①传播奥林匹克精神、推动中小学生体育发展。冬季奥林匹克教育计划推广更是与健康中国、体育强国、人才强国等新战略发展的时代背景相融合，开展如冬季奥林匹克系列艺术与比赛活动、建设示范学校、组织教育课程资源开发等系列冬季奥林匹克教育文化活动②。2021年12月16日，经国际奥委会授权、中央机构编制委员会办公室批复，依托首都体育学院建设的北京国际奥林匹克学院（Beijing Institute for International Olympic Studies，BIIOS）正式揭牌，成为世界上第三所由国家政府决定成立的国际奥林匹克学院。它将"成为中华体育精神和奥林匹克精神融合传播的重要载体，全球奥林匹克研究和合作交流的重要纽带，以及全球领先的奥林匹克运动科技创新中心和引领奥林匹克教育事业可持续发展的新高地"③，逐步构建起奥林匹克教育的"中国模式"，形成具有中国特色的奥林匹克教育遗产。2022年6月23日国际奥林匹克日，该院还与希腊国际奥林匹克学院签署合作备忘录，双方将发挥各自优势，在奥林匹克教育、基础建设、师生互访、科研合作、奥林匹克文化推广等方面进行合作交流④。

为此，笔者建议实施"北京奥运档案进学校、进课堂"计划。北京奥运档案是中国举办"双奥"的智慧结晶，承载着奥林匹克知识的经验宝库。该计划应以北京奥运档案为载体，充分挖掘其蕴含的知识、文化、价值观等无形遗产，通过奥林匹克教育进校园与进社区活动的开展、体育教师和社会指导员的培养、奥林匹克运动普及丛书的编制、奥运纪录片或奥运主题展览展示等，充实以奥林匹克运动为主题的"课堂教育＋户外实践"活动样式，促使中小学生

---

① 计划主要包括《"北京2008"中小学生奥林匹克教育计划》、《北京2022年冬奥会和冬残奥会中小学生奥林匹克教育计划》和《北京2022年冬奥会和冬残奥会青少年行动计划》等。

② 教育部，国家体育总局，北京冬奥组委．教育部 国家体育总局 北京冬奥组委共同制订《北京2022年冬奥会和冬残奥会中小学生奥林匹克教育计划》[J]．青少年体育，2018（2）：8-11．

③ 张蕾．"建设北京国际奥林匹克学院"写入党代会报告：北京冬奥人文知识遗产增添乐彩华章[N]．北京日报，2022-06-30（11）．

④ 内容出自《北京2022年冬奥会和冬残奥会遗产报告（赛后）》第96页。

在学习奥运知识中感悟奥林匹克精神，在感悟奥林匹克精神中深入了解奥林匹克运动，深化北京奥运档案的知识价值。

7.3.2.3 "北京奥运档案＋科研"：组建基于奥运研究的"学科交叉共同体"①

由于奥林匹克运动的周期性、北京奥运档案的封闭性，我国关于奥林匹克研究的学术成果产出较少。为扭转奥林匹克科学研究困境，北京国际奥林匹克学院将结合首都体育学院现有机构资源进行协同管理：一方面，全面集成"双奥之城"奥运档案和筹办资料等奥运遗产，接收奥林匹克知识管理系统，将其融入教育与科研中；另一方面，探索学科交叉融合、科研协同创新体制，构建奥林匹克核心教育项目课程体系，填补国内奥林匹克教育教材、课程体系等方面的空白，形成奥林匹克理论、管理、人文与体育产业"多维一体"的体系性教育框架②。通过聚焦奥林匹克运动、人文、科技内涵发展，助力体育强国、健康中国等战略实施。"现如今，奥运会工程浩繁，已不再是单纯的体育竞技活动，其涉及行业领域广泛、组织团体庞杂，是社会、经济、人文、科技、环境等丰富元素的多维综合体。"③就北京奥运档案开发利用而言，仅依靠体育学或档案学单支学科力量研究有限，必须借助遗产学、经济学、管理学、文化学、历史学、社会学、艺术学等多个学科的学术思维和方法论。

鉴此，笔者建议组建基于奥林匹克学术研究的"学科交叉共同体"。"北京奥运科技档案所记载的科研成果能够以知识共享、经验参考等方式传承至各领域、下沉至各地方，加快实现奥运科技成果转化的'外溢效应'。"④依托北京以及京外的高等院校和科研院所的学术力量，建立北京奥运档案的专业化知识开发机制。通过组织跨界研讨会、合作编写教学案例、组建联合科研小组等，建立多学科的交流与合作渠道与机制，挖掘北京奥运档案的知识、科技、经济价值。2021年10月，中共中央、国务院印发的《国家标准化发展纲要》⑤，强调要推动标准化与科技创新互动发展。应充分利用体育产业的资本力量，建立北京奥运档案的科技化、商业化链条，如100％绿电传输、二氧化碳制冰、绿

---

① 徐倩，谢晨馨.深度融合构建"学科交叉共同体"[N].中国教育报，2022-11-07（6）.
② 据课题组于2022年11月10日前往首都体育学院调研资料整理所得.
③ 张丹.北京奥运档案的遗产价值建构研究[D].北京：中国人民大学，2023：63.
④ 张丹.北京奥运档案的遗产价值建构研究[D].北京：中国人民大学，2023：79.
⑤ 中共中央 国务院印发《国家标准化发展纲要》[EB/OL].（2021-10-10）[2022-07-15]. https://www.gov.cn/zhengce/2021-10/10/content_5641727.htm.

色清洁电能、冬奥会无纸化通关系统等成果，促进北京奥运档案的科研成果转化与应用。通过科技创新推动标准首创，可有效提升我国在这一领域的国际话语权，促进我国未来更多领域的科技出口与推广应用。

7.3.3 与民众日常生活相融合，构建"北京奥运档案＋文化"开发场景

7.3.3.1 "北京奥运档案＋科普"：促进"双奥"科创科普协同化

奥运档案科普的本质是面向公众提供通俗化的奥林匹克和竞技体育知识服务。2022年9月，中共中央办公厅、国务院办公厅印发《关于新时代进一步加强科学技术普及工作的意见》，提出要"坚持把科学普及放在与科技创新同等重要的位置"①。北京奥运档案中的"科学技术"是我国某些科技领域的集大成者，展现了我国的科技"底气"。"北京奥运档案作为这些科技'创新思维—设计研发—自主制造—落地应用'的完整链条记录，将科技创新与应用场景紧密连接、完整保存，对我国科学技术研发、科技成果转化、标准化推动、科教普及等方面产生多重影响。"② 其可供挖掘的科普主题较为丰富，譬如体育竞技类、场馆建筑类、交通运输类、数据监控类、仿生系统类等。

鉴此，笔者建议建设以北京奥运档案为知识载体的科创科普协同化机制。相关部门应依托科技馆、高校、科研院所、中小学、企业、社会组织团体等，组建"实体科技馆—数字科技馆—流动科技馆—基层社区科普活动"四位一体模式，共同构建社会化奥运科普的行动路线，实行奥运科普全覆盖。大力挖掘北京奥运档案中蕴含的科技知识、奥林匹克和竞技体育知识，通过宣讲、展览、社交媒体等方式面向公众提供通俗化讲解服务，如科普奥林匹克起源、各竞赛项目欣赏等方面的知识，激发社会公众对奥林匹克运动及其相关内容的兴趣，为体育运动人才、科技创新人才培养奠定基础③。重视各类实践场景、强化社会公众参与互动。例如，为传承奥运遗产，日本的奥林匹克博物馆内设互动体验区，观众可以在此对标世界顶级运动员成绩，测试自己与世界冠军的能

---

① 中共中央办公厅 国务院办公厅印发《关于新时代进一步加强科学技术普及工作的意见》[EB/OL].（2022－09－04）[2022－11－24]. http://www.gov.cn/zhengce/2022－09/04/content_5708260.htm.
② 张丹．北京奥运档案的遗产价值建构研究［D］. 北京：中国人民大学，2023：79.
③ 张丹．北京奥运档案的遗产价值建构研究［D］. 北京：中国人民大学，2023：131.

力差距,让观众沉浸感受与世界冠军比赛的喜悦①。

7.3.3.2 "北京奥运档案+文创":充盈"双奥"文化底蕴

随着社会公众的需求层次不断升级,文化创意产业近年来发展得如火如荼。档案文创产品是指将档案中的历史文化信息提取、转化并升华为档案文化元素,通过一定的物质载体表现的精神消费类档案文化产品,包括有形产品(如档案文献汇编、邮票、印章和其他档案周边产品等)和无形产品(如档案应用软件、虚拟展览等形式),是目前档案文创事业的建设重心②。每届奥运会都会基于会徽、吉祥物、火炬等文化符号开展文创产品开发。将北京奥运档案开发成多种多样的文创产品,顺应文化创意产业的发展,不仅是奥运文化遗产的激活、传承与发扬,也"能够吸引广大青年群体参与进来,提升大众对档案文化和档案部门的认知水平"③。北京奥运档案兼具奥林匹克与中华传统的历史厚重感、文化沉淀感,可以成为文创设计的重要灵感来源和参考材料。

鉴此,笔者建议围绕北京"双奥"开发档案文创产品,进一步传承与发扬奥运遗产。北京奥运档案涉及内容广泛,可供选择的方向较多。例如,以北京"双奥"场馆+奥运城建档案/奥运科技档案本身为开发对象,或以北京"双奥"文化+奥运文化档案为内容基础,又或以向社会公众征集的北京奥运档案为资源,借助工业生产,开发拼装模型、艺术摆件、个性徽章、精美书签、衣物服饰等文创产品,将其蕴含的丰富深刻的奥林匹克文化与中华优秀传统文化物质化、趣味化、资产化,让社会民众在与文创产品的交互中进一步认知、感悟中华优秀传统文化的智慧结晶,激活奥林匹克运动文化资产④。开发北京奥运档案文化创意产品,可采用自主开发、委托开发、引进开发和艺术授权等多种方式推进奥运档案文创产品开发和推广,为奥运文化传播注入市场活力,强化奥运文化资源与市场的深度融合;反过来,北京奥运档案文创产品也成为社会公众加深档案意识的新窗口,是档案社会化服务深化发展的杠杆存在。

---

① 殷铄. 奥林匹克时刻中的艺术[N]. 中国美术报,2021-08-09(2).
② 戴艳清,周子晴. 档案文创产品开发及推广策略研究:基于故宫文创产品成功经验[J]. 北京档案,2019(5):26-28.
③ 周丽霞,余少祥. 基于SPSS分析的档案文创产品用户感知价值实证研究[J]. 档案学探究,2021(6):122-128.
④ 张丹. 北京奥运档案的遗产价值建构研究[D]. 北京:中国人民大学,2023:107.

7.3.3.3 "北京奥运档案＋故事"：讲好中国奥运故事

北京"双奥"不仅要办好，更要说好。杰罗姆·布鲁纳（Jerome Bruner）曾指出："论辩以真相说服我们，叙述以栩栩如生说服我们。"① 奥林匹克运动会作为国际顶级综合型体育赛事，其本身的符号价值、精神价值、文化价值远远要大于体育赛事本身，而发挥这些价值的重要工具就是"讲故事"。北京奥运档案这一原始记录，包含"'原始性符号记录（源实体）—文件（首次事物）—档案（续生事物）'和'原始性符号记录（实体、零次文献）—档案（事物）'"② 两种形成模式，即档案的形成，是一种实践的故事。这种故事来源清晰、注重联系、保存完整，恪守"客观与中立原则"，且档案载体的形式多样，满足了"叙事的所有核心概念——情节、事件、人物、时间、空间和叙事话语的不同成分"③。"在奥林匹克运动领域，档案'叙述'全面、立体、系统记录了奥运会的全过程真实，构筑了完整的'双奥'记忆。"④ 例如，温哥华市档案馆依托开源数字存储系统（Archivematica）保存了大量2010年温哥华冬奥会的数字馆藏资源，公众可以通过网络获取超过12 000张火炬接力的数码照片⑤，以回味当年奥运火炬传递的激动之情。又如，英国西约克郡档案服务处通过对馆藏中当地运动领域著名人物档案的整理和挖掘，塑造出很多"运动英雄"形象，激发了当地民众的体育热情，促进了当地体育事业的发展⑥。再如，加拿大国家图书档案馆对1948年圣莫里茨冬奥会档案进行挖掘，以"奥运英雄"为主题举办展览，受到社会各界一致好评⑦。

因此，笔者建议将北京奥运档案进行叙事开发，利用档案讲好中国奥运故事。首先，针对不同的用户群，选取恰当的奥运叙事主题，明确北京奥运档案叙事开发"为谁而做"，完成自上而下的档案行政命令的自我解放。其次，开展数字档案编研，即在专题数据库的基础上开展更为深入的专题编研，如可以

---

① 赵毅衡. 广义叙述学[M]. 成都：四川大学出版社，2013：11.
② 丁海斌. 档案形成论：实践的故事[J]. 山西档案，2020（6）：5-9.
③ 费伦，林玉珍. 叙事理论的新发展：2006—2015[J]. 上海交通大学学报（哲学社会科学版），2016，24（4）：38-50.
④ 张丹. 北京奥运档案的遗产价值建构研究[D]. 北京：中国人民大学，2023：65-66.
⑤ 李思艺. 档案著录工具在数字记忆构建中的应用研究[J]. 档案与建设，2020（2）：4-8.
⑥ 张丹. 北京奥运档案的遗产价值建构研究[D]. 北京：中国人民大学，2023：109.
⑦ Library and Archives Canada Acquires Iconic Items from 1948 RCAF Flyers Olympic Hockey Gold Medal Team[EB/OL].（2015-11-10）[2023-06-06]. https://bi.gale.com/global/article/GALE%7CA434167417?u=cnruc&sid=ebsco.

按照事件分为2008年夏奥会分库和2022年冬奥会分库,按照类型分为目录数据库、全文数据库和媒体资源库等。再次,基于多个馆藏资源整合与主题相关的奥运档案内容,举办各种形式的奥运档案展览。充分挖掘奥运档案中的文化脉络与教育要素,挖掘出深层的价值并明确主题建构场景,由叙述主体通过叙事要素与技巧形成恰当的叙事表达,将故事的逻辑输入受众,满足用户多样化的信息需求。最后,运用多种信息技术对北京奥运档案叙事加以沉浸式渲染,以公众喜闻乐见的形式增强叙事代入感,从而吸引用户主动在不同媒体平台获取内容,参与故事的输出,获得较为全面的叙事体验[1]。

7.3.3.4 "北京奥运档案+情感":引发民族情感共鸣

"北京'双奥'作为一种国际性大型仪式活动,是彰显我国大国形象、推动国家各项事业发展、提振中国特色社会主义民族精神的重要时机。我国将悠久的中华文明与民族历史、现代化的工业文化与科技成果以及集中力量办大事的制度优势通过奥林匹克运动展现得淋漓尽致。"[2] 奥林匹克运动本身传递的情感可微观聚焦到个人层面,也可以放大扩展至国家层面。奥林匹克运动在个人情感的基础上,会随着时间推移,在更大的记忆场域如奥运会开闭幕式上孕育出国家情感、民族情感。对于民众而言,对金牌的渴望、对失败的惋惜、对国家的奉献、对民族的热爱等都是体育的情感力量。情感的抒发需要载体,而北京奥运档案通过举办展览、拍摄纪录片、出版图书、开发文创产品等手段,促使这些符号、意识表征的集体记忆重构、再现与共享,可以成为民众在后奥运时期联系国家情感、民族情感的纽带。

因此,北京奥运档案在叙事开发时应注重"双奥"记忆阐发,引发社会公众的民族情感共鸣。首先,引入艺术学的思维和方法论,以档案艺术增强档案叙事的艺术化呈现。"不同于传统档案的直观分类展示和平铺直叙,艺术为其添加些许'修辞'意味,摆脱线性历史发展,延展叙事空间,作用于观众的感官,更易煽动观众情绪,揭示档案隐藏的情感潜力。"[3] 其次,加强北京奥运档案背景的研究与阐释。通过北京奥运档案文本研究其形成背后广泛的历史背景,借由档案追问北京"双奥"的价值与意义。例如,奥运解密纪录片《奥运

---

[1] 何玲,马晓玥,档案研究僧.跨媒体叙事理论观照下的档案叙事优化策略:以红色档案为例的分析[J].档案学通讯,2021(5):14-21.
[2] 张丹.北京奥运档案的遗产价值建构研究[D].北京:中国人民大学,2023:82.
[3] 张丹.档案艺术的兴起、影响与启示[J].档案学通讯,2022(3):21-29.

档案》就是通过档案使观众了解 2008 年夏奥会的"台前幕后",全面"解密"中国的办奥智慧;也通过这一"解密",再次凸显了奥运的人文精神,引发观众情感共鸣与集体认同。

7.3.4 与网络环境相融合,构建"北京奥运档案+技术"开发场景

7.3.4.1 "北京奥运档案+数字人文":打造"在场感知"的智能场域

数字人文是数字技术深度融入人文多元视域的全新范式,已成为人文社会科学研究和实践发展的前沿领域,并呈现出广阔的应用前景。作为一种理念、技术、工具,数字人文启示人们为实现北京奥运档案遗产价值,在秉承奥林匹克运动所倡导的人文关怀、人文气息基础上,应特别关注并重视数字化、数据化、可视化和 AI 等[①]数字人文技术的综合运用,将"死档案"转变为民众可感知、可触碰、可互动的"活信息"[②]。北京奥运档案与数字人文的关系是双向的:一方面,北京奥运档案能够为数字人文技术运用提供基础资源,并拓宽其应用场景;另一方面,数字人文能够为北京奥运档案开发提供理念指导、技术支撑与方法借鉴。

鉴此,本书认为北京奥运档案的开发利用应拥抱数字人文理念,打造"在场感知"的智能场域。譬如,利用"5G+XR"等数智化技术,以"元宇宙"逻辑打造虚实结合、高度拟真的互动式"双奥"记忆智能传播场域,以突破当前北京"双奥"记忆传播在展示层面上"人文缺失"和互动层面上"流于形式"的窘境,实现奥林匹克文化的传承与创新[③]。2022 年,中国人民大学"数字记忆跨学科交叉平台"标志性项目"北京记忆·双奥之城"数字展厅(www.olympic.bjjy.cn)开展。该数字展厅首次尝试"3D 扫描+平面拍摄"技术,通过音频讲解、实境模拟、立体展现等多种形式让观众身临其境观赏北京奥运实物档案(如奥运火炬、吉祥物、火种灯、服装、丝巾、徽章等),构建了新的奥运知识地图和展示平台,帮助公众全方位了解奥运历史[④]。除北京奥运档案外,该展厅还展示了历届奥运主办城市的地域分布和相关历史资料,

---

① 李子林. 记忆型数字人文参与模式研究:基于档案馆视角 [D]. 北京:中国人民大学,2021:156.
② 张丹. 北京奥运档案的遗产价值建构研究 [D]. 北京:中国人民大学,2023:112.
③ 张丹. 北京奥运档案的遗产价值建构研究 [D]. 北京:中国人民大学,2023:112.
④ 冯惠玲,任瑾,陈怡. 北京"双奥"遗产的数字化保存与传播 [J]. 图书情报知识,2022,39(3):22-31.

通过数字技术回溯奥运历史、连接古今文明，造就奥林匹克运动文化认同的互动场域，以文化认同强化价值共识①。运用数字人文理念与技术，将北京奥运档案中的"体育力"与"艺术美"通过可视化有机融合，"以美培元、以体育人，共同为观众深度揭示奥林匹克力与美的文化与哲学内涵"②。

7.3.4.2 "北京奥运档案＋大数据"：满足用户多样化信息需求

国际奥委会于2021年3月13日发布了《奥林匹克2020＋5议程》，提出要强化奥林匹克数字化战略发展，并指出"数字技术是一种强大的工具，让我们能够更直接地与人们交流，并推广奥林匹克价值观"③。2022年冬奥会期间，北京冬奥组委全周期、全方位展示了奥林匹克运动与数字科技的互动融合，有效提升了社会公众的体育参与度。《"十四五"全国档案事业发展规划》的"主要任务"第5项"加快推进档案信息化建设，引领档案管理现代化"中提出，"推动档案全面纳入国家大数据战略，在国家相关政策和重大举措中强化电子档案管理要求，实现对国家和社会具有长久保存价值的数据归口各级各类档案馆集中管理"。为此，构建"北京奥运档案＋大数据"场景式开发模式，是北京奥运档案融入奥林匹克数字化战略的未来趋势，有利于实现"双奥"遗产成果在虚拟平台的呈现与共享、传承与发扬。

"北京奥运档案＋大数据"场景式开发模式构建，是北京奥运档案运用大数据技术的落地和展示，有助于聚焦并满足奥运档案用户多样的利用需求。运用大数据技术，首先，推进档案数据化工作。充分应用光学识别（OCR）、语音识别（ASR）等技术对北京奥运档案中的数字内容进行全文识别、分类、著录、标引等，形成结构化数据，为进一步提供知识服务（如构建知识地图）奠定数据基础。其次，面向大众线上利用，即通过北京市数字档案馆或北京市档案信息网，将专题数据库按权限向全社会开放，为用户提供内容挖掘、数据分析、智能检索、精准追踪、密切监测、及时推送等多种形式的信息与知识服务，侧重于对北京奥运档案中的知识挖掘、多维分析与可视化呈现，所有查询利用过程需要进行全程记录。最后，可注重不同类别用户的粒度、边界、优先级等，强调北京奥运档案资源对不同需求主体的支持，生成用户画像，即面向

---

① 张丹.北京奥运档案的遗产价值建构研究[D].北京：中国人民大学，2023：113.
② 王庭戡.《艺术里的奥林匹克》：彰显力与美的文化内涵[N].光明日报，2022-02-16（15）.
③ IOC. Olympic Agenda 2020＋5 [R/OL]. (2021-03-13) [2022-07-27]. https：//stillmed. olympics. com/media/Document% 20Library/OlympicOrg/IOC/What-We-Do/Olympic-agenda/Olympic-Agenda-2020-5-15-recommendations. pdf?_ga=2.117766286.621370337.1658916704-1188125224.1657883072.

特定机构的精准服务。在有其他体育赛事发生且利用需求量较大时，可由当地档案行政管理部门提请"一对一"查询服务，以实现快速、精准查询，为相关活动或赛事的开展提供有力支撑。三者从内容细分、用户画像上皆可提升北京奥运档案"分众开发"的效率与质量。

7.3.4.3 "北京奥运档案＋智慧城市"：探索"双奥"之城的智慧化建设

2021年3月11日，十三届全国人大四次会议表决通过的《中华人民共和国国民经济和社会发展第十四个五年规划和2035年远景目标纲要》的第十六章"加快数字社会建设步伐"中明确提出"分级分类推进新型智慧城市建设，将物联网感知设施、通信系统等纳入公共基础设施统一规划建设，推进市政公用设施、建筑等物联网应用和智能化改造"[①]。《北京市"十四五"时期国际科技创新中心建设规划》中也指出"加快打造世界主要科学中心和创新高地，率先建成国际科技创新中心，为实现高水平科技自立自强和建设科技强国提供战略支撑"[②]。这是北京市践行科技创新中心新发展理念和贯彻国家信息化战略发展规划的重要着力点。2022年冬奥会期间，数字仿真、人工智能、虚拟现实、5G、8K、裸眼3D等多种数字技术在开闭幕式和各项赛事中成功应用。北京市也借此不断拓展数字应用，目前已迈向智慧城市2.0阶段[③]。上述技术应用也以北京奥运档案形式记录在案，可对未来面向北京市乃至全国范围内的智慧城市建设的新型技术应用、推广与普及提供宝贵的经验借鉴与智力财富。

因此，笔者建议构建"北京奥运档案＋智慧城市"的场景式开发模式，以北京市尤其是城市副中心规划建设为试点，以奥林匹克运动蕴含的文化、精神为价值引领，以北京奥运档案中蕴含的技术方案、标准规范为方法指导，探索北京"双奥之城"的智慧化建设。一方面，深度契合北京"双奥之城"建设发展要求，将2022年冬奥会应用的新技术、新标准、新方案应用于北京智慧城市建设，促使北京奥运档案的开发成果可快速转化与应用；另一方面，运用新兴技术最大限度挖掘北京奥运档案资源，将其复现于北京"双奥之城"的规划建设中，重塑兼有奥林匹克运动文化与地域特色文化的城市空间。鉴此，将北

---

① 中华人民共和国国民经济和社会发展第十四个五年规划和2035年远景目标纲要［EB/OL］.（2021-03-13）［2023-06-02］. https：//www.gov.cn/xinwen/2021-03/13/content_5592681.htm.

② 科技创新中心［EB/OL］.［2023-06-02］. https：//www.beijing.gov.cn/zhengce/mc/mczl/kjcxzx/.

③ 杜燕. 北京迈向全域场景开放智慧城市2.0阶段［N/OL］.（2022-09-20）［2023-06-02］. http：//www.chinanews.com.cn/sh/2022/09-20/9856859.shtml.

京奥运档案应用于促进北京"双奥之城"的智慧化建设，要致力于多元化、立体化的奥运效益发挥与奥运遗产可持续发展，以档案为手段促进城市治理向城市"善治"的转变。

7.3.4.4 "北京奥运档案＋联盟区块链"：构建北京奥运档案资源共享开发模式

京津冀协同发展作为当前国家战略之一，核心是京津冀三地作为一个整体协同发展。2022年冬奥会选择北京、张家口两市联办的首要目的，就是服务于京津冀一体化发展。北京奥运档案管理与开发工作协同化是京津冀区域发展协同化的应有之义。针对北京奥运档案来源广泛、需求多元的特点，及其"实体分散、虚拟集中"的保管方式，立足京津冀协同发展战略的高度，可探索基于联盟区块链技术构建北京奥运档案资源共享开发模式。联盟区块链技术与共有区块链、私有区块链相比具有如下优势：一是在读写权限、共识机制、运行效率、去中心化程度、维护和信任机制、合约机制以及安全性等方面[①]与北京奥运档案资源共享要求高度契合；二是其支持多主体参与、全过程管理原则、社会应用性等方面[②]又与北京奥运档案协同开发理念十分吻合。

鉴此，笔者建议构建"北京奥运档案＋联盟区块链"的场景式开发模式，促进北京奥运档案资源在数字管护基础上实现多地共享开发。具体可由北京、张家口、天津、沈阳、青岛、上海等主办和协办城市以及藏有北京奥运档案的档案部门分别掌握授权节点，基于共识机制和智能合约机制实现点对点的信息交互，充分发挥各主体的开发优势（如资源优势、技术优势、平台优势等），围绕社会公众需求以某一著名奥运人物/奥运事件为共享开发内容，为北京奥运档案资源的跨区域共享开发提供基础，并联合通过各自网站、微信、微博、短视频等渠道扩大北京奥运档案开发成果影响力。

7.4 北京奥运档案场景式开发模式的实施路径

现代夏季奥运会已举办32届，冬季奥运会已举办24届，奥林匹克运动会

[①] 马仁杰，沙洲. 基于联盟区块链的档案信息资源共享模式研究：以长三角地区为例[J]. 档案学研究，2019（1）：61-68.

[②] 杨建军，戴旸. 区块链技术在高校学籍档案信息化建设中的应用研究[J]. 北京档案，2022（11）：28-30.

已经逐步形成了标准规范的申办举办机制、组织运作模式，具有一定的运动规律。相应地，北京奥运档案开发也有规律可循。归纳总结可供北京奥运档案场景式开发参考的基本路径，可使实践工作少走弯路、提高效率。具体研究内容包括：北京奥运档案场景式开发路径的价值定位、关键因素、核心环节和具体示例。这4项内容相互衔接、前后递进，共同组成了北京奥运档案开发的循环上升路径。其主要研究内容及相互关系如图7-2所示。

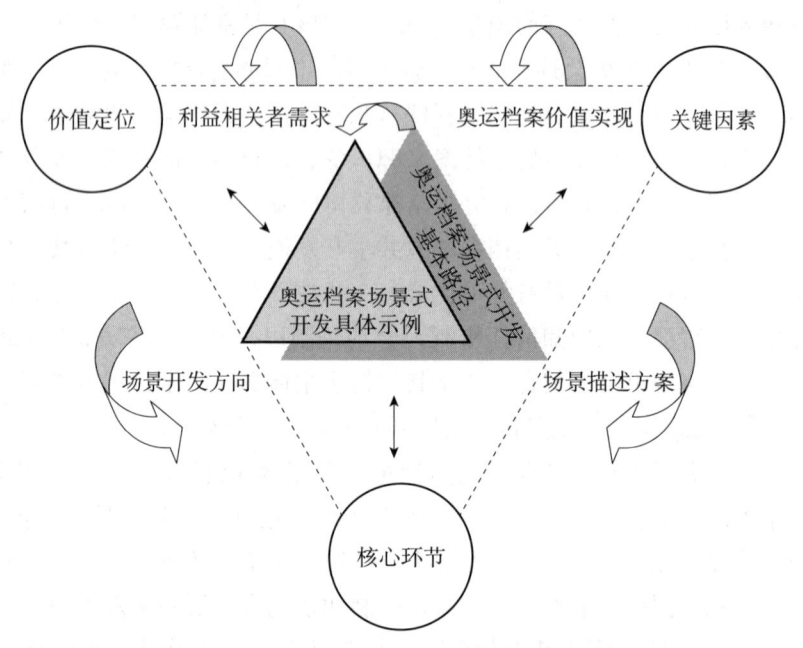

图7-2 北京奥运档案场景式开发的基本路径示意图

7.4.1 北京奥运档案场景式开发路径的价值定位

第一，北京奥运档案开发与其他档案开发的共性与特性。"北京奥运档案是我国首个涵盖夏、冬两季国际顶级赛事的记录和文献体系，涉及奥运赛事规则、赛事组织与筹办、场馆建造，以及国内外组织、个人（尤其是媒体、运动员）对'双奥'的报道、评价、口述等社会舆论等。"[①] 一方面，北京奥运档案开发与一般类型档案开发具有共性。例如，服务技术手段较类似，都需要建立程序化的开发流程，运用先进的信息技术。另一方面，北京

---

① 张丹. 北京奥运档案的遗产价值建构研究［D］. 北京：中国人民大学，2023：48.

奥运档案开发与一般类型档案开发相比，也具有特性。例如，北京奥运档案开发要考虑其遗产价值的"内容—载体""中国—世界""体育—超体育""夏奥—冬奥"的"双维双域双层双线"延展，满足市场合作伙伴、（国际）单项体育组织/团体、运动员、学者、一般社会公众等多元利益相关方的不同诉求。因此，需要兼顾共性与特性，建立针对性的北京奥运档案开发利用流程。

第二，北京奥运档案利用需求具有明显的涨落规律。首先，奥林匹克运动每四年举办一次，呈现明显的周期性。这就导致社会公众对北京奥运档案的利用需求也呈现出明显的涨落规律。其次，奥运期间和后奥运期间的档案价值呈现不同的变化，奥运期间主要处于奥运档案的收集、整理与鉴定的积累期，更多是面向档案形成者服务的第一价值；后奥运期间主要处于奥运档案的开放、编研与利用的开发期，更多是面向社会公众服务的第二价值。两者之间具有一定的涨落规律。为避免奥运文化宣传低谷期，《遗产战略方针》在列出的奥运遗产目标之一，即"鼓励奥运遗产庆典"（encourage Olympic Legacy celebration）中指出，可利用档案进行文化创意产品开发，并结合特定的奥运会纪念日（如5年、10年、25年、50年和100年周年纪念①）举办文化庆祝活动。北京奥运档案开发应以用户需求为导向，以价值变化为依据，建立符合规律性的流程与方法。

第三，北京奥运档案开发具有明显的场景特征。北京奥运遗产价值在围绕奥林匹克运动主体一方、档案客体一方以及限定的时空场域（奥运主办城市）一方之间的交互作用、互为关联的动态联结过程中"建构"出了多种衍生形态。北京"双奥"遗产内涵的包容性、内容的广泛性与形式的复杂性，直接决定了北京奥运档案遗产价值的衍生形态丰富多样②。"北京奥运档案遗产价值衍生形态的多样化，实质上是奥林匹克运动赛事举办的繁杂性及其对档案客观存在的全面能动性反映。"③ 这也促使北京奥运档案利用需求的多样化。针对不同的主体，就会产生不同的档案需求，因而也形成了不同的价值实现场景。从宏观的视野来看，"记忆之场"的辐射点集中在奥运会举办国家即中国，需立足全国，探讨北京奥运档案对国内各行各业的作用发挥；同时，面向国外，探寻北京奥运档案对于讲述中国奥运故事的支撑性作用。从中观

---

① 参考国际奥委会官方建议。
② 张丹. 北京奥运档案的遗产价值建构研究 [D]. 北京：中国人民大学，2023：70-71.
③ 张丹. 北京奥运档案的遗产价值建构研究 [D]. 北京：中国人民大学，2023：50.

的视野来看,"记忆之场"的辐射点集中在奥运会举办城市即北京,需立足北京四大中心(政治中心、全国文化中心、国际交往中心和国际科技创新中心)功能定位,建设具有北京特色的"双奥之城"。从微观的视野来看,"记忆之场"的辐射点集中在具体的奥运竞赛场馆即首钢滑雪大跳台("雪飞天")、国家跳台滑雪中心("雪如意")、国家速滑馆("冰丝带")等,需立足这些奥运竞赛场馆背后的文化意蕴、科技元素及其承载的赛事记忆,充实中国特色人文内涵。鉴此,北京奥运档案开发应以各类服务场景为线索,贯彻以人为本的理念,更好地协调利益相关者之间的关系,建立起面向场景的利用因素整体分析框架。

7.4.2 北京奥运档案场景式开发路径的关键因素

从信息点的分布来看,北京奥运档案具有极强的集中性,依据"5W"模式可以梳理出以下5个要素,即:北京奥运档案开发利益相关者(who,谁在影响北京奥运档案开发)、北京奥运档案开发时间(when,在什么时间条件下开发北京奥运档案)、北京奥运档案开发空间(where,在什么空间条件下开发北京奥运档案)、北京奥运档案开发方法(how,通过什么渠道和方式开发北京奥运档案)、北京奥运档案开发效益(what,北京奥运档案开发旨在实现什么效益)。当上述场景关键因素的任何一个成为变量,都会影响到受众的体验。尤其是时间因素中的奥运期间和后奥运期间、疫情时期和后疫情时期,其变动会产生连锁效应,导致空间因素发生相应的调整,进而对利益相关者、方法和效益实现带来巨大的挑战。因此,需要系统把握整个北京奥运档案开发中的相关变量,才可以通过科学、可控的手段实现预期效益或者目标。

落实到场景描述对场景式开发模式的作用,梳理关键因素可以迅速定位和刻画出开发场景,进而为场景式开发路径提供针对具体场景的分析框架,发现北京奥运档案开发中存在的痛点与需求点。一方面,人、时间与空间因素可以作为输入条件,是相对不可控的;输出之后得出的是奥运档案场景式开发模式的方法与效益,是相对可控的。另一方面,人与方法因素组成了奥运档案场景式开发模式的内部因素,而时间、空间和效益则属于北京奥运档案场景式开发模式的外部因素。具体参见图7-3。

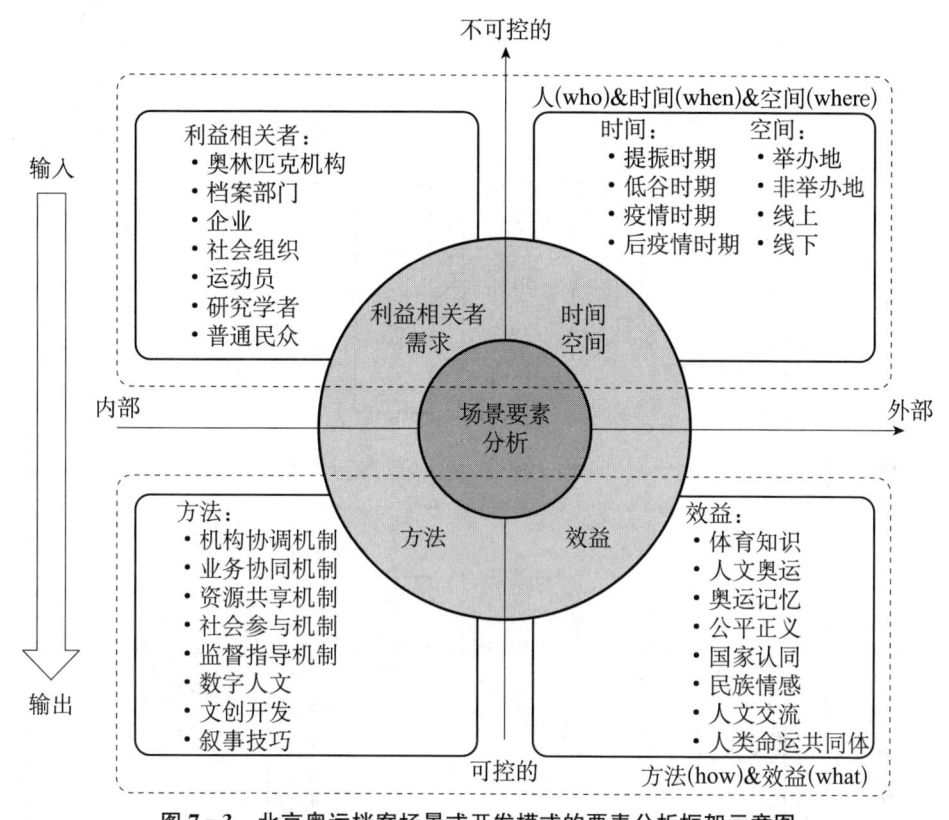

```
                          不可控的
                              |
          ┌──────────────────┬──────────────────┐
          │  利益相关者:      │ 人(who)&时间(when)&空间(where) │
          │  • 奥林匹克机构   │ 时间:       空间:    │
   输入   │  • 档案部门       │ • 提振时期  • 举办地 │
    │     │  • 企业           │ • 低谷时期  • 非举办地│
    │     │  • 社会组织       │ • 疫情时期  • 线上   │
    ↓     │  • 运动员         │ • 后疫情时期 • 线下  │
          │  • 研究学者       │                      │
          │  • 普通民众       │                      │
          │      利益相关者    时间               │
          │        需求       空间               │
   内部 ──┼──────── 场景要素 ─────────── 外部
          │          分析                        │
          │       方法        效益               │
          │  方法:            效益:              │
          │  • 机构协调机制   • 体育知识         │
   ↓      │  • 业务协同机制   • 人文奥运         │
   输出   │  • 资源共享机制   • 奥运记忆         │
          │  • 社会参与机制   • 公平正义         │
          │  • 监督指导机制   • 国家认同         │
          │  • 数字人文       • 民族情感         │
          │  • 文创开发       • 人文交流         │
          │  • 叙事技巧       • 人类命运共同体   │
          └──────────────────┴──────────────────┘
                           可控的
                    方法(how)&效益(what)
```

图 7-3　北京奥运档案场景式开发模式的要素分析框架示意图

7.4.3　北京奥运档案场景式开发路径的核心环节

在传统档案开发中，开发者无法切实感知到在具体的服务场景中用户的具体利用情况和体验。而场景式设计可以帮助开发者对受众利用档案场景进行分析与预期，找到受众与场景的内在联系，探索新的开发功能及交互方式。具体来说，场景式开发路径包括以下核心环节：一是根据北京奥运档案开发流程和利用行为路径穷尽场景；二是依据北京奥运档案开发场景挖掘设计机会点；三是将机会点转化为可落地的北京奥运档案开发方案；四是对北京奥运档案开发方案进行验证与优化。具体参见图 7-4。无论以哪种场景模式开发，均可从价值定位、关键因素和核心环节三个方面，对该开发场景的痛点和机会点进行具体分析，展示场景式开发模式在北京奥运档案开发中的可行性和适应性。

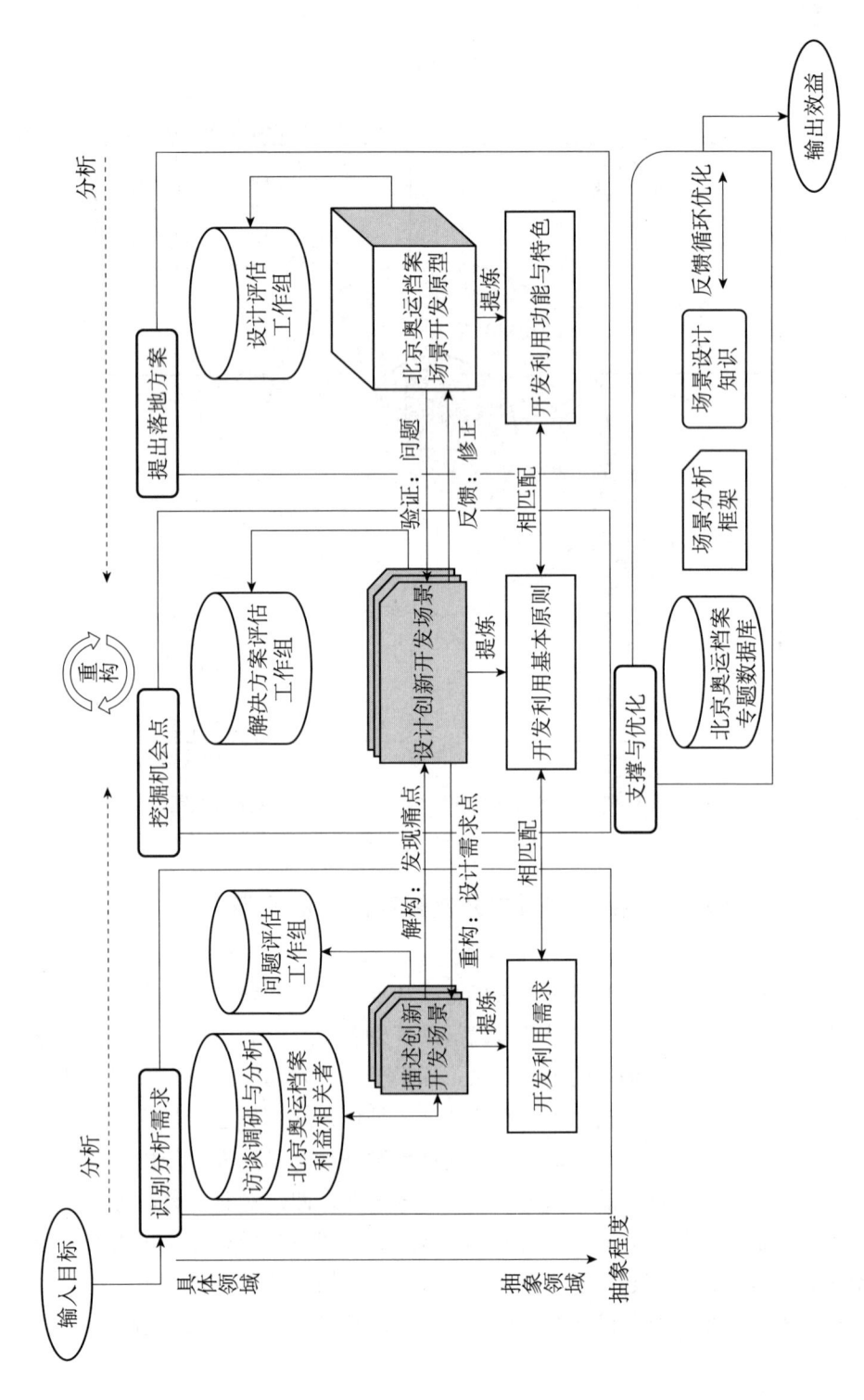

图 7-4　北京奥运档案场景式开发模式的核心环节示意图

综上，北京奥运档案的开发利用是奥林匹克运动这一重大活动档案工作的最终目的，也是奥运遗产规划、治理与传承工作的重要组成部分。本章将北京奥运档案开发利用置于人文化背景下展开，符合"人文""共享""开放"的奥运理念，是档案社会化服务的深刻实践；将北京奥运档案开发利用置于多个场景模式，既符合北京奥运档案"双维双域双层双线"延展的遗产价值导向，也是奥运遗产在体育、社会、经济、文化、环境等各项领域影响广泛的充分体现。北京奥运档案的开发利用，应着眼于对不同场景的特性分析与挖掘设计，以及与奥运档案资源内容上、形式上的适用性，并联合相关部门促进协同开发、共享利用，最大限度实现北京奥运档案的遗产价值，服务京津冀一体化和国家战略发展。

◀◀◀ 第 8 章 ▶▶▶

结　语

2022年4月8日，习近平总书记在北京冬奥会、冬残奥会总结表彰大会上发表重要讲话，提出"我们要积极谋划、接续奋斗，管理好、运用好北京冬奥遗产。北京冬奥会、冬残奥会既有场馆设施等物质遗产，也有文化和人才遗产，这些都是宝贵财富，要充分运用好"[①]。作为奥运遗产的重要组成部分，奥运遗产规划、治理与传承工作的真实历史记录，北京奥运档案的良好管理与高效开发，是管理好、运用好北京"双奥"遗产的应有之义。为此，本书在充分阐释北京奥运档案内涵及其遗产价值的基础上，立足其管理与开发面临的各类挑战，在理论、制度、管理与开发等4个层面依次提供解决路径，形成"发现问题—分析问题—解决问题""实践—理论—实践"的研究路径，旨在充分实现北京奥运档案的遗产价值，服务京津冀一体化和国家各项战略发展。进而，本章从特殊到普遍，将北京奥运档案管理与开发的整体研究上升为一般性方法论，为重大活动档案管理与开发提供理论启示与实践借鉴。

8.1　对重大活动档案管理与开发的理论启示

不同于一般的档案管理与开发，重大活动档案工作往往与重大活动本身的特性、主体、阶段流程、影响程度等息息相关，因而要注重重大活动对其档案管理与开发的现实意义与价值引导，及其活动特性带来的对档案管理与开发的挑战与困境等。就北京奥运档案管理与开发而言，对重大活动档案管理与开发的具体理论启示主要有以下4点。

---

① 习近平. 在北京冬奥会、冬残奥会总结表彰大会上的讲话［N］. 人民日报，2022-04-09（2）.

第一,加强重大活动档案的内涵认知。重大活动档案管理与开发应符合重大活动特性与需求,因而具有较强的目的性、指向性与针对性特点。重大活动档案的内涵认知主要包括重大活动档案的形成背景、含义、特点、内容及其分类等本体论层面上的研究。同时,其内涵认知需要相关实践案例予以分析和支撑。重大活动档案的内涵规定了重大活动档案管理与开发的主要范围、内容框架与工作目标,是管理与开发的逻辑之源。例如,北京奥运档案的内涵认知,则是立足北京"双奥"的愿景特点、利益相关方、活动周期等对北京奥运档案的形成主体、内容范围、载体形式及分布进行相应的分析与介绍,奠定了后续北京奥运档案管理与开发工作的资源基础。

第二,深化重大活动档案的价值阐释。重大活动档案价值研究应立足"凭证""参考"等传统档案价值,结合重大活动相关特性、目标需求及其所在领域的研究话语,探索档案在该重大活动中的价值进化表现,并依据可作用范围的主体依次分析其衍生的价值形态,构建立体化、系统化的重大活动档案价值体系,为其管理与开发工作提供价值引领与现实意义。同时,也可对标现有管理与开发工作现状,发现其不足与挑战,强化重大活动档案管理与开发研究的问题意识。例如,北京奥运档案的遗产价值,即档案在奥林匹克运动领域的价值进化,并衍生出"双维双域双层双线"的衍生形态,形成了以北京"双奥"为中心的北京奥运档案遗产价值体系,也为后续管理与开发实践工作的开展提供价值目标。

第三,构建重大活动档案管理与开发的理论体系。重大活动具有多因性、复杂性、系统性等特征,导致其筹办、举办往往涉及多项业务活动的多个部门,其形成的档案也随之内容广泛,因而档案管理与开发往往需要档案学、管理学、社会学、经济学、法学等多个学科理念与方法论指导,以达成对重大活动档案管理与开发的全面认知、科学实践。相应理论体系的构建,需要明确重大活动档案管理与开发除档案学外还关涉了哪些学科理论,这些学科理论如何形成一个有机框架,对重大活动档案管理与开发分别发挥何种作用,有何指导意义;反之,由于重大活动档案管理与开发的实践特殊性,这些学科理论又将产生哪些新发展,从而形成从理论到实践再到理论不断螺旋上升创新发展的动态过程。

第四,构建重大活动档案管理与开发的制度体系。与理论指导相对应的,需要构建相应的制度体系以保障重大活动档案管理与开发相关的举措实现。制度体系的构建,一方面,同样需要了解重大活动对于档案管理的相关要求,对标重大活动档案管理与开发的目标，分析相关制度的供给与需求。另一方面，可采用"宏观机制＋微观制度"双层体系。宏观机制上，以计划、行政、指导、服务、监督等方式协调与重大活动档案管理与开发相关的各个部门主体之间的相互关系，促进重大活动档案管理与开发工作协同合作与创新；微观制度上，针对重大活动档案管理与开发工作的各个活动环节如收集、整理、鉴定、保管、开发与利用等制定相应的规范或规约，促进重大活动档案管理的各项工作有据可依、有章可循。

8.2 对重大活动档案管理与开发的实践借鉴

重大活动档案管理与开发的实践分为档案管理与档案开发两个层面。实践方面，档案的管理与开发同样需要符合重大活动的举办理念与原则。就北京奥运档案管理与开发而言，北京"双奥"尽管历经了"绿色奥运""科技奥运""人文奥运"到"绿色办奥""共享办奥""开放办奥""廉洁办奥"的理念嬗变，但仍始终奉行"人文""绿色""科技"理念。因此，北京奥运档案的管理与开发，作为北京"双奥"筹办工作的重要组成部分，也应遵循"双奥"理念，进行数字管护与人文化开发。

首先，重大活动档案管理层面，注重档案资源的虚拟化整合与数字化保存。档案载体随着数字技术进步，呈现了"文字—照片—音视频—电子""模拟态—数字态—数据态""粗放式—精细化"的发展过程，愈加繁复的载体形态推动了档案从线性组织的读写文化到以眼睛为工具的视觉文化再到口语文化、读写文化与视觉文化相交的叙事变迁[①]。重大活动档案同样面临上述的改变，对其进行虚拟集中与数字管护，既可确保重大活动遗产的长久留存与可持续传承，也顺应了档案数字化管理的未来趋势，更符合重大活动档案专题数据库建设理念、目标与方案。

其次，重大活动档案开发层面，注重档案资源的人文化开发与社会化服务。一方面，多数重大活动，皆强调社会公众"共同参与""共同享有""共同尽力"。因此，人文化开发，意味着重大活动档案开发应以人为本，面向社会公众并以社会公众喜闻乐见的方式进行，鼓励社会公众共建共享重大活动档案的开发利用。另一方面，重大活动的筹办、举办普遍具有一定的示范性、标杆

---

① 张丹. 北京奥运档案的遗产价值建构研究［D］. 北京：中国人民大学，2023：93.

性作用。因此，社会化服务，意味着应将重大活动的组织经验、遗产、智慧、成果通过档案向国家各行各业乃至国际推广与传播，深化重大活动档案在社会各行各业的纽带与支撑作用。

综上，每一部分都在其内部包含了整体的基本法则。因此，以北京奥运档案管理与开发研究为例，探寻重大活动档案管理与开发研究的一般性、普适性研究方法与路径，是由特殊到一般、由微观到宏观地通过一般性理论来认识整体性事实。但不可否认的是，整体性事实始终无法克服各类重大活动中的异质性问题，需要承认不同的重大活动具有自己的独特性，即通过特定部分的属性及其与宏观力量的联系并不能阐明整体。本书仅运用北京"双奥"与重大活动的关系性整体视角识别重大活动档案管理与开发研究背后的逻辑路线，对于重大活动档案管理与开发在遵循一般研究思路的基础上深入探寻理论层面的创新、注重挖掘事实层面的特性。

参考文献

（一）中英文学术专著

[1] 贝里，费格约德. 数字人文：数字时代的知识与批判［M］. 王晓光，等译. 大连：东北财经大学出版社，2019.

[2] 伯迪克，德鲁克，伦恩菲尔德，等. 数字人文：改变知识创新与分享的游戏规则［M］. 马林青，胡若画，译. 北京：中国人民大学出版社，2018.

[3] 蔡禾. 城市社会学：理论与视野［M］. 广州：中山大学出版社，2003.

[4] 蔡靖泉. 文化遗产学［M］. 武汉：华中师范大学出版社，2014.

[5] 曹海军. 国外城市治理理论研究［M］. 天津：天津人民出版社，2017.

[6] 董传升. 科技奥运的困境与消解［M］. 沈阳：东北大学出版社，2004.

[7] 董锁成，李宇，魏庆华，等. 2022年冬奥会举办地滑雪旅游发展研究［M］. 北京：科学出版社，2019.

[8] 樊渝杰. 夏季奥运史话［M］. 北京：清华大学出版社，2004.

[9] 冯惠玲，等. 北京奥运的人文价值［M］. 北京：中国人民大学出版社，2010.

[10] 冯惠玲，魏娜. 人文之光：人文奥运理念的深入诠释与伟大实践［M］. 北京：中国人民大学出版社，2011.

[11] 福柯. 知识考古学［M］. 谢强，马月，译. 北京：生活·读书·新知三联书店，2003.

[12] 格里芬. 后现代精神［M］. 王成兵，译. 北京：中央编译出版社，2011.

[13] 顾军，苑利. 文化遗产报告：世界文化遗产保护运动的理论与实践 [M]. 北京：社会科学文献出版社，2005.

[14] 国际皮埃尔·德·顾拜旦委员会. 奥林匹克主义：顾拜旦文选 [M]. 刘汉全，邹丽，等译. 北京：人民体育出版社，2008.

[15] 侯鑫. 基于文化生态学的城市空间理论：以天津、青岛、大连研究为例 [M]. 南京：东南大学出版社，2006.

[16] 郇庆治，等. 绿色变革视角下的当代生态文化理论研究 [M]. 北京：北京大学出版社，2019.

[17] 黄儒经，吴晓兰. 奥运会：历史，要事和趣事 [M]. 北京：东方出版社，2008.

[18] 黄霄羽. 魂系历史主义：西方档案学支柱理论发展研究 [M]. 北京：中国人民大学出版社，2006.

[19] 黄正泉. 文化生态学 [M]. 北京：中国社会科学出版社，2015.

[20] 金元浦，意娜. 人文奥运：书写 2008 中国的辉煌 [M]. 北京：科学出版社，2008.

[21] 金元浦. 创意产业：奥运经济与城市发展 [M]. 北京：中国戏剧出版社，2007.

[22] 科斯洛夫斯基. 后现代文化：技术发展的社会文化后果 [M]. 毛怡红，译. 北京：中央编译出版社，2011.

[23] 李春霞，王先勇，张京成. 科技奥运：解析北京奥运的科技创意 [M]. 北京：科学出版社，2007.

[24] 李敦杰. 千年奥运传奇：精彩故事中的奥运精神与情怀 [M]. 北京：国家行政学院出版社，2007.

[25] 李培超. 绿色奥运历史穿越及价值蕴涵 [M]. 长沙：湖南师范大学出版社，2008.

[26] 李扬新. 档案公共服务政策研究 [M]. 上海：上海世界图书出版公司，2011.

[27] 李勇，秦子来. 奥运纵横·奥运文化发展轨迹 [M]. 武汉：湖北科学技术出版社，2004.

[28] 刘卫红. 中国大遗址保护理论与方法研究 [M]. 北京：科学出版社，2020.

[29] 绿色奥运建筑研究课题组. 绿色奥运建筑评估体系 [M]. 北京：中

国建筑工业出版社，2003.

［30］骆秉全．北京奥运文化遗产保护性开发研究［M］．北京：人民体育出版社，2017.

［31］骆毅．走向协同：互联网时代社会治理的抉择［M］．武汉：华中科技大学出版社，2017.

［32］牛力．数字时代的城市记忆研究［M］．北京：中国人民大学出版社，2020.

［33］彭远明．中国档案文献遗产研究［M］．北京：军事科学出版社，2014.

［34］戚永翎．北京奥运会经济遗产及后奥运经济策略研究［M］．北京：对外经济贸易大学出版社，2007.

［35］孙承华，等．中国冬季奥运会发展报告（2017）［M］．北京：社会科学文献出版社，2017.

［36］万晓红．奥运传播与国家形象建构：以柏林奥运会、东京奥运会和北京奥运会为样本［M］．武汉：华中科技大学出版社，2014.

［37］王冰．博弈视角下跨区域生态环境协同治理机制研究［M］．成都：电子科技大学出版社，2020.

［38］王晨，王媛．文化遗产导论［M］．北京：清华大学出版社，2016.

［39］王传友．北京奥运会社会价值研究［M］．苏州：苏州大学出版社，2014.

［40］王凤鸣，袁刚，等．京津冀政府协同治理机制创新研究［M］．北京：人民出版社，2018.

［41］王蕾，叶湄，薛玉，等．民间历史文献整理概论［M］．南宁：广西师范大学出版社，2020.

［42］王浦劬，臧雷振．治理理论与实践：经典议题研究新解［M］．北京：中央编译出版社，2017.

［43］王耀希．民族文化遗产数字化［M］．北京：人民出版社，2009.

［44］王郁．国际视野下的城市规划管理制度：基于治理理论的比较研究［M］．北京：中国建筑工业出版社，2009.

［45］王中．奥运文化与公共艺术［M］．武汉：湖北美术出版社，2009.

［46］乌丙安．非物质文化遗产保护理论与方法［M］．北京：文化艺术出版社，2010.

［47］吴承忠，等．奥运机遇拉动下的北京休闲经济发展［M］．北京：中国经济出版社，2008．

［48］肖禹．古籍文本数据格式比较研究［M］．上海：上海远东出版社，2017．

［49］徐拥军，等．北京奥运遗产传承研究［M］．北京：中国人民大学出版社，2021．

［50］徐拥军．档案记忆观的理论与实践［M］．北京：中国人民大学出版社，2017．

［51］许德金，冯捷蕴，等．后奥运时代北京文化资本与城市形象［M］．北京：中国商务出版社，2012．

［52］薛理桂．档案学理论［M］．台北：文华图书馆管理资讯股份有限公司，2002．

［53］杨一翁，王琦．数字时代下城市品牌形象定位及传播［M］．北京：知识产权出版社，2020．

［54］尹绍亭．文化生态与物质文化（论文篇）［M］．昆明：云南大学出版社，2007．

［55］袁方成．国家治理与社会成长：中国城市社区治理40年［M］．上海：上海交通大学出版社，2018．

［56］袁懋栓．人文奥运与北京现代文化［M］．千太阳，译．北京：中国经济出版社，2005．

［57］张宝森，王红旗．绿色奥运改变生活［M］．北京：新华出版社，2010．

［58］张博．近代中国的奥运记忆［M］．天津：天津古籍出版社，2008．

［59］张国清．中心与边缘：后现代主义思潮概论［M］．北京：中国社会科学出版社，1998．

［60］张松，王骏．我们的遗产·我们的未来：关于城市遗产保护的探索与思考［M］．上海：同济大学出版社，2008．

［61］赵弘．科技奥运影响及管理机制创新［M］．北京：中国经济出版社，2010．

［62］赵颖，程骥，苏锦，等．中国的世界记忆［M］．苏州：苏州大学出版社，2019．

［63］赵在九，等．北京奥运会成功宝典［M］．北京：民族出版社，2007．

[64] 中国新闻周刊. 2008中国的奥运记忆 [M]. 北京：五洲传播出版社, 2008.

[65] 周耀林, 王三山, 倪婉. 世界遗产与中国国家遗产 [M]. 武汉：武汉大学出版社, 2010.

[66] 周耀林. 档案文献遗产保护理论与实践 [M]. 武汉：武汉大学出版社, 2008.

[67] 朱文光, 姜丽, 朱丽. 奥运社会学概论：五环走向辉煌的历程 [M]. 济南：山东人民出版社, 2010.

[68] 朱有明, 杨金石. 中国社会组织协同治理模式研究 [M]. 上海：上海交通大学出版社, 2016.

[69]《建筑创作》. 北京奥运建筑记忆 [M]. 天津：天津大学出版社, 2008.

[70] BEACOM A. International diplomacy and the Olympic movement: the new mediators [M]. New York: Palgrave Macmillan, 2012.

[71] CAMPKIN B. Remaking London: decline and regeneration in urban culture [M]. London: Bloomsbury Publishing, 2013.

[72] CASHMAN R. The bitter-sweet awakening: the legacy of the Sydney 2000 Olympic Games [M]. Sydney: Walla Walla Press, 2005.

[73] CASSANDRA H. The 2016 Olympic Games in Rio: issues, concerns, and background on Brazil [M]. New York: Nova Science, 2016.

[74] CELESTE K H. Tokyo 2020 Olympics for dummies [M]. New Jersey: Wiley, 2020.

[75] CHAPPELET J-L. International Olympic Committee and the Olympic system: the governance of world sport [M]. London: Routledge, 2008.

[76] CHRISTESEN P. Olympic victor lists and ancient Greek history [M]. Cambridge: Cambridge University Press, 2007.

[77] DEVIN M. Adaptive sports and Paralympic grant programs for veterans: overview, breakdowns and assessments [M]. New York: Nova Science, 2016.

[78] DIXON K, GIBBONS T. The impact of the 2012 Olympic and Paralympic Games: diminishing contrasts, increasing varieties [M]. New York: Palgrave Pivot, 2015.

[79] DONNER M. The Olympic sports economy [M]. New York: Business Expert Press, 2019.

[80] FENG H L. The humanistic values of the Beijing Olympics [M]. Beijing: Silk Road Press, 2011.

[81] GILLIAN E. London's Olympic legacy [M]. New York: Palgrave Macmillan, 2016.

[82] GREG C. The making of a world city: London 1991 to 2021 [M]. New Jersey: Wiley, 2014.

[83] HAYES G, KARAMICHAS J. Olympic Games, mega-events and civil societies: globalization, enviroment, resistance [M]. New York: Palgrave Macmillan, 2012.

[84] HILLER H H. Toward a science of Olympic outcomes: the urban legacy [M]. The Legacy of the Olympic Games 1984–2000. Lausanne, Switzerland: IOC. 2002.

[85] JEFFERYS K. The British Olympic Association: a history [M]. New York: Palgrave Pivot, 2014.

[86] JENNINGS W. Olympic risks [M]. New York: Palgrave Macmillan, 2012.

[87] JONES P, EVANS J. Urban regeneration in the UK: boom, bust and recovery [M]. London: SAGE Publications Ltd, 2013.

[88] KALMAN H. Heritage planning: principles and process [M]. London: Routledge, 2014.

[89] KARAMICHAS J. The Olympic Games and the environment [M]. New York: Palgrave Macmillan, 2013.

[90] KASSENS NOOR E. Los Angeles and the Summer Olympic Games [M]. Cham: Springer Nature, 2020.

[91] KEBER M. Bronze sliver gold: Savannah lasting legacy [M]. Gerogia: Savannah Design Press, 1996.

[92] KYLE K. Olympic collision [M]. Nebraska: University of Nebraska Press, 2016.

[93] LENSKYJ H, WAGG S. The Palgrave handbook of Olympic studies [M]. New York: Palgrave Macmillan, 2012.

[94] LENSKYJ H. Gender politics and the Olympic industry [M]. Basingstoke: Palgrave Macmillan, 2013.

[95] MADANIPOUR A. Cities in time: temporary urbanism and the Future of the city [M]. London: Bloomsbury Publishing PLC, 2017.

[96] MEAD J M, GRUNEBERG S. Programme procurement in construction: learning from London 2012 [M]. New Jersey: Wiley, 2013.

[97] MITTEN M J, DAVIS T, OSBORNE B. Sports law: governance and regulation [M]. Maryland: Aspen Publishers, 2020.

[98] NICHOLAS E S. Dropping the torch: Jimmy Carter, the Olympic Boycott, and the Cold War [M]. Cambridge: Cambridge University Press, 2010.

[99] NILOUFAR V. The employment legacy of the 2012 Olympic Games [M]. New York: Palgrave Pivot, 2020.

[100] PETER S. Reliability, survivability and quality of large scale telecommunication systems: case study: Olympic Games [M]. New Jersey: Wiley, 2003.

[101] PHILIP D A. The Cold War and the 1984 Olympic Games [M]. New York: Palgrave Macmillan, 2013.

[102] PRESCOTT P, SULLIVAN E. Shakespeare on the global stage: performance and festivity in the Olympic year [M]. London: Bloomsbury Publishing, 2015.

[103] PREUSS H, LIESE K. Internationalism in the Olympic movement: idea and reality between nations, cultures, and people [M]. Wiesbaden: VS Verlag für Sozialwissenschaften, 2011.

[104] RICHARD G. Sport and modernity [M]. New Jersey: Wiley, 2018.

[105] ROBERT O, JOHN L. Failed Olympic bids and the transformation of urban space: lasting legacies? [M]. New York: Palgrave Macmillan, 2017.

[106] ROBERT S. Athletic insight's writings of 2012 [M]. New York: Nova Science, 2013.

[107] ROCHE M. Mega-events and social change: spectacle, legacy and public culture [M]. Manchester: Manchester University Press, 2017.

[108] RODANTHI T. Olympic ceremonialism and the performance of national character: from London 2012 to Rio 2016 [M]. New York: Palgrave Pivot, 2013.

[109] STEVE B. Athlete first: a history of the Paralympic movement

[M]. New Jersey:Wiley,2008.

[110] TAYLOR D. Olympia [M]. London:Bloomsbury Publishing,2017.

[111] THEODORAKI E. Olympic event organization [M]. Oxford:Butterworth-Heinemann,2008.

[112] WATERTON E,W ASTONS. The Palgrave handbook of contemporary heritage research [M]. London:Palgrave Macmillan UK,2015.

[113] WEED M. Olympic tourism [M]. Oxford:Butterworth-Heinemann,2008.

[114] WOODWARD K. Sporting times [M]. Basingstoke:Palgrave Macmillan,2013.

[115] XIA H. Sustainable development of international festival and event management:based on Sino-British cultural difference [M]. Beijing:Scholars' Press,2020.

[116] YANG W Z. Early warning for infectious disease outbreak:theory and practice [M]. Salt Lake City:Academic Press,2017.

[117] YUANN J K. Supertrends of future China:billion dollar business opportunities for China's Olympic decade [M]. Singapore:World Scientific Publishing Company,2008.

[118] ZIMBALIST A. Rio 2016:Olympic myths,hard realities [M]. Washington DC:Brookings Institution Press,2017.

[119] ZLATKO J. A cultural history of the 1984 Winter Olympics [M]. New York:Palgrave Macmillan,2021.

(二)中文会议集、学位论文及期刊文献

[1] 蔡盈芳. 电子商务环境下电子文件管理政策法规和标准规范体系建设研究 [J]. 档案学研究,2017 (S1):108-115.

[2] 陈洁,徐拥军,郭若涵,等. 国外奥运档案管理的特点及启示 [J]. 兰台世界,2020 (1):28-31,13.

[3] 陈洁. 大型体育赛事档案管理策略研究 [D]. 北京:中国人民大学,2020.

[4] 陈恬恬. 奥运官方电影的资料档案管理:从英国筹拍伦敦奥运官方电影说起 [J]. 当代电影,2010 (8):108-111.

[5] 陈智林. 基于游客感知下的工业遗产场景化研究 [D]. 上海:上海师

范大学，2021.

[6] 陈忠海，娄海婷. 比较法视域下中外档案开放利用政策调查研究及启示 [J]. 档案学研究，2020（6）：70-77.

[7] 慈波，沈炜. 重大活动档案管理的实践与思考：以世界互联网大会档案工作为例 [J]. 浙江档案，2018（6）：64-65.

[8] 戴勇. 北京"人文奥运"非物质文化奥运遗产特点分析 [J]. 体育与科学，2008（5）：18-21.

[9] 丁德胜.《重大活动和突发事件档案管理办法》解读 [J]. 中国档案，2021（1）：40-41.

[10] 丁华东，张燕. 探寻意义：档案记忆观的学术脉络与研究图景 [J]. 档案学研究，2018（1）：22-28.

[11] 董进霞. 北京奥运会遗产展望：不同洲际奥运会举办国家的比较研究 [J]. 体育科学，2006（7）：3-12.

[12] 杜璇宇. 参与式档案管理中社会力量参与权力的来源与实现研究 [J]. 档案与建设，2021（2）：9-13.

[13] 段俐娟，李涛. 健全重大活动和突发事件档案收集管理工作机制：以云南省档案工作实践为例 [J]. 中国档案，2021（2）：38-39.

[14] 付正刚，倪霞. 论档案信任及关系 [J]. 档案学研究，2020（1）：32-40.

[15] 巩玉静. 谈奥运工程档案的前端管理 [J]. 北京档案，2010（5）：19-20.

[16] 郭若涵，徐拥军. 后现代档案学理论在突发公共卫生事件档案管理中的应用 [J]. 档案学通讯，2020（3）：60-67.

[17] 郭若涵，徐拥军. 新《档案法》实施背景下我国档案法规体系建设要求 [J]. 北京档案，2021（5）：11-14.

[18] 郭新茹，陈天宇，唐月民. 场景视域下大运河非遗生活性保护的策略研究 [J]. 南京社会科学，2021（5）：161-168.

[19] 郭振，乔凤杰. 北京绿色奥运遗产及其困境与继承 [J]. 武汉体育学院学报，2016，50（8）：18-22，38.

[20] 韩瑞鹏. 档案后保管范式理论视阈下城市记忆综合数据平台建构研究 [D]. 哈尔滨：黑龙江大学，2021.

[21] 韩素君，方学清，张丽萍. 从举办"2000北京朝阳国际商务节"谈

重大活动档案、资料的收集［C］//中国档案学会．中国档案学会第六次全国档案学术讨论会论文集．北京：中国档案学会，2002：16－17．

［22］韩子荣，谢军．北京"奥运遗产"可持续发展：新视角与新机遇［J］．首都体育学院学报，2020，32（5）：385－388．

［23］何玉颜．论"档案共同形成者"的概念与内涵［J］．档案与建设，2019（5）：8－12．

［24］贺幸辉，徐洁勤．奥运遗产与纪录电影：以2008年北京奥运会官方电影为例［J］．体育与科学，2018，39（2）：56－62．

［25］侯明．历史与文化传承中北京奥运博物馆的创新与发展：以北京奥运博物馆"奥运口述史"项目为例［J］．北京体育大学学报，2014，37（7）：38－43．

［26］胡百精，冯惠玲．北京奥运的人文精神与价值光谱：写在北京奥运成功举办三周年之际［J］．前线，2011（8）：38－40．

［27］胡孝乾，陈姝姝，KENYON J，等．国际奥委会《遗产战略方针》框架下的奥运遗产愿景与治理［J］．上海体育学院学报，2019，43（1）：36－42．

［28］胡孝乾，吴楚楚，邓雪．新冠疫情对2022年北京冬奥会体育遗产影响的内容、路径和方式［J］．上海体育学院学报，2021，45（3）：27－38．

［29］华林．中华民族认同视域下南侨机工档案文献数字化编研研究［J］．浙江档案，2021（6）：19－22．

［30］黄璐，刘波．后疫情时代体育世界的变革趋势探析：《奥林匹克2020＋5议程》解析与中国借鉴［J］．武汉体育学院学报，2021，55（6）：5－13．

［31］黄文卉．基于知识管理的体育赛事管理模式与评价：以奥运会为实证［D］．武汉：武汉理工大学，2011．

［32］黄新荣，马云．基于整体性治理的地域文化档案资源建设［J］．北京档案，2021（2）：5－10．

［33］黄新荣，曾萨．双重价值论面临的挑战与档案价值理论的重构［J］．档案学研究，2021（2）：4－12．

［34］黄永勤，黄丽萍．重大事件档案管理流程研究［J］．档案与建设，2015（5）：4－7，20．

［35］嵇秋红．探索重大活动照片档案的科学管理［J］．档案与建设，2010（1）：46－47．

［36］季城，谢新涛. 2022 北京冬奥会遗产游憩化利用体系构建研究［J］. 体育文化导刊，2020（9）：14 - 20.

［37］季彦霞，吕万刚，沈克印，等. 元治理视角下体育社会组织参与治理的现实困境与改革路径［J］. 体育学研究，35（4）：52 - 58.

［38］加小双. 后现代档案学理论的范式成长与范式批判［J］. 档案学通讯，2021（3）：34 - 39.

［39］加小双. 新西兰数字连续性行动计划的分析与启示［J］. 图书情报工作，2016，60（1）：45 - 51.

［40］李慧林，王润斌. 论北京奥运会遗产及其可持续发展［J］. 体育文化导刊，2007（6）：45 - 47.

［41］李佳宝，孙葆丽. 青奥会与奥运会遗产之比较［J］. 南京体育学院学报（社会科学版），2017，31（2）：47 - 52.

［42］李京婷，田雷. 坚持四个办奥理念 研究探索北京冬奥会档案工作新形态［J］. 北京档案，2017（10）：29 - 31.

［43］李晶伟. 档案情感价值的内涵与特征［J］. 北京档案，2018（11）：9 - 12.

［44］李孟秋. 我国社群档案建设的意义、困境与路径［J］. 档案学研究，2019（2）：71 - 76.

［45］李甜. 数字管护（Digital Curation）视域下科研档案管理创新研究［J］. 档案学研究，2021（3）：113 - 120.

［46］李文钊. 奥运治理反思：设计原则、遗产及制度意蕴：北京奥运与伦敦奥运的比较［J］. 成都体育学院学报，2012，38（12）：7 - 12.

［47］李兴利. 重大活动与专项工作档案的整理［J］. 档案管理，2010（1）：28 - 31.

［48］李扬新. 我国档案利用服务政策体系的构建与规划［J］. 浙江档案，2010（10）：23 - 26.

［49］李圆圆. "世界记忆"的理论基础及实践价值［J］. 档案学研究，2011（3）：16 - 18.

［50］李云波. 第 29 届北京奥运会档案工作［J］. 中国档案，2011（7）：22 - 23.

［51］李增元，刘上上. 新时代社会治理共同体的历史渊源、理论基础及内涵阐释［J］. 行政论坛，2021，28（4）：106 - 112.

［52］林俊，陈作松，翁慧婷，等．北京奥运精神遗产质性研究［J］．武汉体育学院学报，2011，45（8）：5－14．

［53］刘东锋．基于主办城市居民视角的北京奥运会遗产研究［J］．上海体育学院学报，2014，38（6）：54－58，74．

［54］刘润芝，罗晓红，吕仲敏．北京冬奥会遗产治理模式及其可持续发展［C］//中国体育科学学会．第十一届全国体育科学大会论文摘要汇编．南京：中国体育科学学会，2019：5578－5579．

［55］刘永明，马长亮，糜栋炜．奥运档案工作实践与思考：以北京市石景山区档案局（馆）为例［J］．北京档案，2008（12）：27－28．

［56］刘越男．大数据政策背景下政务文件归档面临的挑战［J］．档案学研究，2018（2）：107－114．

［57］龙家庆．论档案学理论对数字管护研究的支柱性贡献［J］．北京档案，2023（2）：7－11．

［58］龙家庆．数字管护研究中档案管理的既有探索与辩证思考［J］．档案与建设，2023（3）：31－36．

［59］卢石，杨红英，余文雯．奥林匹克信息资源专题数据库建设实践：以北京体育大学图书馆为例［J］．北京体育大学学报，2009，32（1）：50－52．

［60］陆阳，蔡之玲．档案与身份认同研究现状考察与进路展望［J］．档案学研究，2021（1）：32－39．

［61］陆阳．档案伦理与社会正义关系研究的深层解读：基于实质正义观与程序正义观的冲突［J］．档案学通讯，2020（6）：22－30．

［62］路云亭．中国共产党十九大决议中的体育战略：基于奥运遗产的学理记述［J］．体育与科学，2018，39（1）：7－13，25．

［63］吕季东，史国生，缪律．奥运遗产传承与保护经验及启示［J］．体育文化导刊，2019（4）：24－29，35．

［64］马凤霞，王春城，于学岭，等．北京奥运文化遗产传承与保护的现状与对策［J］．北京体育大学学报，2007（7）：873－875．

［65］马海韵．市域社会治理中的公众参与：理论框架与实践路径［J］．行政论坛，2021，28（4）：113－120．

［66］马红，白文琳，李蓓，等．档案开放与开发政策框架：梳理、述评与设计［J］．浙江档案，2009（6）：18－22．

［67］马仁杰，沙洲．基于联盟区块链的档案信息资源共享模式研究：以

长三角地区为例[J].档案学研究,2019(1):61-68.

[68]缪律,史国生,周铭扬.奥林匹克运动深化改革背景下奥运遗产现代治理的中国方案与推进策略[J].天津体育学院学报,2021,36(2):166-172.

[69]缪律,史国生.《东京2020年残奥会遗产规划》的分析与启示[J].首都体育学院学报,2020,32(4):310-315.

[70]彭延春.后奥运时代北京奥运遗产旅游的开发策略[J].体育与科学,2011,32(1):43-45.

[71]钱娟明.精彩全纪录:首届世界互联网大会档案工作侧记[J].浙江档案,2014(12):37-39.

[72]曲春梅.国外档案学研究的"情感转向"[J].档案学研究,2020(4):128-134.

[73]盛春梅,王秋菊.浙江省重大活动档案依法管理的实践探索[J].浙江档案,2013(10):56-57.

[74]石婷婷,徐建华,张雨浓.数字孪生技术驱动下的智慧图书馆应用场景与体系架构设计[J].情报理论与实践,2021,44(3):149-156.

[75]史国生,范妤婧,吕季东.奥运遗产研究前沿与热点分析[J].成都体育学院学报,2018,44(6):68-73.

[76]市档案局关于加强北京市重大活动档案管理工作的意见[J].北京档案,2002(10):7-8.

[77]孙葆丽,宋晨翔,杜颖,等.温哥华冬奥会遗产工作研究及启示[J].北京体育大学学报,2017,40(10):1-8.

[78]孙葆丽,孙葆洁,刘婧怡.伦敦奥运会可持续发展实践研究[J].西安体育学院学报,2020,37(3):298-303.

[79]孙葆丽,王家宏,林存真,等.奥运遗产特点架构研究[J].天津体育学院学报,2021,36(4):399-404.

[80]孙葆丽,闫伟华.习近平关于北京冬奥会和冬残奥会办赛要求的论述研究[J].北京体育大学学报,2021,44(6):26-32.

[81]孙葆丽,杨文学,肖龙.奥运模式的产生[J].体育文史,2000(5):34-36.

[82]孙葆丽,朱志强,刘石,等."冬奥遗产"初创期研究[J].首都体育学院学报,2021,33(2):199-204.

[83] 孙葆丽，朱志强，刘石，等．冬奥遗产逐步扩展期研究［J］．武汉体育学院学报，2021，55（3）：5-11．

[84] 孙武．档案价值鉴定的拓展与延伸［J］．浙江档案，2006（2）：26-27．

[85] 谭琳．对北京奥运遗产的多维透视［D］．南京：南京师范大学，2008．

[86] 唐义．文化部和国家档案局合作：加强公共数字文化资源整合力度的迫切需求［J］．图书情报知识，2016（4）：4-11．

[87] 王成，田雨普，谭琳．北京奥运会文化遗产的基本理论研究［J］．西安体育学院学报，2011，28（3）：309-312．

[88] 王道杰，刘力豪．国际奥委会改革理念的创新及其对北京冬奥会的启示：基于《奥林匹克2020议程》的词频统计［J］．中国体育科技，2021，57（3）：52-57，79．

[89] 王光华，裴阳，常金玲．基于数字人文的城市记忆资源整合与服务研究［J］．档案管理，2021（4）：71-72．

[90] 王惠蓉．权力、资本、地方对"文化场景"的建构：以历史街区"五店市"文化产业为考察对象［J］．东南学术，2020（6）：66-73．

[91] 王晋静．基于列斐伏尔空间三元论视角下的非遗博物馆展示设计研究［D］．上海：东华大学，2021．

[92] 王丽华，刘炜．助力与借力：数字人文与新文科建设［J］．南京社会科学，2021（7）：130-138．

[93] 王鑫宇．“故事性”视角下历史文化遗产的量化分析与评价研究：以大运河杭州段为例［D］．上海：华东理工大学，2021．

[94] 王艳，DEROM I，THEEBOOM M．"鸟巢一代"奥运志愿服务集体记忆与奥运遗产［J］．沈阳体育学院学报，2018，37（6）：65-72．

[95] 王艳，戴健．奥运志愿遗产的兴起、愿景与治理：兼析2022冬奥会志愿遗产的"北京标准"［C］//中国体育科学学会．第十一届全国体育科学大会论文摘要汇编．南京：中国体育科学学会，2019：537-539．

[96] 王玉珏，刘佳欣．国外档案馆跨界合作模式及启示［J］．档案学通讯，2017（2）：91-95．

[97] 王玉珏，施玥馨．联合国教科文组织文献遗产保护政策体系研究［J］．图书馆建设，2022（2）：120-130．

[98] 王玉珏，宋香蕾，润诗，等. 基于文件连续体理论模型的"第五维度理论"[J]. 档案学通讯，2018（1）：24-29.

[99] 王玉珏，许佳欣. 皮埃尔·诺拉"记忆之场"理论及其档案学思想[J]. 档案学研究，2021（3）：10-17.

[100] 王月，孙葆丽. 可持续发展视阈下北京2022年冬奥会遗产探析[J]. 北京体育大学学报，2019，42（1）：42-49.

[101] 王韵博. 我国举办冬奥会对体育信息工作的影响[J]. 现代情报，2015，35（4）：139-141.

[102] 王朱珠. 王府井国际著名商业街研讨会档案收集工作[J]. 北京档案，2003（1）：40.

[103] 魏丽维，李晶伟. 档案情感价值凸显的实践背景与理论依据[C]//中国档案学会. 2019年全国青年档案学术论坛论文集. 北京：中国文史出版社，2019：331-341.

[104] 魏亮亮. 面向数字人文的档案知识服务模式转型探析[J]. 档案学研究，2021（4）：72-79.

[105] 吴潜涛，郑小九. 北京奥运会、残奥会的珍贵精神遗产[J]. 中国人民大学学报，2009，23（2）：80-86.

[106] 夏虹，申国卿. 回望北京奥运之年的体育文化遗产[J]. 武汉体育学院学报，2014，48（7）：41-46.

[107] 肖波，陈泥. 从抗疫故事、情感主题到场景再现：瘟疫遗产地构建的欧洲经验和模式[J]. 深圳大学学报（人文社会科学版），2021，38（1）：152-160.

[108] 肖秋会，陈梦. 重大活动档案管理工作的难点及对策：以第七届全国农运会为例[J]. 档案与建设，2015（12）：18-21.

[109] 谢冰. 漯河市重大活动档案管理与服务实践的思考[J]. 档案管理，2014（1）：59.

[110] 谢军，茹秀英. 北京2022年冬奥会和冬残奥会遗产研究助力中国相关领域发展的思考[J]. 首都体育学院学报，2020，32（3）：196-201，213.

[111] 谢军，汪流. 北京冬奥会和冬残奥会遗产助力国家发展战略的研究框架构建[J]. 北京体育大学学报，2020，43（4）：33-39.

[112] 邢慧. 后现代主义在当代我国档案学理论与实践中的价值体现

[J]. 浙江档案，2020（3）：34-36.

[113] 熊文景. 档案正义论［D］. 北京：中国人民大学，2021.

[114] 熊晓正，王润斌. 对北京奥运会"独特遗产"的理解：实现"跟着讲"向"接着讲"的跨越［J］. 武汉体育学院学报，2006（10）：1-5，10.

[115] 徐祥辉，黄家善. 北京奥运会遗产的评估、开发与保护研究［J］. 体育与科学，2009，30（4）：11-14.

[116] 徐拥军，陈洁. 北京奥运档案管理的对策建议［J］. 北京档案，2020（7）：27-29.

[117] 徐拥军，李子林，李孟秋. 后现代档案学的理论贡献与实践影响［J］. 档案学通讯，2020（1）：31-40.

[118] 徐拥军，王露露. 后现代档案学理论的主要内容［J］. 档案学研究，2020（6）：47-52.

[119] 徐拥军，王薇. 美国、日本和台湾地区文化遗产档案数据库资源建设的经验借鉴［J］. 档案学通讯，2013（5）：58-62.

[120] 徐拥军，闫静. "奥运遗产"的内涵演变、理性认知与现实意义［J］. 首都体育学院学报，2019，31（3）：201-205.

[121] 徐拥军，张丹，闫静. 奥运遗产理论的构建：原则、方法和内涵［J］. 成都体育学院学报，2021，47（2）：16-21.

[122] 徐拥军，张丹，闫静. 北京2022年冬奥会和冬残奥会遗产价值及其评估研究［J］. 武汉体育学院学报，2020，54（10）：15-22.

[123] 徐拥军. 北京奥运会文献遗产的保护与传承［J］. 中国档案，2008（1）：32-33.

[124] 徐拥军. 档案记忆观：社会学与档案学的双向审视［J］. 求索，2017（7）：159-166.

[125] 徐拥军. 档案记忆观的理论基础［J］. 档案学研究，2017（6）：4-12.

[126] 徐拥军. 建立"北京奥运会专题档案全文数据库"的构想［J］. 北京档案，2008（7）：13-14，42.

[127] 徐子齐，孙葆丽，董小燕. "可持续发展战略框架"下北京冬奥会城市遗产愿景实现探究［J］. 成都体育学院学报，2020，46（4）：89-94.

[128] 徐子齐，孙葆丽，董小燕. 北京2022年冬奥会赛事理念从申办到筹办嬗变探究［J］. 体育文化导刊，2018（6）：25-29.

[129] 闫静，LEOPKEY B. 奥运遗产溯源、兴起与演进研究 [J]. 北京体育大学学报，2016，39（12）：14-19，36.

[130] 闫静，王露露. 悖论式发展：后现代档案学理论的现状与局限 [J]. 北京档案，2019（7）：16-21.

[131] 闫静，徐拥军. 后现代档案思想对我国档案理论与实践发展的启示：基于特里·库克档案思想的剖析 [J]. 档案学研究，2017（5）：4-10.

[132] 闫静，徐拥军. 后现代档案学理论的思想实质研究 [J]. 档案学研究，2019（4）：4-12.

[133] 杨茜茜，杜瑀峤. 综合档案馆档案开放鉴定研究：程序制度的构建 [J]. 档案与建设，2019（6）：4-9.

[134] 杨茜茜. 档案学基础理论的适应性发展：基于组织沟通视角的分析 [J]. 档案学研究，2021（4）：32-40.

[135] 杨智勇. 智慧城市背景下的档案信息服务模式研究 [J]. 档案学通讯，2019（1）：97-99.

[136] 余厚洪. 族群档案的身份认同论析 [J]. 档案管理，2021（4）：47-49.

[137] 余莉萍. 奥运会与可持续城市良性互动研究 [D]. 北京：北京体育大学，2018.

[138] 袁懋栓. 绿色奥运、科技奥运、人文奥运三大理念是奥运非物质遗产 [J]. 北京社会科学，2008（3）：14-17.

[139] 袁荣凯. 奥运遗产：等待挖掘的宝藏 [J]. 体育文化导刊，2008（8）：31-32，53.

[140] 袁书营，孙葆丽. 2012年伦敦奥运会遗产计划分析 [J]. 武汉体育学院学报，2012，46（7）：21-25.

[141] 曾蕾，王晓光，范炜. 图档博领域的智慧数据及其在数字人文研究中的角色 [J]. 中国图书馆学报，2018，44（1）：17-34.

[142] 曾永忠. 北京奥运会信息服务策略与我国城市信息服务的发展 [J]. 图书馆，2008（4）：69-71.

[143] 张丹. 北京奥运档案的遗产价值建构研究 [D]. 北京：中国人民大学，2023.

[144] 张丹. 档案艺术的兴起、影响与启示 [J]. 档案学通讯，2022（3）：21-29.

[145] 张国华. 重大活动档案收集工作的思考: 以 G20 杭州峰会档案收集工作为例 [J]. 中国档案, 2017 (8): 41.

[146] 张敏, 王小梅. 中美档案征集政策文本的比较研究 [J]. 档案学通讯, 2017 (4): 100-104.

[147] 张廷晓, 于文谦. 非奥运项目可持续发展评价指标体系构建研究 [J]. 武汉体育学院学报, 2018, 52 (10): 88-94.

[148] 张卫东, 张乐莹, 赵红颖. 我国档案治理研究内容与特征识别 [J]. 情报科学, 2021, 39 (8): 60-66, 85.

[149] 张燕. 新媒体时代档案记忆再生产转型研究 [D]. 上海: 上海大学, 2020.

[150] 张益民. 全面加强奥运档案工作 留存珍贵奥运文化遗产: 北京市档案局 (馆) 奥运档案工作专题报道 [J]. 北京档案, 2008 (7): 6-9.

[151] 张莹, 孙聪丽, 张慕千. 可持续发展理念在 2020 年东京奥运会的实践及对北京冬奥会的启示 [J]. 北京体育大学学报, 2020, 43 (5): 98-107.

[152] 张臻. 中国涉密档案解密管理体系研究: 基于双重生命周期理论的视角 [J]. 档案学通讯, 2021 (1): 96-99.

[153] 赵海燕, 孙葆丽, 曹秀玲. 对奥运遗产观的理性思考 [J]. 成都体育学院学报, 2010, 36 (1): 13-16.

[154] 赵立. 抓好重大社会活动档案工作势在必行 [J]. 浙江档案, 1998 (12): 22-23.

[155] 周克华, 杨川. 试论档案分等级管理的意义 [J]. 档案学通讯, 2000 (4): 57-59.

[156] 周林兴, 韩永继, 周胎, 等. 档案开放利用中公私矛盾的司法认定探析: 以中国裁判文书网案例为对象 [J]. 档案学通讯, 2020 (1): 70-79.

[157] 左娜, 张卫东. 数字人文跨学科共生因素及档案范式识别研究 [J]. 档案学研究, 2021 (4): 25-31.

(三) 英文会议集、期刊文献

[1] ADAMI P E, FITCH K. The innovative role of Olympic sports and exercise in the promotion of health, gender equality and sustainability: past achievements and future challenges [J]. Journal of Sports Medicine and Physical Fitness, 2021, 61 (8): 1042-1051.

[2] AGHA N, FAIRLEY S, GIBSON H. Considering legacy as a multi-

dimensional construct: the legacy of the Olympic Games [J]. Sport Management Review, 2012, 15 (1): 125 – 139.

[3] ANDRANOVICH G, BURBANK M J. Contextualizing of Olympic legacies [J]. Urban Geography, 2011, 32 (6): 823 – 844.

[4] BAUMAN A E, KAMADA M, REIS R S, et al. An evidence-based assessment of the impact of the Olympic Games on population levels of physical activity [J]. The Lancet, 2021, 398 (10298): 456 – 464.

[5] BERNSTOCK P. Tensions and contradictions in London's inclusive housing legacy [J]. International Journal of Urban Sustainable Development, 2013, 5 (2): 154 – 171.

[6] BOTTERO M, SACERDOTTI S L, MAURO S. Turin 2006 Olympic Winter Games: impacts and legacies from a tourism perspective [J]. Journal of Tourism and Cultural Change, 2012, 10 (2): 202 – 217.

[7] BOUKAS N, ZIAKAS V, BOUSTRAS G. Olympic legacy and cultural tourism: exploring the facets of Athens' Olympic heritage [J]. International Journal of Heritage Studies, 2013, 19 (2): 203 – 228.

[8] BROWN C. The 1984 Los Angeles Olympic Games: assessing the 30-year legacy [J]. The International Journal of the History of Sport, 2020, 37 (16): 1736 – 1738.

[9] BROWN L A. Planning for legacy in the Post-War Era of the Olympic Winter Games [J]. The International Journal of the History of Sport, 2020, 37 (13): 1348 – 1367.

[10] BUDZAK D. The organization of organizational knowledge [J]. Business Information Review, 2013, 30 (4): 183 – 190.

[11] BULL C, LOVELL J. The impact of hosting major sporting events on local residents: an analysis of the views and perceptions of Canterbury residents in relation to the tour de France 2007 [J]. Journal of Sport & Tourism, 2007, 12 (34): 229 – 248.

[12] BYUN J, LEOPKEY B. Exploring issues within Post-Olympic Games legacy governance: the case of the 2018 Pyeongchang Winter Olympic Games [J]. Sustainability, 2020, 12 (9): 3585.

[13] CAMARGO-JUNIOR F, CHALHUB T, DE MORAES FILHO J

M, et al. Covid-19 and its effect on Olympic sport: the importance of studying social isolation and the harm it causes, in order to minimize it [J]. Revista Brasileira de Medicina do Esporte, 2020, 26 (5): 371-377.

[14] CASTRO M C. Zika virus and the 2016 Olympic Games-evidence-based projections derive from dengue do not support cancellation [J]. Travel medicine and infectious disease, 2016, 14 (4): 384-388.

[15] CHAPPELET J-L. Mega sporting event legacies: a multifaceted concept [J]. Papeles de Europa, 2012 (25): 76-86.

[16] CHAPPELET J-L. Olympic environmental concerns as a legacy of the Winter Games [J]. The International Journal of the History of Sport, 2008, 25 (14): 1884-1902.

[17] CHATZIEFSTATHIOU D. Olympic education and beyond: Olympism and value legacies from the Olympic and Paralympic Games [J]. Educational Review, 2012, 64 (3): 385-400.

[18] CHENS S, HENRY I. Assessing Olympic legacy claims: evaluating explanations of causal mechanisms and policy outcomes [J]. Evaluation, 2020, 26 (3): 275-295.

[19] Conclusions and recommendations. International symposium on Legacy of the Olympic Games, 1984~2000 [C]. Laussane, Switzerland, 14th-16th November 2002.

[20] CONSTANDT B, WILLEM A. Hosting the Olympics in times of a pandemic: historical insights from Antwerp 1920 [J]. Leisure Sciences, 2020 (2): 1-6.

[21] COOK T. Evidence, memory, identity, and community: four shifting archival paradigms [J]. Archival Science, 2013, 13 (2-3): 95-120.

[22] COOK T. Macroappraisal in theory and practice: origins, characteristics, and implementation in Canada, 1950-2000 [J]. Archival Science, 2005, 5 (2-4): (101-161).

[23] DAVIDSON M, MCNEILL D. The redevelopment of Olympic sites: examining the legacy of Sydney Olympic Park [J]. Urban Studies, 2012, 49 (8): 1625-1641.

[24] ELLEN H, CONALL H W. Infectious disease surveillance for the

London 2012 Olympic and Paralympic Games [J/OL]. Eurosurveillance, 2012, 17 (31): 8 – 15 [2020 – 03 – 14]. https://www.researchgate.net/publication/230637645.

[25] ELLIOT A J, MORBEY R A, HUGHES H E, et al. Syndromic surveillance-a public health legacy of the London 2012 Olympic and Paralympic Games [J]. Public Health, 2013, 127 (8): 777 – 781.

[26] ENGEL L. The archival tourist take two: looking at legacies of eighteenth-century portraiture through the work of Elizabeth Colomba and Fabiola Jean-Louis [J]. Eighteenth-Century Fiction, 2021, 33 (4): 557 – 576.

[27] FINKENBUSCH P. Beyond liberal governance? resilience as a field of transition [J]. Journal of International Relations and Development, 2021, 24 (3): 1 – 15.

[28] GANGA R N, WISE N, PERICM. Exploring implicit and explicit cultural policy dimensions through major-event and neoliberal rhetoric [J]. City, Culture and Society, 2021: 100401.

[29] GEORGIADIS K, THEODORIKAKOS P. The Olympic Games of Athens: 10 years later [J]. Sport in Society, 2016, 19 (6): 817 – 827.

[30] GOLD J R, GOLD M M. Olympic legacies and the sustainability agenda [J]. Nature Sustainability, 2021, 4 (4): 290 – 291.

[31] GRATTON C, PREUSS H. Maximizing Olympic impacts by building up legacies [J]. The International Journal of the History of Sport, 2008, 25 (14): 1922 – 1938.

[32] GRATTON C, PREUSS H. Maximizing Olympic impacts by building up legacies [J]. The International Journal of the History of Sport, 2008, 25 (14): 1922 – 1938.

[33] GUNDLAPALLI A V, OLSON J, SMITH S P, et al. Hospital electronic medical record-based public health surveillance system deployed during the 2002 Winter Olympic Games [J]. American Journal of Infection Control, 2007, 35 (3): 163 – 171.

[34] HACKMAN L. Love is not enough: advocacy, influence and the development of archives [J]. Journal of the Society of Archivists, 2012, 33 (1): 9 – 21.

[35] HALBWIRTH S, TOOHEY K. The Olympic Games and knowledge management: a case study of the Sydney Organizing Committee of the Olympic Games [J]. European Sport Management Quarterly, 2001: 91-111.

[36] HARDIMAN R. En mal d'archive: postmodernist theory and record-keeping [J]. Journal of the Society of Archivists, 2009, 30 (1): 27-44.

[37] HIGGINS S. The DCC curation lifecycle model [J]. The International Journal of Digital Curation, 2008, 3 (1): 135-140.

[38] HOANG VT, AL-TAWFIQ JA, GAUTRET P. The Tokyo Olympic Games and the risk of COVID-19 [J]. Current Tropical Medicine Reports, 2020: 1-7.

[39] HÅKANSSON A, MOESCH K, JÖNSSON C, et al. Potentially prolonged psychological distress from postponed Olympic and Paralympic Games during COVID-19: career uncertainty in elite athletes [J]. International Journal of Environmental Research and Public Health, 2021, 18 (1): 2.

[40] JORM L R, THACKWAY S V, CHURCHES T R, et al. Watching the games: public health surveillance for the Sydney 2000 Olympic Games [J]. Journal of Epidemiology & Community Health, 2003, 57 (2): 102-108.

[41] KAPLANIDOU K. The importance of legacy outcomes for Olympic Games four summer host cities residents' quality of life: 1996-2008 [J]. European Sport Management Quarterly, 2012, 12 (4): 397-433.

[42] KASSENS-NOOR E, GAFFNEY C, MESSINA J, et al. Olympic transport legacies: Rio de Janeiro's bus rapid transit system [J/OL]. Journal of Planning Education and Research, 2018, 38 (1): 13-24 [2020-02-06]. https://doi.org/10.1177/0739456X16683228.

[43] KIM H M, GRIX J. Implementing a sustainability legacy strategy: a case study of Pyeongchang 2018 Winter Olympic Games [J]. Sustainability, 2021, 13 (9): 5141.

[44] KIM S. Urban regeneration as the Olympic legacy [J]. Korean Society of Sport Policy, 2015, 13 (3): 201-220.

[45] KOBA T, GONG H, ROSS W J, et al. Sustainable Olympic development: a proposed benchmark for managing economic outcomes [J]. Journal of Global Sport Management, 2021, 6 (1): 49-69.

[46] KOSTAS G, PANAGIOTIS T. The Olympic Games of Athens: 10 years later [J]. Sport in Society, 2016, 19 (6): 817-827.

[47] LEE J W. A thin line between a sport mega-event and a mega-construction project: the 2018 Winter Olympic Games in Pyeongchang and its event-led development [J]. Managing Sport and Leisure, 2021, 26 (5): 395-412.

[48] LEOPKEY, B, PARENT MM. Olympic Games legacy: lrom general benefits to sustainable long-term legacy [J]. The International Journal of the History of Sport, 2012, 29 (6): 924-943.

[49] LIU X D, XIA H W. Research on the space transformation of Yungang Grottoes art heritage and the design of wisdom museum from the perspective of digital humanity [J]. E3S Web of Conferences, 2021, 236: 05023.

[50] MANGAN J A. Prologue: guarantees of global goodwill: Post-Olympic legacies-too many limping white elephants? [J]. The International Journal of the History of Sport, 2008, 25 (14): 1869-1883.

[51] MCCLOSKEY B, ENDERICKS T, CATCHPOLE M, et al. London 2012 Olympic and Paralympic Games: public health surveillance and epidemiology [J]. The Lancet, 2014, 383 (9934): 2083-2089.

[52] MICHAEL A. Digital conservation and access: saving humanity's history in the petabyte age [J]. Virtual Archaeology Review, 2010, 1 (1): 9-12.

[53] MINNAERT L. An Olympic legacy for all? the non-infrastructural outcomes of the Olympic Games for socially excluded groups (Atlanta 1996 - Beijing 2008) [J]. Tourism Management, 2012, 33 (2): 361-370.

[54] MORBEY R A, ELLIOT A J, CHARLETT A, et al. Using public health scenarios to predict the utility of a national syndromic surveillance programme during the 2012 London Olympic and Paralympic Games [J]. Epidemiology & Infection, 2014, 142 (5): 984-993.

[55] MUELLER M. After Sochi 2014: costs and impacts of Russia's Olympic Games [J]. Eurasin Geography and Economics, 2014, 55 (6): 628-655.

[56] MÜLLER M, WOLFE S D, GAFFNEY C, et al. An evaluation of the sustainability of the Olympic Games [J]. Nature Sustainability, 2021, 4 (4): 340-348.

[57] NAISH C, MASON S. London 2012 legacy: transformation of the O-

lympic Park [J]. Proceedings of The Institution of Civil Engineers-Civil Engineering, 2014, 167 (6): 26 - 32.

[58] NAVALERSUPH N, CHAROENNGAM C. Governance of public-private partnerships in transportation infrastructure projects based on Thailand's experiences [J]. Case Studies on Transport Policy, 2021, 9 (3): 1211 - 1218.

[59] NICHOLS G, RALSTON R, HOLMES K. The 2012 Olympic ambassadors and sustainable tourism legacy [J]. Journal of Sustainable Tourism, 2017, 25 (11): 1513 - 1528.

[60] OWEN J G. Estimating the cost and benefit of hosting Olympic Games: what can Beijing expect from its 2008 Games? [J]. The Industrial Geographer, 2005, 3 (1): 1 - 18.

[61] PANAGIOTAKOS D B, COSTARELLI V, POLYCHRONOPOULOS E. The perspective of syndromic surveillance systems on public health threats: a paradigm of the Athens 2004 Olympic Games [J]. Perspectives in Public Health, 2007, 127 (3): 111.

[62] PAPPALEPORE I, DUIGNAN MB. The London 2012 cultural programme: a consideration of Olympic impacts and legacies for small creative organisations in east London [J]. Tourism Management, 2016 (54): 344 - 355.

[63] PARENT M, MACDONALD D, GOULET G. The theory and practice of knowledge management and transfer: the case of the Olympic Games [J]. Sport Management Review, 2014 (17): 205 - 218.

[64] PARK J, TAE H. Plans for the legacy of 2018 Pyeongchang Winter Olympics: the case of the Winter Olympic facilities [J]. The Korean Journal of Physical Education, 2014, 53 (1): 357 - 372.

[65] PIERVINCENZO B, CHITO G. The 2006 Olympic Winter Games and the tourism revival of an ancient city [J]. Journal of Sport & Tourism, 2011, 16 (4): 303 - 321.

[66] PREUSS H, PLAMBECK A. Utilization of Olympic stadiums: a conceptual stadium legacy framework [J]. International Journal of Sports Marketing and Sponsorship, 2021, 22 (1): 10 - 31.

[67] PREUSS H. The conceptualisation and measurement of mega sport e-

vent legacies [J]. Journal of Sport & Tourism, 2007, 12 (34): 207 - 227.

[68] PROJECT T S. Assessment of syndromic surveillance in Europe [J]. The Lancet, 2011, 378 (9806): 1833 - 1834.

[69] RAMSHAW G, Gammon S. On home ground? Twickenham stadium tours and the construction of sport heritage [J]. Journal of Heritage Tourism, 2010: 5 (2): 87 - 102.

[70] SEVERI E, HEINSBROEK E, WATSON C, et al. Infectious disease surveillance for the London 2012 Olympic and Paralympic Games [J]. Eurosurveillance, 2012, 17 (31): 20232.

[71] SILVER J J, MELETIS Z A, VADI P. Complex context: aboriginal participation in hosting the Vancouver 2010 Winter Olympic and Paralympic Games [J]. Leisure Studies, 2012, 31 (3): 291 - 308.

[72] SOLBERG H A, PREUSS H. Major sport events and long-term tourism impacts [J]. Journal of Sport Management, 2007, 21 (2): 213 - 234.

[73] SUE H, KRISTINE T. The Olympic Games and knowledge management: a case study of the Sydney Organising Committee of the Olympic Games [J]. European Sport Management Quarterly, 2001: 91 - 111.

[74] SUK C T, CHEON H. The study on creating Pyeongchang Winter Olympic Games records legacy through overseas cases [J]. Korean Society of Sport Policy, 2018, 16 (3): 61 - 80.

[75] SUN W, LIU L, CHEN X, et al. Combination of institutional incentives for cooperative governance of risky commons [J]. iScience, 2021, 24 (8): 102844.

[76] TAKEHANA, E. The shape of thought: humanity in digital, literary texts [J]. Comunicazioni sociali. , 2015, 3 (3): 342 - 353.

[77] TAKU K, ARAI H. Impact of COVID-19 on athletes and coaches, and their values in Japan: repercussions of postponing the Tokyo 2020 Olympic and Paralympic Games [J]. Journal of Loss and Trauma, 2020, 25 (8): 623 - 630.

[78] TAPP R. West Yorkshire's sporting heroes [J]. Journal of the Society of Archivists, 2012, 33 (1): 75 - 87.

[79] THACKWAY S. Health surveillance during the Sydney 2000 Olym-

pic and Paralympic Games [J]. New South Wales public health bulletin, 2000, 11 (8): 142 - 144.

[80] THOMAS F, MOURAD Z. Technology for the people? humanity as a compass for the digital transformation [J]. Wirtschaftsdienst: Journal for Economic Policy, 2020, 100: 4 - 11.

[81] THORNLEY A. The 2012 London Olympics: what legacy? [J]. Policy Research in Tourism, Leisure and Events, 2012, 4 (2): 206 - 210.

[82] TILL C. Finding humanity in a digital world [J]. Cultural Politics, 2017, 13 (3): 391 - 393.

[83] TOOHEY K. The Sydney Olympics: striving for legacies-overcoming short-term disappointments and long-term deficiencies [J]. The International Journal of the History of Sport, 2008, 25 (14): 1953 - 1971.

[84] TYLER N. Historic preservation: an introduction to its history, principles, and practice [J]. Civil Engineering Magazine, 2009, 79 (3): 78 - 79.

[85] VERBIN Y I, SHAPOVALOV V I. Evaluation of the influence of Olympic legacy on tourist destination development [C]. Future Academy, 2019.

[86] WEED M, COREN E, FIORE J, et al. The Olympic Games and raising sport participation: a systematic review of evidence and an interrogation of policy for a demonstration effect [J]. European Sport Management Quarterly, 2015, 15 (2): 195 - 226.

[87] WEED M. Is tourism a legitimate legacy from the Olympic and Paralympic Games? an analysis of London 2012 legacy strategy using programme theory [J]. Sport & Tourism, 2014, 19 (2): 101 - 126.

[88] WEGMAN O. Educational Olympic legacy: the public use of sport facilities after the Games [C]. cluj Napoca: European Proceedings of Social and Behavioural Sciences, 2018.

[89] WHANNEL G. The Olympic Games and the problems of legacy: the London stadium story [J]. Journal of Olympic Studies, 2021, 2 (1): 29 - 52.

[90] WHITE L. Cathy Freeman and Australia's indigenous heritage: a new beginning for an old nation at the Sydney 2000 Olympic Games [J]. Inter-

national Journal of Heritage Studies，2013，19（2）：153-170.

［91］WHITSON D，HORNE J．Underestimated costs and overestimated benefits? comparing the outcomes of sports mega-events in Canada and Japan［J］．Sociological Review，2006，54（2）：71-89.

［92］WHITSON D，HORNE J．Underestimated costs and overestimated benefits? comparing the outcomes of sports mega-events in Canada and Japan［J］．The Sociological Review，2006，54（2 suppl）：73-89.

［93］WILLIAMS C．On the record：towards a documentation Strategy［J］．Journal of the Society of Archivists，2012，33（1）：23-40.

［94］ZHU Q，HAN J Y．Restructuring the Olympic legacy［J］．International Journal of Applied Sports Sciences，2018，30（2）：207-218.

（四）报纸文章

［1］陈乐人．奥运档案工作的成功经验值得永远汲取［N］．中国档案报，2009-08-06（1）.

［2］郭兴．奥林匹克文化：从西方主导到多元迸发［N］．中国纪检监察报，2021-07-26（6）.

［3］林淑娟．场景理论视角下的博物馆非遗展览展示［N］．中国艺术报，2021-08-02（7）.

［4］习近平．在北京冬奥会、冬残奥会总结表彰大会上的讲话［N］．人民日报，2022-04-09（2）.

［5］夏文斌，郭东升，张若辰．北京冬奥会将为后疫情时代添彩［N］．光明日报，2021-06-10（14）.

［6］徐立京，徐文营．"人文奥运"：坚持以人为本 促进和谐发展［N］．经济日报，2008-08-15（5）.

［7］徐倩，谢晨馨．深度融合构建"学科交叉共同体"［N］．中国教育报，2022-11-07（6）.

［8］徐拥军，闫静．档案记忆观与北京奥运文献遗产保护［N］．中国档案报，2019-07-25（3）.

［9］徐拥军．加强北京奥运档案遗产管理与开发［N］．中国档案报，2021-12-16（3）.

［10］杨冬权．以科学发展观为指导，推动档案事业更好地科学发展并为科学发展服务：在全国档案局长馆长会议上的讲话（二〇〇八年十二月十九

日）[N]. 中国档案报，2008-12-29（1）.

（五）政策法规

[1] 北京 2022 年冬奥会和冬残奥会组织委员会.《北京 2022 年冬奥会和冬残奥会遗产案例报告集（2022）》，2022.

[2] 北京 2022 年冬奥会和冬残奥会组织委员会.《北京 2022 年冬奥会和冬残奥会遗产报告（2020）》，2021.

[3] 北京 2022 年冬奥会和冬残奥会组织委员会.《北京 2022 年冬奥会和冬残奥会遗产报告（赛后）》，2023.

[4] 北京 2022 年冬奥会和冬残奥会组织委员会.《北京 2022 年冬奥会和冬残奥会遗产报告集（2022）》，2022.

[5] 北京 2022 年冬奥会和冬残奥会组织委员会.《北京 2022 年冬奥会和冬残奥会遗产战略计划》，2019.

[6] 北京奥组委信息中心、北京市档案局、北京市规划委员会、北京市建设委员会、北京市奥运场馆建设指挥部办公室.《北京市奥运工程建设档案管理指南》，2004.

[7] 北京市"2008"工程建设指挥部办公室、北京奥组委信息中心、北京市档案局.《关于印发〈北京市奥运工程档案工作检查标准〉的通知》，2006.

[8] 北京市奥运场馆建设指挥部办公室、北京市档案局.《关于加强奥运场馆建设项目档案管理工作的通知》，2004.

[9] 北京市奥运场馆建设指挥部办公室.《关于印发〈北京市奥运场馆建设指挥部办公室档案工作制度〉的通知》，2004.

[10] 北京市档案局、北京市"2008"环境建设指挥部办公室.《关于加强奥运环境建设档案工作的通知》，2007.

[11] 北京市档案局.《北京市档案局关于做好奥运会残奥会赛时赛后档案工作的通知》，2008.

[12] 北京市冬奥指办、北京市住建委、北京市档案局.《关于加强北京市 2022 年冬奥会工程建设档案管理工作的指导意见》，2018.

[13] 北京市人民政府"2008"工程建设指挥部办公室、北京市档案局.《关于进一步加强奥运工程档案工作的通知》，2008.

[14] 北京市人民政府"2008"工程建设指挥部办公室、第 29 届奥林匹克运动会组织委员会秘书行政部.《关于加强"2008"工程竣工档案管理工作的通知》，2007.

[15] 第 29 届奥林匹克运动会组织委员会.《北京奥运会文件材料归档范围和保管期限管理规定》，2007.

[16] 第 29 届奥林匹克运动会组织委员会.《第 29 届奥林匹克运动会组织委员会部门文书档案归档操作标准》，2007.

[17] 第 29 届奥林匹克运动会组织委员会.《第 29 届奥林匹克运动会组织委员会各类载体档案管理办法》，2007.

[18] 第 29 届奥林匹克运动会组织委员会.《第 29 届奥林匹克运动会组织委员会公文管理制度》，2002.

[19] 第 29 届奥林匹克运动会组织委员会.《第 29 届奥林匹克运动会组织委员会文物档案管理暂行规定》，2004.

[20] 第 29 届奥林匹克运动会组织委员会.《第 29 届奥林匹克运动会组织委员会文献资料暂行管理办法》，2003.

[21] 第 29 届奥林匹克运动会组织委员会.《第 29 届奥林匹克运动会组织委员会专项档案管理办法》，2007.

[22] 第 29 届奥林匹克运动会组织委员会.《第 29 届奥运会组委会筹办和举办奥运会期间有关文物和档案管理意见的通知》，2003.

[23] 第 29 届奥林匹克运动会组织委员会.《第 29 届奥运会组委会秘书行政部关于印发北京奥运会档案工作管理意见的通知》，2007.

[24] 国际奥委会、国际残奥委会、北京 2022 年冬奥会和冬残奥会组织委员会.《北京 2022 年冬奥会和冬残奥会可持续性计划》，2020.

[25] 国家档案局、国家发展和改革委员会.《重大建设项目档案验收办法》，2011.

[26] 国家档案局、科学技术部.《科学技术研究档案管理规定》，2020.

[27] 国家档案局.《电子公文归档管理暂行办法》，2018.

[28] 国家档案局.《各级各类档案馆收集档案范围的规定》，2011.

[29] 国家档案局.《机关档案管理规定》，2018.

[30] 国家档案局.《机关文件材料归档范围和文书档案保管期限规定》，2006.

[31] 国家档案局.《企业文件材料归档范围和档案保管期限规定》，2012.

[32] 国家档案局.《重大活动和突发事件档案管理办法》，2020.

[33] 国家档案局办公室.《数字档案馆建设指南》2010.

[34] 国家体育运动委员会.《近现代体育文物征集管理办法》，1995.

［35］国家体育总局．《"全民健身与奥运同行"系列活动实施意见》，2006.

［36］国家体育总局．《大型运动会档案管理办法》，1999.

［37］国务院．《国务院关于实施健康中国行动的意见》，2019.

［38］国务院．《国务院关于在线政务服务的若干规定》，2019.

［39］国务院．《中华人民共和国档案法实施条例》，2023.

［40］国务院．《中华人民共和国政府信息公开条例》，2019.

［41］国务院办公厅．《体育强国建设纲要》，2019.

［42］联合国教科文组织．《保存数字遗产方针》，2003.

［43］联合国教科文组织．《保存数字遗产宪章》，2003.

［44］联合国教科文组织．《保护非物质文化遗产公约》，2003.

［45］联合国教科文组织．《长期保存的数字遗产选择方针》，2016.

［46］联合国教科文组织．《档案共同宣言》，2011.

［47］联合国教科文组织．《发展与促进开放获取政策准则》，2013.

［48］联合国教科文组织．《关于保存和获取包括数字遗产在内的文献遗产的建议书》，2015.

［49］联合国教科文组织．《世界记忆：保护文献遗产的总方针》，2002.

［50］文化和旅游部．《"十四五"文化和旅游发展规划》，2021.

［51］中共中央、国务院．《"健康中国2030"规划纲要》，2016.

［52］中共中央办公厅、国务院办公厅．《"十四五"全国档案事业发展规划》，2021.

［53］中共中央办公厅、国务院办公厅．《党政机关电子公文处理工作办法》，2019.

［54］中共中央办公厅、国务院办公厅．《党政机关公文处理工作条例》，2012.

［55］中共中央办公厅、国务院办公厅．《电子文件管理暂行办法》，2009.

［56］中共中央办公厅、国务院办公厅．《关于加强和改进新形势下档案工作的意见》，2014.

［57］中共中央办公厅、国务院办公厅．《关于加强文物保护利用改革的若干意见》，2018.

［58］中共中央办公厅、国务院办公厅．《关于进一步加强非物质文化遗产保护工作的意见》，2021.

［59］中共中央办公厅、国务院办公厅．《关于实施中华优秀传统文化传承

发展工程的意见》，2017.

[60] 中共中央办公厅、国务院办公厅．《机关档案工作条例》，1983.

[61]《中华人民共和国保守国家秘密法》，2010.

[62]《中华人民共和国档案法》，2020.

[63]《中华人民共和国非物质文化遗产法》，2011.

[64]《中华人民共和国国民经济和社会发展第十四个五年规划和 2035 年远景目标纲要》，2021.

[65]《中华人民共和国体育法》，2022.

[66]《中华人民共和国文物保护法》，2017.

[67]《中华人民共和国著作权法》，2020.

[68]《中华人民共和国专利法》，2020.

[69] IOC. Olympic agenda 2020＋5，2021.

[70] IOC. Olympic Agenda 2020，2014.

[71] IOC. Olympic Charter：in force as from 17 July 2020，2020.

[72] IOC. Olympic Games Guide on Olympic Legacy. Lausanne：the International Olympic Committee，2015.

[73] IOC. OLympic Legacy，2013.

[74] IOC. Sustainability Report，2018.

[75] Olympic World Library. IOC legacy strategy full version.

（六）标准文件

[1] DA/T 12—2012 全宗卷规范．

[2] DA/T 18—2022 档案著录规则．

[3] DA/T 22—2015 归档文件整理规则．

[4] DA/T 28—2018 建设项目档案管理规范．

[5] DA/T 31—2017 纸质档案数字化技术规范．

[6] DA/T 32—2021 公务电子邮件归档管理规则．

[7] DA/T 34—2019 国家档案馆爱国主义教育基地工作规范．

[8] DA/T 40—2008 印章档案整理规则．

[9] DA/T 42—2009 企业档案工作规范．

[10] DA/T 46—2009 文书类电子文件元数据方案．

[11] DA/T 47—2009 版式电子文件长期保存格式需求．

[12] DA/T 50—2014 数码照片归档与管理规范．

［13］DA/T 54—2014 照片类电子档案元数据方案．

［14］DA/T 56—2014 档案信息系统运行维护规范．

［15］DA/T 59—2017 口述史料采集与管理规范．

［16］DA/T 62—2017 录音录像档案数字化规范．

［17］DA/T 63—2017 录音录像类电子档案元数据方案．

［18］DA/T 68—2017 档案服务外包工作规范．

［19］DA/T 73—2019 档案移动服务平台建设指南．

［20］DA/T 78—2019 录音录像档案管理规范．

［21］DA/T 80—2019 政府网站网页归档指南．

［22］DA/T 82—2019 基于文档型非关系型数据库的档案数据存储规范．

［23］GB/T 11821—2002 照片档案管理规范．

［24］GB/T 11822—2008 科学技术档案案卷构成的一般要求．

［25］GB/T 13967—2008 全宗单．

［26］GB/T 15418—2009 档案分类标引规则．

［27］GB/T 18894—2016 电子文件归档与电子档案管理规范．

［28］GB/T 23731—2009 GEDI—通用电子文档交换．

［29］GB/T 26162—2021 信息与文献 文件（档案）管理 概念与原则．

［30］GB/T 26163.1—2010 信息与文献 文件管理过程 文件元数据 第1部分：原则．

［31］GB/T 31913—2015 文书类电子文件形成办理系统通用功能要求．

［32］GB/T 31914—2015 电子文件管理系统建设指南．

［33］GB/T 33190—2016 电子文件存储与交换格式 版式文档．

［34］GB/T 33476～33483—2016 党政机关电子公文系列标准．

［35］GB/T 39362—2020 党政机关电子公文归档规范．

［36］GB/T 39784—2021 电子档案管理系统通用功能要求．

［37］GB/T 42727—2023 政务服务事项电子文件归档规范．

［38］GB/T 50328—2019 建设工程文件归档规范．

［39］GB/T 9705—2008 文书档案案卷格式．

［40］ICA EGAD. Records in Contexts（RiC）：An Archival Description Draft Standard.

［41］ICA. Records in Contexts：A Conceptual Model for Archival Description.

［42］International Council on Archives. ISAAR（CPF）: International Standard Archival Authority Record for Corporate Bodies, Persons and Families.

［43］International Council on Archives. ISDF: International Standard for Describing Functions.

［44］International Council on Archives. ISDIAH: International Standard for Describing Institutions with Archival Holdings.

［45］International Councilon Archives. ISAD（G）: General International Standard Archival Description.

［46］ISO 10196: 2003 Document imaging applications—Recommendations for the creation of original documents.

［47］ISO 11179-1: 2023 Information technology—Metadata registries （MDR）—Part 1: Framework.

［48］ISO 11506: 2017 Document management applications—Archiving of electronic data—Computer output microform（COM）/ Computer output laser disc（COLD）.

［49］ISO 11799: 2015 Information and document—Document storage requirements for archive and library material.

［50］ISO 13008: 2022 Information and documentation—Digital records conversion and migration process.

［51］ISO 14641-1: 2012 Electronic archiving—Part 1: Specifications concerning the design and the operation of an information system for electronic information preservation.

［52］ISO 14721: 2012 Space data and information transfer systems—Open archival information system（OAIS）—Reference model.

［53］ISO 15489－1: 2016 Information and documentation—Records management—Part 1: Concepts and principles.

［54］ISO 16175-1: 2020 Information and documentation—Processes and functional requirements for software for managing records—Part 1: Functional requirements and associated guidance for any applications that manage digital records.

［55］ISO 16175-2: 2020 Information and documentation — Processes and functional requirements for software for managing records—Part 2: Guidance for selecting, designing, implementing and maintaining software for managing records.

[56] ISO 21127: 2023 Information and documentation—A reference ontology for the interchange of cultural heritage information.

[57] ISO 23081-1: 2017 Information and documentation—Records management processes—Metadata for records—Part 1: Principles.

[58] ISO 23081-2: 2021 Information and documentation— Metadata managing for records—Part 2: Conceptual and implementation issues.

[59] ISO/IEC 11179-3: 2023 Information technology—Metadata registries (MDR) —Part 3: Metamodel for registry common facilities.

[60] ISO/IEC TR 20943-6: 2013 Information technology—Procedures for achieving metadata registry content consistency—Part 6: Framework for generating ontologies.

[61] ISO/TR 12033: 2009 Document management—Electronic imaging—Guidance for the selection of document image compression methods.

[62] ISO/TR 13028: 2010 Information and documentation—Implementation guidelines for digitization of records.

[63] ISO/TR 15801: 2017 Document management—Electronically stored information—Recommendations for trustworthiness and reliability.

[64] ISO/TR 18492: 2005 Long-term preservation of electronic document-based information.

[65] ISO/TR 23081-3: 2011 Information and documentation—Managing metadata for records—Part 3: Self-assessment method.

[66] ISO/TR 26122: 2008 Information and documentation—Work process analysis for records.

[67] Metadata Encoding and Transmission Standard (METS).

附　录
"北京奥运档案管理与开发" 调研提纲及记录

针对北京冬奥组委

一、调研时间

2022 年 10 月 26 日下午 3：00—4：00

二、调研方式

电话调研

三、参与人员

北京冬奥组委档案工作人员

"北京奥运档案开发利用体系研究"项目组成员：张丹

四、调研提纲

1. 请您介绍北京冬奥组委档案的整体收集情况，目前有多少 2022 年北京冬奥档案已移交至北京市档案馆？何时整体打包移交给国际奥委会？

2. 北京冬奥组委的官方网站自 2022 年 9 月 1 日起停止服务，这个网站在停服后由谁保管，如何保管的？官网的所有内容可以通过何种方式继续访问？

3. 北京冬奥组委解散后，建在首钢园的北京冬奥档案标准库房及其配套专业用房将如何处理，由谁接管？

4. 请您介绍一下 2022 年北京冬奥口述档案的管理情况，是否进行了突出成绩或事迹的奥运会运动员、教练员或其亲属口述史的采集和录制工作？是否形成了系统的口述档案？

5. 您认为，建立北京奥运档案专题数据库（面向公众）的想法如何？有哪些挑战或难度？

6. 您希望北京奥运档案专题数据库系统整合或关联其他北京冬奥资料数据库吗？如"张家口冬奥筹办图片资料留存系统"，是否有工作计划或进展？可能会面临什么问题？以及如何解决？

7. 为服务冬奥筹办，2008 年奥运会档案调阅情况如何？哪类奥运档案利用居多？

针对北京市档案馆

一、调研时间

2022 年 9 月 26 日

二、调研地点

北京市档案馆

三、参与人员

北京市档案馆工作人员

"北京奥运档案开发利用体系研究"项目组成员：徐拥军、张丹、曾静怡、嘎拉森、郭若涵、龙家庆、王兴广、吴文怡等

四、调研提纲

1. 请您介绍一下北京奥运档案管理情况，都包括哪些内容，是如何收集、整理和保管的？数字化情况怎样？

2. 您认为，北京奥运档案与其他专题档案有何不同？有哪些是特色档案？

3. 您是否了解《北京 2022 年冬奥会和冬残奥会档案资产协议》的签订情况？此项协议将如何推动北京冬奥档案的管理和开发？

4. 目前，关于北京奥运档案，有哪些开发利用活动？

5. 贵馆共推出了几次奥运展览、推出哪些奥运档案编研成果？是基于怎样的原则、逻辑进行策展和编研的？

针对北京市海淀区档案馆

一、调研时间

2022 年 9 月 29 日

二、调研地点

北京市海淀区档案馆

三、参与人员

北京市海淀区档案馆工作人员

"北京奥运档案开发利用体系研究"项目组成员：张丹、徐诗成、卢思佳、裴佳杰等

四、调研提纲

（一）海淀区档案馆基本情况

（二）关于北京奥运档案资源建设的调研

1. 2008年和2022年北京"双奥"档案管理情况（内容、数量、数字化）。

2. 为服务冬奥筹办，北京冬奥组委秘书行政部和北京市档案馆联合挂牌开通了"北京2022年北京冬奥会和冬奥残奥会筹办工作查档绿色通道"，贵馆是否参与，调阅情况怎样？

3. 您是否了解《北京2022年冬奥会和冬残奥会档案资产协议》的签订情况？此项协议将如何推动北京冬奥档案的管理和开发？

4. 贵馆是否与（省）市馆存在北京奥运档案资源共享？是以什么形式共享的？您认为建立北京奥运档案专题数据库（面向公众）的想法如何？贵馆是否愿意参与数据库建设？

5. 奥运展览或编研作品，是基于怎样的思路策展和编研的？在这其中，是否与图书馆、博物馆、文化馆等机构合作？将来是否有相关的开发利用计划？

6. 您认为，北京奥运档案开发利用时遇到哪些挑战？所涉及的法律问题有哪些？

针对河北省档案馆

一、调研时间

2022年11月15日

二、调研方式

调研问卷

三、参与人员

河北省档案馆工作人员

"北京奥运档案开发利用体系研究"项目组成员：李颖

四、调研提纲

1. 请您介绍一下2008年和2022年北京"双奥"档案管理情况，都包括哪

些内容，是如何收集、整理和保管的？数字化情况怎样？

2. 目前，北京奥运档案是否已接收完整？若没有，张家口冬奥办何时全部移交奥运档案？

3. 省馆与市馆是否与北京冬奥组委、北京市档案馆存在奥运档案资源共享？是以什么形式共享的？

4. 您认为，北京奥运档案与其他专题档案有何不同？有哪些是特色档案？

5. 贵馆共推出多少奥运展览和编研作品？是基于怎样的原则、思路进行策展和编研的？

6. 北京奥运档案的开发利用活动是否与图书馆、博物馆、文化馆等机构合作？档案馆在其中的贡献是什么？若无合作，将来是否有相关的计划？

7. 您认为，北京奥运档案在开发利用时遇到哪些挑战？所涉及的法律问题有哪些？

针对张家口市档案馆（一）

一、调研时间
2022 年 11 月 15 日

二、调研方式
调研问卷

三、参与人员
张家口市档案馆工作人员

"北京奥运档案开发利用体系研究"项目组成员：李颖

四、调研提纲

1. 请您介绍一下 2008 年和 2022 年北京"双奥"档案管理情况，都包括哪些内容？是如何收集、整理和保管的？数字化情况怎样？

2. 目前，北京奥运档案是否已接收完整？若没有，张家口冬奥办何时全部移交奥运档案？

3. 省馆与市馆接收的北京奥运档案有何不同？有哪些需要移交给北京市档案馆？

4. 省馆与市馆是否与北京冬奥组委、北京市档案馆存在奥运档案资源共享？是以什么形式共享的？

5. 您认为，北京奥运档案与其他专题档案有何不同？有哪些是特色档案？

6. 您认为建立北京奥运档案专题数据库（面向公众）的想法如何？贵单位是否愿意参与数据库建设？

7. 北京奥运档案的管理与开发工作应该如何与京津冀协同发展战略、北京"双奥之城"建设相结合？

8. 贵馆共推出多少奥运展览和编研作品？是基于怎样的原则、思路进行策展和编研的？

9. 北京奥运档案的开发利用活动是否与图书馆、博物馆、文化馆等机构合作？档案馆在其中的贡献是什么？若无合作，将来是否有相关的计划？

10. 您认为，北京奥运档案在开发利用时遇到哪些挑战？所涉及的法律问题有哪些？

针对张家口市档案馆（二）

一、调研时间

2023 年 3 月 28 日

二、调研地点

张家口市档案馆

三、参与人员

张家口市档案馆领导及工作人员

"北京奥运档案开发利用体系研究"项目组成员：李颖、张丹、李俊哲

四、调研提纲

1. 张家口市档案馆情况介绍

2. 张家口市档案馆冬奥档案工作概述

3. 张家口市档案馆冬奥档案征集情况

（1）贵单位对冬奥档案的概念界定。

（2）冬奥档案征集的队伍设置、主要职责和业务范围。

（3）冬奥档案征集的工作安排、开展历程、征集理念及制度依据。

（4）与其他档案馆、博物馆、图书馆等文化事业单位是否有分工合作？

（5）冬奥档案征集工作宣传渠道方式、取得的成果，所征集到档案的数量占比、类型分布、来源群体等。

（6）贵单位对所征集的档案进行了哪些分类？不同类型档案是如何保管的？

（7）在冬奥档案征集中遇到哪些困难与挑战？例如数字档案征集、档案权属划分、个人隐私保护、其他机构竞争等。

（8）冬奥档案征集与冬奥档案的保存及开发利用之间有什么衔接？

4. 冬奥档案管理与开发情况

（1）冬奥档案专题数据库建设及开放情况。

（2）冬奥档案资源数字共享情况及版权问题。

（3）冬奥档案工作的管理体制和工作机制。

针对国家体育总局

一、调研时间

2022 年 11 月 24 日

二、调研地点

腾讯会议

三、参与人员

国家体育总局办公厅下属的政务公开和信息档案处工作人员

"北京奥运档案开发利用体系研究"项目组成员：徐拥军、加小双、张丹、陈晓婷、蔡佳佳、李俊哲

四、调研提纲

1. 请您介绍一下国家体育总局在北京冬奥会的功能定位和主要业务范围。
2. 就北京奥运档案，贵单位是否与综合档案馆有过合作？
3. 贵单位所保存的北京奥运档案数量、分类、数字化进程等基本情况。
4. 贵单位保存的北京奥运档案有哪些特色？
5. 您认为，北京奥运档案对于冬奥遗产 7 大目标的价值实现有何助力？
6. 您是否了解一些运动员档案情况？
7. 您认为建立北京奥运档案专题数据库（面向公众）的想法如何？贵单位是否愿意参与数据库建设？您认为建立难度在哪里？
8. 贵单位是否合作参与档案馆、科技馆、博物馆等机构举办的奥运展览？国家体育总局在其中的贡献是什么？若无合作，将来是否有相关的计划？
9. 您认为，北京奥运档案开展开发利用有哪些困难？
10. 据您了解，北京奥运档案工作的培训情况如何？

针对首都体育学院

一、调研时间
2022 年 11 月 10 日

二、调研地点
首都体育学院

三、参与人员
北京国际奥林匹克学院领导及老师

"北京奥运档案开发利用体系研究"项目组成员：徐拥军、张丹、李俊哲

四、调研提纲

1. 北京国际奥林匹克学院宗旨、职责、建设情况、主要发展方向。

2. 贵校为推进奥林匹克学术研究和教育发展有哪些举措？

3. 贵校对于促进北京"双奥"遗产、奥林匹克运动可持续发展有哪些举措？

4. 贵校对于服务社会发展、向社会推广奥林匹克价值观有哪些举措？

5. 贵校在助力 2008 年和 2022 年北京"双奥"的筹办、举办中，都形成了哪些档案？具体数量是多少？有哪些类别？

6. 您认为建立北京奥运档案专题数据库（面向公众）的想法如何？贵校是否有意依托奥林匹克学院牵头来做数据库？

后　记

本书既是国家社会科学基金 2022 年重点项目（22ATQ008）"北京奥运档案开发利用体系研究"的阶段性研究成果，也是北京市社会科学基金研究基地重点项目"2022 年北京冬奥会文献遗产的保护与传承"（18JDYTA008）的后续研究成果，还可谓《北京奥运遗产传承研究》（徐拥军等著，中国人民大学 2021 年 9 月出版）一书的姊妹篇。

本书属于团队之功，团队成员与分工如下：徐拥军负责全书框架设计；徐拥军、张丹负责统稿；前言由徐拥军撰写；第 1 章由闫静、郑晓丹、燕双双、李俊哲撰写；第 2 章由徐拥军、张丹撰写；第 3 章由徐拥军、张丹、李俊哲撰写；第 4 章由闫静、龙家庆撰写；第 5 章由张臻、郭若涵撰写；第 6 章由加小双、吴文怡撰写；第 7 章由王露露、王兴广撰写；第 8 章由张丹撰写；张丹、李俊哲整理调研记录；李俊哲对书稿进行了校对。团队中的这些"90 后"成员，既充满年轻人的创新力，又富有学者的思想力，尽管时常被我当面批评"懒散""拖沓"，但最终赢得我在背后"踏实""靠谱"的夸赞。我会和你们一道继续"心向光明、行尽全力"，共同成长，共同创造。

本书撰写过程中，我们调研了诸多单位，访谈了许多专家，引用了众多学者的论著，这些单位的实践经验和专家学者的思想论点，给予我们十分有益的参考和启示。中国人民大学科研处、中国人民大学首都发展与战略研究院资助了本书的出版。中国人民大学出版社的编辑为本书的出版付出了辛勤劳动。在此向上述单位和人士一并表示衷心的感谢！

由于笔者才疏学浅、懒惰颓废，本书还有许多不足与问题，期待各位读者多多批评指正，联系邮箱：xyj@ruc.edu.cn。

徐拥军
2023 年 7 月 2 日于文化大厦